新型电力系统需求响应

理论、实践与创新机制

主　编　林振智　王韵楚　张　智　马愿谦

浙江大学出版社

· 杭州 ·

图书在版编目（CIP）数据

新型电力系统需求响应：理论、实践与创新机制 / 林振智等主编 . -- 杭州 ：浙江大学出版社，2025.7. ISBN 978-7-308-26438-9

Ⅰ. F426.61

中国国家版本馆 CIP 数据核字第 2025DD7112 号

新型电力系统需求响应：理论、实践与创新机制

林振智　王韵楚　张　智　马愿谦　主编

责任编辑	伍秀芳
文字编辑	王怡菊
责任校对	叶思源
封面设计	戴　祺
出版发行	浙江大学出版社
	（杭州市天目山路 148 号　邮政编码 310007）
	（网址：http://www.zjupress.com）
排　　版	杭州晨特广告有限公司
印　　刷	杭州钱江彩色印务有限公司
开　　本	710mm × 1000mm　1/16
印　　张	14.5
字　　数	245 千
版 印 次	2025 年 7 月第 1 版　2025 年 7 月第 1 次印刷
书　　号	ISBN 978-7-308-26438-9
定　　价	78.00 元

编委会

前　言

2023 年 7 月，习近平总书记在主持召开中央全面深化改革委员会第二次会议时强调，"要深化电力体制改革，加快构建清洁低碳、安全充裕、经济高效、供需协同、灵活智能的新型电力系统，更好推动能源生产和消费革命，保障国家能源安全"[①]。随着我国新能源产业的快速发展，尤其是风能、太阳能等清洁能源的大规模接入，电网常规电源整体规模占比逐渐下降，源荷双侧不确定性显著增强，电力系统平衡由"确定性发电跟踪不确定负荷"转为"不确定发电与不确定负荷双向匹配"，电力可靠供应和新能源高效利用的难度增加。在此背景下，电力需求响应作为实现电网供需协同的重要举措，在新型电力系统建设中发挥越来越重要的作用。

电力需求响应的概念在行业内已流传甚广。2022 年以来，极端天气带来的电力供需紧张问题更是让需求响应进入了社会公众的视野。狭义上，需求响应是一种高效的电力需求侧管理手段，通过经济激励或直接控制的方式促使用户按照电网需要调整自身电力使用模式，从而有效地缓解电网电力供需压力，对提高新型电力系统运行效率、降低运营成本和提升对新能源的消纳能力都至关重要。广义来看，需求响应还包括能源电力技术、管理方式、市场机制和商业模式的一系列变革与创新。在国际上，需求响应已经成为电力市场和电网运营管理的重要工具，众多国家通过政策支持和技术创新，实现了需求响应的广泛应用，并取得了显著的经济和环境效益。

随着我国电力市场化改革的不断深入，需求响应在上海、江苏、浙江、广东等地得到了广泛实施，其在促进电力系统灵活性、提高能源利用效率等方面的作用日益凸显。在新型电力系统和新型能源体系建设背景下，需求响应正成为我国

---

① 张智刚：《能源安全新战略引领电力事业高质量发展》，《求是》2024 年第 11 期。

电力行业发展的重要内容。全面地了解和认识需求响应对电力从业者、学者和相关政策制定者来说至关重要。

本书系统梳理了电力需求响应的实践现状、策略优化、创新机制及发展趋势，尤其是在需求响应市场机制的设计与优化、考虑用户行为特征的创新机制探索，以及区块链技术在需求响应交易中的应用等前沿领域进行了深入探究。本书不仅总结了国内外在需求响应方面的成功经验，还针对我国当前面临的挑战和问题，通过汇集一批在电力需求响应领域的最新研究成果，提出了具有操作性的解决方案和建议。

本书由林振智、王韵楚、张智、马愿谦撰写并负责统稿。参与本书相关章节研究和撰稿的人员还有颜拥、卢峰、麻吕斌、费晓明、杨莉、文福拴、侯佳萱、崔雪原、吕挺、吴迪、谭伟涛、刘晟源、邱伟强、章天晗、黄亦昕、陈雨鸽、王晓菲、张锦爱、翟兴丽、岑梁、蒋钟、仲赞、邢翼、郑松松、陈凯、郁春雷、芦鹏飞、尹小明等。本书在撰写过程中得到了国家重点研发计划资助项目（2016YFB0901100）、国家自然科学基金联合基金重点支持项目（U2166206）、国网浙江省电力有限公司科技项目（B311HZ22000D）和国网浙江省电力有限公司科技项目（B311DS21000H）等的资助，在此表示衷心的感谢。

本书完稿后，虽经多轮修订仍难免有不足之处，加之作者编写水平有限，恳请广大读者批评指正。

2025 年 4 月

目　录

1 电力需求响应概述

电力需求侧管理（demand side management，DSM）和需求响应（demand response，DR）在协助维持电力系统稳定性、提高电网对可再生能源的消纳能力、降低电力系统峰谷差和延缓电网建设投资等方面发挥着重要作用。近年来，随着我国电力市场化改革和以新能源为主体的新型电力系统建设的持续推进，人们对需求侧响应资源的认识程度不断加深，电力需求响应成为政府、企业、高校和能源电力行业协会等关注的焦点之一。在此背景下，本章从我国电力需求侧管理和需求响应的历史沿革入手，介绍需求响应的定义与分类，并进一步分析新形势下需求响应工作的发展趋势和研究方向。

1.1 电力需求响应的定义与发展

1.1.1 从电力需求侧管理到需求响应

20世纪70年代，中东石油危机、土地成本上升以及环境压力增大等导致电力稳定供应面临严重威胁。对此，美国电力公司开始考虑如何以最小投入保证电力供应、如何协调电力销售量与扩大再生产之间的关系等一系列问题，探究是应单纯地追求发电装机容量扩张，还是综合考虑用户节电、缓建新建电厂，以获得企业经济效益的提升。在此背景下，电力需求侧管理应运而生，它是指通过采取有效措施，引导电力用户科学用电、合理用电、节约用电，以提高电能利用效率、优化资源配置和保护环境，从而实现最低成本的电力服务所进行的用电管理活动，主要包括能效管理、负荷管理和有序用电[1]。

在20世纪70年代至80年代初，电力需求侧管理主要作为应对油价持续攀升和当时美国公众对新建发电厂的反对情绪的应急措施[2]。美国政府部门该时期出台的相关法案认为节电比发电更为经济，要求电网公司推动用户的节电活动。这一阶段，电力需求侧管理并不讲求成本效益和环境贡献，更没有上升到用市场激励手段推动负荷调节和参与电力系统运行的高度。20 世纪 80 年代至 90 年代，电力需求侧管理相关技术得到快速发展，有关学者和能源管理机构开始研究一系列激励电网公司参与电力需求侧管理的工作机制，如成本补偿机制和奖励金机制等，这为以电网公司作为电力需求侧管理实施主体的运作机制奠定了基础。20 世纪 90 年代以后，以引进竞争、放松管制为主题的电力工业市场化改革在全世界范围内逐步推行，这对传统靠补贴支撑的电力需求侧管理项目产生了直接的影响，导致其实施基础不复存在。具体表现在以下三个方面[3]。

（1）电力公司的商业化使得电力需求侧管理项目与企业经营目标相互冲突。电力公司实施电力需求侧管理将造成电量损失或电价损失，使其短期电费收入下降，这与其利润最大化的经营目标发生直接冲突。因此，在电力市场化改革后，传统的电力需求侧管理项目已经无法找到与之匹配的、兼具公共服务职能的电力公司作为责任主体。

（2）电力工业结构重组使得电力需求侧管理项目的效益被高度分散。原先排除公共服务职能和社会责任，传统的一体化电力公司实施电力需求侧管理可获得免发电和免输配电成本的全部收益。在电力工业拆分重组后，尽管输配电公司仍可获得因减小电网扩容而带来的效益，但该效益仅是电力需求侧管理全部效益的一小部分。此时，高度分散的电力需求侧管理效益使得任一主体已经无法获得足够的经济激励来推动电力需求侧管理项目。

（3）电力零售竞争使得电力需求侧管理的商业化运营风险加大。在引入电力零售市场竞争后，售电公司的注意力更多地被吸引到价格竞争和扩大售电份额上，对能效服务等电力需求侧管理项目采取不支持、不合作的态度，并在信息、电量数据和结算方面制造障碍。同时，零售价格的波动也导致电力需求侧管理项目的收益不确定性增加，这加大了参与用户和能效服务公司等第三方的风险。

电力市场化改革打破了传统电力需求侧管理的实施基础，使得依靠补贴支撑的电力需求侧管理项目逐渐淡出。然而也正是在这一时期，以电力市场为基础、以动态电价为主流的需求响应从传统电力需求侧管理项目中脱胎而出，获得了蓬勃发展。

需求响应的概念最早是针对电力需求侧管理如何在竞争市场中发挥作用以维持系统可靠性和市场运行效率而提出的，它旨在通过市场手段和价格工具来影响和调节电力负荷需求的时间和水平，从而提升需求侧响应弹性，约束供应侧市场力，以及压制批发市场价格波动。1997 年，美国 PJM（Pennsylvania-New Jersey-Maryland interconnection，宾夕法尼亚 – 新泽西 – 马里兰联合）电力市场开始引入需求响应，2001 年建立了以削减服务提供商（curtailment service provider，CSP）形式参与市场的需求响应机制，2006 年开始允许需求响应资源参与辅助服务市场。美国在将需求侧资源作为可调度的电力资源参与电力市场运行的长期探索中积累了丰富的实践经验[4]。

从 2007 年开始，智能电网的热度在全球迅速攀升，作为主要内容之一的需求响应以及与之紧密相关的先进计量技术和智能用电技术随之也受到了更加广泛的关注。在此背景下，需求响应的概念得到进一步发展——以智能电网为技术平台，采用新的区域化集成管理模式，实现需求侧分布式能源和柔性负荷的综合协调控制。自此，需求响应打破了传统发电与用电的界限，既要满足需求侧的需求，又要适应供给侧的特点，还要保障电力系统的安全运行。相比于电力需求侧管理，需求响应可看成广义上的"管理"，但不采用强制性的行政手段，而是通过释放市场信号驱使用户自愿响应，因而其更关注用户针对价格或激励信号而做出的市场参与行为。需要说明的是，美国电力科学研究院提出的"demand response"概念实际也称为电力需求响应，本书中所提到的需求响应与电力需求响应视为同一概念。

1.1.2 电力需求响应在中国的引入和发展

我国在 20 世纪 90 年代开始引入电力需求侧管理，它能够把节能节电导入潜力巨大的能效市场，在提高终端设备能效从而提高电力能源利用率方面起到了巨大作用。2002 年，电力持续紧张的局面在我国开始出现，加之智能电网发展国家战略的提出，促进电力需求侧管理从技术水平和经济可行性上以需求响应的形式参与电网"双向互动"，从而成为缓解电力供应紧张矛盾的有效手段。2012 年，财政部和发改委批复同意北京、唐山、苏州、佛山四个城市成为国家首批电力需求侧管理试点城市[5]。不同于以往以能效项目为主的试点，该项目利用需求响应转移高峰负荷作为试点工作的重要任务，标志着我国的电力需求侧管理工作进入了一个崭新的发展阶段。根据《电力需求响应系统通用技术规范》，需求响应是指用户对实施机构发布的价格信号或激励信号做出响应，并改变电力消费模式的一种参与行为[6]。它不同于有序用电"一刀切"的调节方式，用户可根据激励政策或电价信号自主进行负荷调节，在保证用电满意度的基础上引入市场化的弹性调节方式，有助于实现需求侧参与电网弹性调节。

"十三五"以来，我国电力需求响应总体呈现快速发展趋势，从局部试点摸索逐步转向省级范围大规模示范应用，这为我国能源结构转型、清洁能源消纳、电网安全运行、电力供需平衡和用户能效提升提供了有力支撑。2016—2020年，国家电网有限公司经营区累计实施需求响应125次，其中削峰需求响应86次，填谷需求响应39次，实现削峰响应量1853万千瓦，填谷响应量1925万千瓦，极大缓解了用电高峰时段电网的供电压力[7]。2020年迎峰度冬期间遭遇罕见寒潮，浙江、江苏、湖南等地开展削峰需求响应，单日最大削峰负荷达985万千瓦，有效缓解了电网供需矛盾，保障了民生和重要用户用电。2020年春节期间，天津实施填谷需求响应66万千瓦，保障了热电机组稳定运行和可靠供热；江苏、山东实施填谷需求响应384万千瓦，有效缓解了电网低谷调峰压力，促进清洁能源消纳约1.2亿千瓦时。2022年夏季，浙江全面实施市场化电力需求响应，7月16日至8月7日累计开展需求响应交易16次，参与43.83万户次，累计降低电网高峰负荷5200万千瓦，响应补贴支出约5.46亿元[8]。

截至2023年初，我国绝大多数省份出台了需求响应支持政策，部分省份建立了需求响应实施机制，在迎峰度夏度冬、节假日和夜间低谷期开展了需求响应交易，成效明显。然而，现阶段我国电力需求响应仍存在地区发展不平衡的问题，有些省份虽然出台了支持政策，但政策的落地可行性不足[9]。受价格引导作用有限、补贴资金来源不足等影响，用户自身利益难以得到保证，用户主动参与负荷调节的积极性较低，这导致我们难以应对较长时间和较大的电力电量缺口，亟须通过健全完善市场交易机制来保障需求响应可持续发展。

"双碳"目标的提出和以新能源为主体的新型电力系统建设战略的落实，也给需求响应工作提出了更高要求。在新型电力系统建设背景下，风电和光伏等可再生能源大规模接入电力系统，需求侧也呈现多元化的负荷特性和用电行为，导致电力供需两侧的波动性同时提升。而电力需求响应能以较低的经济成本实现网荷双向灵活调节，不仅能在出现电力缺口时引导用户削减负荷，还能在低谷时段通过填谷响应促进可再生能源消纳，并可通过与电力现货市场的衔接实现资源优化配置，从而实现新型电力系统安全、低碳、高效的目标[10]。

据预测，"十四五"期间，随着我国负荷尖峰化问题日益显著，电力需求侧管理在促进可再生能源消纳和提升新型电力系统灵活调节能力方面的作用也将进一步凸显。到 2025 年，我国电力需求响应能力将达到最大负荷的 3%～5%，其中华东、华中、南方等地区将达到最大负荷的 5% 左右，电力需求响应规模有望达 7000 万千瓦[11]。

1.2　电力需求响应的分类

需求响应的实施需要为电力用户提供一系列激励机制和措施。对此，美国联邦能源管理委员会（Federal Energy Regulatory Commission，FERC）将需求响应项目分为两类：价格型需求响应（price-based DR）项目和激励型需求响应（incentive-based DR）项目[12]。通过实施不同的激励措施，电力用户能够更合理地安排其用电方式，从而提高电力系统运行效率，降低运行成本。此外，从需求侧可调节资源类型的角度，北美电力可靠性委员会（North American Electric Reliability Council，NERC）和北美能源标准委员会（North American Energy Standards Board，NAESB）将需求响应分为可调度资源和用户可选择可控资源。结合现有文献资料基础。本书中需求响应项目分类如图 1-1 所示。

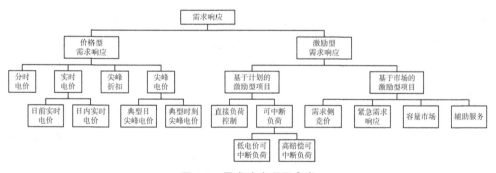

图 1-1　需求响应项目分类

1.2.1　价格型需求响应

价格型需求响应是指以价格作为激励措施，让电力用户直接面对基于时间和空间位置的价格信号，并自主做出用电量、用电时间和用电方式的安排和调整。电价机制包括分时电价（time of use pricing，TOU）、实时电价（real time pricing，RTP）和尖峰电价（critical peak pricing，CPP）等，一般由各类零售商设计并提供，也可以由管制机构在某类价格趋于成熟时将其作为默认电价予以强制规定执行。电力市场的电价波动与电力生产的成本变化一致，是一种时变的费率，因此价格型需求响应侧重于用户的主动参与，其响应行为来自用户内部的经济决策过程和对负荷的调整。

（1）分时电价。这是一种可以有效反映电力系统不同时段供电成本差异的电价机制，电价随用电所处时段、日期、季节的不同而不同，常见的形式包括峰谷电价、季节电价和丰枯电价等。

（2）实时电价。该机制主要是为用户提供反映电力系统实际情况的电价，是指电价在 1 小时或更短时间间隔内变动，能够直接反映批发市场的电力供需情况，有利于加强电力批发市场与零售市场的联系。参与这类项目的用户需要安装相应的通信和控制装置，方便实时接收批发市场电价信息，从而在收到电价信息后根据自身情况和用电成本来判断是否调整用电需求。

（3）尖峰电价。这是在分时电价和实时电价的基础上发展起来的一种动态电价机制，其主要思想是在分时电价的基础上叠加尖峰电费，从而实现对负荷尖峰的额外收费。实施机构预先公布尖峰时段的时间设定标准（如系统紧急情况或电价高峰时期）及对应的尖峰费率，在非尖峰时段执行分时电价，在尖峰时段执行尖峰费率，并提前一定时间通知用户（通常为 1 天以内）。用户可以做出相应的用电计划调整，有条件的也可以通过高级电表来自动响应尖峰电价。

1.2.2　激励型需求响应

激励型需求响应直接采用赔偿或折扣方式来激励和引导用户参与系统所需要的各种负荷削减项目。其可进一步划分为基于计划的和基于市场的激励型项目。前者通常包括直接负荷控制（direct load control，DLC）和可中断负荷控制（interruptible load，IL），后者包括需求侧竞价（demand side bidding，DSB）、紧急需求响应（emergency demand response program，EDRP）、容量市场和辅助服务市场等项目。

（1）直接负荷控制。该方式是指用户在系统用电高峰期间或紧急情况下向电网公司提供可中断的负荷，并允许电网公司在必要时远程中断该负荷并给予用户一定的经济补偿。近年来，随着智能技术的发展和普及，用户通过智能空调、智能热水器、智能冰箱和电动汽车参与直接负荷控制的积极性大大提高。

（2）可中断负荷。与直接负荷控制不同，它不被远程控制，而是参与用户同意在约定情况下削减负荷并获得一定的经济补偿，否则将接受惩罚。参与可中断负荷项目的负荷大多为工业负荷，签订的可中断负荷合同通常会明确提前通知时间、停电持续时间、中断容量和补偿方式等因素，参与用户须根据合同削减相应负荷量。

（3）需求侧竞价。它是需求侧资源参与电力批发市场竞争的一种实施机制，参与用户在获得回报的同时可以提高系统的安全性和备用能力。它使用户能够通过改变自己的用电方式，以投标的形式主动参与市场竞争并获得相应的经济利益，而不再单纯是价格的接受者。

（4）紧急需求响应。它是指用户为应对突发情况下的紧急事件，根据电网负荷调整要求和电价水平发生响应而中断电力需求的一种方式。电力系统运营商在系统紧急情况下可向用户发出请求，用户削减负荷可获得奖金，忽略请求也不会受到惩罚。

（5）容量市场。电力用户提供的负荷削减可作为系统备用替代传统发电机组。该机制要求电网运营商预先向需求侧支付容量费用，以换取其在系统紧急状态下提供即时响应能力和持续供电保障的稳定调节资源。参与用户需签订协议承诺负荷削减义务，若未能按约定执行调控要求，则需承担违约责任并缴纳相应罚款。

（6）辅助服务市场。这类项目实施方为电力系统运营商。当系统出现安全稳定问题时，电力系统运营商将对参与竞价并按要求削减的负荷提供补偿，以保障电网的稳定性。通常，参与这类项目的用户被要求响应时间快、响应容量高且具备先进的实时遥信计量控制装置。例如，美国 PJM 调频市场要求需求响应资源具有实时遥测和通信能力，能够接收自动发电控制信号，至少具有 100 千瓦的出力调节能力并能在 5 分钟内响应系统指令。2020 年，PJM 调频市场中 87%的需求响应资源由热水器提供，另外 10% 由电池负荷提供，两者占比之和达到97%。由于参与 PJM 调频市场的需求响应资源必须能够根据频率的变化调节负荷功率，即具有连续的功率上下调节能力并可以追踪频率的变化，而大部分工业用户无法实现连续的负荷增减，故其无法参与 PJM 调频市场。相比之下，PJM 备用市场仅要求需求响应资源具备 500 千瓦以上的削减能力并能够在 10 分钟内响应指令，因而大部分响应资源可由工业用户提供。2020 年，需求响应资源参与 PJM 备用市场每小时占比最高达到 21.4%，月平均值在 1.9% ～ 9.6%[13]。

1.2.3　两类需求响应的对比

从市场化信号驱动电力用户主动调整负荷需求这个运行机理来讲，两类需求响应项目存在本质上的联系。价格型需求响应通过电价激励用户，而激励型需求响应的各类补贴力度优化也离不开电价的指导，但两者也存在差异，如表1-1所示。

表 1-1　两类需求响应的比较

类型	价格型需求响应	激励型需求响应
推动因素	零售电价	可靠性
描述	对电价作出主动响应	对电网系统紧急情况作出响应
子类型	分时电价、实时电价、尖峰电价	直接负荷控制、可中断负荷、需求侧竞价、紧急需求响应、容量市场、辅助服务市场
对参与用户的要求	自愿执行，不具有调度性，长期价格激励	保障执行，具有调度性，通知时间短
激励 / 处罚	较低的奖励，无惩罚	较高的资金奖励或电价折扣，有惩罚

具体来看，价格型需求响应的实施主要由用户的主观性决定，是一种间接调度方式。在该模式下，用户不需要由调度机构或聚合商调度，也不需要参与电力批发市场竞价，而是直接响应零售电价来改变自身的用电行为。且该类型需求响应的调节时间尺度多以"小时级"为主，电力负荷对市场价格波动或电网系统紧急情况的响应能力相对滞后，该模式适用于对价格比较敏感的工商业用户或居民用户。相比之下，激励型需求响应则是更为直接的负荷调度方式。参与用户需要根据调度中心或聚合商的指令进行负荷调节，要对指令信号具有快、准、可靠的响应能力。该模式更适用于大型工商业用户。

1.3　电力需求响应的理论研究方向

当前电力系统正发生深刻变革，供需两侧都呈现出新的特征。在新型电力系统和新型能源体系建设背景下，一方面，保安全和促消纳都要求电力需求响应发挥更大作用；另一方面，技术创新和市场建设也为电力需求响应创造了更好条件。在此背景下，电力需求响应的理论研究方向也由传统的分时电价优化、需求侧响应能力建模，逐步向负荷资源精益化管理、市场化运营模式创新和新兴技术应用等领域过渡。

1.3.1 负荷资源精益化管理

需求响应是电力资源优化配置的市场化措施，负荷资源精益化管理是确保需求响应顺利实施的先决条件。一方面，为了完成既定的需求响应量指标，电网公司和负荷聚合商、售电公司等主体应对其代理用户的负荷特性、参与需求响应的质量进行全面掌握，确保负荷资源在关键时刻能及时响应到位；另一方面，对工业可中断负荷、空调负荷、电动汽车等多元资源分别适用不同的调节方式，它们具有差异化的响应速度和调节容量，参与现货市场或提供调峰、调频等辅助服务的能力也有所不同，我们需要建立多维度的可调节负荷资源库并开展动态信息维护，实现负荷资源的最大化利用。对此，吴迪等结合电力数据分析技术，以典型行业用户的生产特点和负荷特性分析为切入点，开展了负荷资源精益化管理方面的研究，深挖负荷资源调控潜力，支撑需求响应实施成效提升[14]。

1.3.2 市场化运营机制建设

随着可再生能源渗透率逐渐提高，传统火电已无法满足日益扩大的灵活性需求，因而我们亟须通过市场机制引入新的灵活性资源并发挥调节作用，以有效缓解用电紧张局面，促进新型电力系统形成稳定保供能力。在需求响应交易方面，各地区存在发展不平衡的问题。目前考虑响应量和响应积极性的差异化补贴机制（如阶梯式补贴）落地应用实例较少，高质量的响应资源难以在市场中获得更多收益，相关的市场机制研究和政策改进也缺乏实际数据支撑。在可调节负荷参与辅助服务市场方面，浙江提出将负荷聚合商等第三方独立主体纳入电力辅助服务市场运行的范畴，建立了可调资源参与市场分担共享机制[15]。然而，其固定的价格机制无法反映辅助服务产品价格与市场供需之间的关系，这导致灵活性资源参与辅助服务的积极性不高，真正参与辅助服务的主体仍然局限于火电和水电机组。综上可知，制定及完善有利于负荷资源参与的需求响应和辅助服务市场机制，是支撑需求响应落地实施和需求侧灵活资源高效利用的重要理论研究方向之一。

1.3.3 多元资源协同调控

随着常规的日前需求响应逐步发展成为日内实时自动需求响应，并与现货市场、辅助服务市场形成有效衔接，市场主体将对负荷资源的配置方式和优化方法提出更高的要求。因此，数量庞大、分散存在、特性各异的需求侧灵活资源亟须整合为调度方式灵活且整体性能更优的资源聚合体，以灵活应对市场环境下各类需求响应的调节性能要求。此外，在能效提升方面，集聚工业园区和商业楼宇多源负荷的综合需求响应（integrated demand response，IDR），将需求响应的概念扩展应用到电、气、热等多种能源体系中，并通过系统内能源转换设备实现多种能源间的耦合互补，它具有更高的优化调控潜力[16]。对此，国内外科研机构正在开展负荷聚合商/虚拟电厂灵活性资源管控平台和智能调控终端设备研发，着力突破面向温控、电动汽车和智能家电等小微负荷的快速调控和 IDR 系统优化运行技术，并进一步通过接入设备用能数据，实现需求响应、能效分析和节约用电等增值服务。

1.3.4 新兴技术推广应用

相比于国外成熟电力市场环境下的需求响应交易，我国需求响应交易同时受到市场改革配套机制和电力物联网技术赋能等多种因素的共同影响，表现出能源互联网背景下的时代和地域特色。在转变发展理念和完善市场机制的基础上，推动"大云物移智链"与需求响应技术融合应用，提升"源网荷储"（电源、电网、负荷、储能）互动水平和调节能力，能够为需求侧灵活资源的赋能方式和盈利模式创造更多的可能性。对此，国网浙江省电力有限公司率先打造了以区块链技术支撑的需求响应平台，并将其与电力需求侧在线监测平台、负荷聚合商管理系统和用户电能管理系统进行对接，利用区块链共识机制、加密算法和智能合约等技术手段为市场各主体提供透明、安全、及时、可靠的需求响应交易管理服务，提高电力用户参与需求响应的积极性和认可度，最大限度实现用户与电网公司的友好互动[17]。

参考文献

[1] 施泉生，等 . 面向智能电网的需求响应及其电价研究 [M]. 上海：上海财经大学出版社 , 2014:
43-45.

[2] 周克楠，等 . 电力需求侧管理智慧能源研究与实践 [M]. 北京：中国电力出版社 , 2022: 7-9.

[3] 王鹏，王冬容 , 等 . 走进虚拟电厂 [M]. 北京：机械工业出版社 , 2020: 25-28.

[4] 姜勇，李婷婷，王蓓蓓，等 . 美国需求响应参与 PJM 批发电力市场运行及对我国的启示（上）
[J]. 电力需求侧管理 , 2014, 16(6): 60-64.

[5] 王蓓蓓 . 面向智能电网的用户需求响应特性和能力研究综述 [J]. 中国电机工程学报 , 2014,
34(22): 3654-3663.

[6] 中华人民共和国国家质量监督检验检疫总局，中国国家标准化管理委员会 . 电力需求响应系
统通用技术规范：GB/T 32672—2016[S]. 2016.

[7] 何胜，徐玉婷，陈宋宋，等 . 我国电力需求响应发展成效及"十四五"工作展望 [J]. 电力需
求侧管理 , 2021, 23(6): 1-6.

[8] 浙江省发展和改革委员会 . 2022 年度浙江省电力需求响应补贴明细用户名单公示（7 月
16 日至 8 月 7 日）[EB/OL]. (2022-09-08)[2024-12-01]. https://fzggw.zj.gov.cn/ art/2022/9/8/
art_1229629046_4991791.html.

[9] 高红均，郭明浩，刘俊勇，等 . 从四川高温干旱限电事件看新型电力系统保供挑战与应对展
望 [J]. 中国电机工程学报 , 2023, 43(12): 4517-4538.

[10] 周伏秋，王娟，赵晓东，等 . 创新优化电力需求响应，支撑新型电力系统建设 [J]. 电力需求
侧管理 , 2023, 25(1): 1-4.

[11] 谈竹奎，等 . 电力实时需求响应 [M]. 北京：中国电力出版社 , 2021: 2-12.

[12] 杨旭英，周明，李庚银 . 智能电网下需求响应机理分析与建模综述 [J]. 电网技术 , 2016,
40(1): 220-226.

[13] 崔楷舜，朱兰，魏琳琳，等 . 美国电力市场中需求响应的发展及启示 [J]. 电气传动 , 2022,
52(16): 3-11, 48.

[14] 吴迪，王韵楚，郁春雷，等 . 基于高斯过程回归的工业用户需求响应潜力评估方法 [J]. 电力
自动化设备 , 2022, 42(7): 94-101.

[15] 国家能源局浙江监管办公室 . 2022 年浙江省第三方独立主体参与电力辅助服务结算
试运行方案（征求意见稿）[EB/OL]. (2022-08-31)[2024-12-01]. https://zjb.nea. gov.cn/u/cms/
www/ 202209/02182144rvhc.pdf.

[16] 贠保记，张恩硕，张国，等 . 考虑综合需求响应与"双碳"机制的综合能源系统优化运行 [J].
电力系统保护与控制 , 2022, 50(22): 11-19.

[17] 陈吉奂，刘强，李磊，等 . 国网浙江电力高弹性电网需求响应的探索和实践 [J]. 电力需求侧
管理 , 2020, 22(6): 75-79.

2 电力需求响应交易实践

为了增强电力系统应急调节能力，引导电力用户优化用电负荷、缓解电力供需矛盾，国内外结合电力市场建设广泛开展了电力需求响应交易，形成了多元化的需求响应"地方样板"。对此，本章总结归纳了美国、澳大利亚和欧洲电力市场的需求响应交易方案，并对我国典型网省公司（简称网省）电力需求响应交易机制与实施成效进行分析，在此基础上探讨了新型电力系统建设背景下我国电力需求响应的新形势和新发展。

2.1 国外电力市场环境下的需求响应交易机制

国外需求响应参与电力市场交易已经开展了十余年之久，其市场化改革和需求响应技术发展的相关经验可为我国需求响应市场化实施带来一定的启示[1]。美国电力市场发展相对成熟，市场机制完备，其中 PJM 电力市场的需求响应技术理论最为完善，项目相对齐全。澳大利亚需求响应市场化面临的困境主要在于容量电费 / 可靠性费用的缺失，需求响应资源难以在电力批发市场进行交易[2]。欧洲需求响应项目的发展更偏向于价格型需求响应，但该类需求响应具有不确定性，并不能实现稳定的负荷削减，这导致欧洲需求响应市场化交易程度较低，相关技术发展缓慢[3]。

2.1.1 美国 PJM 电力市场需求响应

美国的需求响应市场化实施已经积累了大量的实际运行经验，形成了比较完备的需求响应市场体系[4]。PJM 电力市场中需求响应的项目类型包括经济型、紧急型和价格反应型需求响应，用户通过专业的代理机构——削减服务提供商（curtailment service provider，CSP）参与市场，如图 2-1 所示。

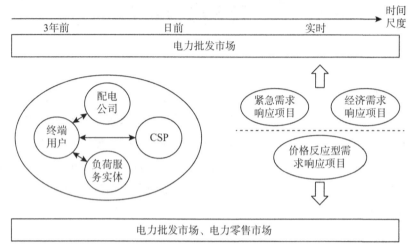

图 2-1　PJM 电力市场需求响应参与交易结构图

（1）经济型需求响应

经济型需求响应（economic demand response，EDR）是指通过 CSP 聚合的需求侧响应资源参与电量市场交易，在竞价交易完成后，形成类似于"负瓦发电机"的日前/实时调度计划，用户应按照调度计划进行负荷削减。

经济型需求响应根据用户基线负荷（customer baseline load，CBL）与实际负荷的差值来计算负荷削减量。根据响应日的不同，PJM 电力市场为用户提供了差异化的基线计算方法，如工作日和节假日基线，并根据突发事件提供了相应的基线修正算法。

PJM 电力市场的经济型需求响应以净收益测试价格（net benefits price，NBT）决定用户可获得的响应补贴标准。NBT 是确定电力供应净收益与削减负荷支出的平衡点，根据不包含实时和日前价格的月度供应曲线计算得到的。只有当节点边际电价大于或者等于 NBT 时，CSP 才可根据其提供的负荷削减量获得基于节点边际电价（locational marginal price，LMP）的全额补贴。NBT 的测试结果由 PJM 电力市场在每月中旬发布。

（2）紧急型需求响应

紧急型需求响应是指在 PJM 电力市场价格达到规定的价格上限、系统运行备用不足等紧急状态下，需求响应资源作为一种容量资源，按照调度中心指令削减负荷。

按照参与市场类型的不同，紧急型需求响应又可分为同时参与容量市场和电量市场的紧急型需求响应、仅参与容量市场的紧急型需求响应，以及仅参与电量市场的紧急型需求响应。前两类紧急型需求响应在 PJM 电力市场中统称为负荷管理（load management，LM）项目。

LM 项目按电力用户响应形式可分为直接负荷控制（direct load control，DLC）、固定用电水平（firm service level，FSL）和确定容量削减（guaranteed load drop，GLD）。用户在紧急型需求响应事件中必须削减负荷，且无论需求响应事件是否发生，都会获得相应的容量收益。若没有被调用，则用户必须接受 PJM 电力市场的强制性测试，以检验其是否具备完成相应容量任务的能力，未按要求完成容量削减的用户将受到相应的惩罚。仅参与电量市场的紧急型需求响应资源可按照自愿原则削减负荷，按投标价格与 LMP 之中的较大值获得响应补贴。

（3）价格反应型需求响应

价格反应型需求响应是指通过调整电力批发市场或零售市场的电价来改变电力用户的负荷需求，用户没有直接的容量或电量市场收益。由于用户调整负荷的行为具有一定的随机性，相关机构会通过建立高精度的预测模型来描述用户因各时段电价不同而调整其用电需求的行为。

2.1.2 澳大利亚国家电力市场需求响应

澳大利亚的国家电力市场（National Electricity Market，NEM）在 2013 年就提出了需求响应市场化交易机制并设计了整体实施架构。然而，那时需求响应资源只能参与电力零售市场交易，这导致市场活跃程度很低。2020 年 3 月，澳大利亚能源市场运营商（Australian Energy Market Operator，AEMO）出台了需求响应参与电力批发市场的相关政策，发布了电力批发需求响应（wholesale demand response，WDR）市场的设计框架，并于 2021 年 10 月正式开始实施[5]。

NEM 需求响应市场的主要参与者包括配电网运营商、终端用户和需求响应服务提供商（demand response service provider，DRSP）。在 NEM 中，区域内需求响应敏感性负荷和可控负荷被视为合格负荷，并以电力批发需求响应单元（wholesale demand response unit，WDRU）的形式被 DRSP 调度，如图 2-2 所示。WDRU 的负载由需求响应分量和非需求响应分量构成，其中，非需求响应分量负载不受 DRSP 控制，可以按照正常需求变化。DRSP 可以在满足一定条件的前提下对 WDRU 进行聚合并开展自调度，按照实时市场价格获得收益。同时，DRSP 可以通过签约负荷向电力系统运营商提供辅助服务，该辅助服务负荷则由系统安排和控制。

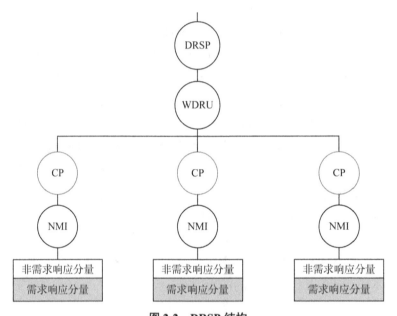

图 2-2 DRSP 结构

注：CP（connection point，电网连接点）。NMI（national metering identifier，国家计量标识符），用于唯一标识电力、燃气等能源计量设备（如电表、燃气表）；在澳大利亚能源账单中，NMI 作为账户信息的一部分帮助用户识别供电地址和计量点。

在系统电价较高时，DRSP 可主动申请发起需求响应事件，以高于其响应的成本价格进行投标，竞标容量为其聚合需求响应资源的部分或全部容量。当市场价格高于 DRSP 竞标价格时，达成出清协议；若 DRSP 不希望提供需求响应，可在市场中以最高报价限价投标，以确保 WDRU 不会被出清。市场出清后，若 DRSP 的负荷压减指标大于零，则被识别为需求响应事件，DRSP 按既定目标压减负荷以获得补贴。此时，由于用户用电量下降，零售商的收益也随之降低。为了确保零售商的利益不会因负荷削减受到损害，零售商将在需求响应事件后获得相应的补偿。AEMO 负责设置电力批发需求响应区域补偿价格（wholesale demand regional reimbursement rate，WDRRR），以及根据 DRSP 的需求响应电量收取相应的费用，并对零售商进行补偿。电力批发市场的需求响应资金流如图 2-3 所示。

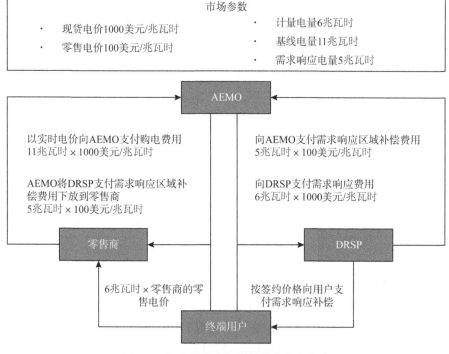

图 2-3　电力批发市场的需求响应资金流

2.1.3　欧洲电力市场需求响应

（1）英国电力市场需求响应

英国自 1992 年开始进行电力需求侧的市场化改革；1998 年后，所有电力用户均可自主选择供电商。同时，需求侧可与供给侧在同一供电平台进行竞争，这使得需求响应资源集成商可在零售市场整合用户的需求响应资源，以半小时为交易执行过程，参与英国国家电网的用电平衡机制。在该平衡机制中，单台机组或者负荷集成商作为平衡机制单元（balancing mechanism unit，BMU）参与交易和受调度控制，在其最终物理发用电计划的基础上，向调度机构提交卖电报价（增加发电出力或降低负荷需求）和买电报价。

此外，该平衡机制还与电力辅助服务一同构成英国电力平衡服务，辅助服务包括短期运行备用、快速备用（旋转备用）、固定频率响应、频率控制、平衡机制启动、基荷调整、无功服务、强制频率响应和需求侧频率控制等[6]。需求响应资源参与英国电力批发和零售市场的模式如图2-4所示。

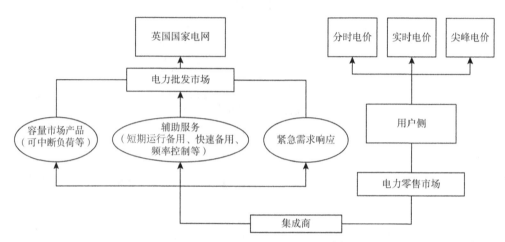

图 2-4　需求响应资源参与英国电力市场的模式

（2）德国电力市场需求响应

德国电力需求侧管理的发展动因主要包括以下几点：①德国需要通过充分挖掘需求侧的灵活性，从全民经济最优的角度维持电力系统运行的高可靠性；②可再生能源渗透率的不断提高使得电网的灵活性和稳定性不断下降，德国需要从电力安全角度出发进行需求侧管理；③良好的基础设施为德国电力需求侧管理提供了保障。值得一提的是，德国的智能电表普及率高且相应技术都很成熟。在德国，年耗电6000千瓦时以上家庭的智能电表普及率为100%，这为电力需求侧管理在德国的发展提供了良好的硬件基础。

德国电力需求侧管理的相关法规可追溯到1974年颁布的《能源供应安全保障法》。该法案授权联邦政府可通过需求响应和节约用电来保证基本的能源供应。为了推动电力需求侧管理的数字化发展，德国于2016年颁布了《能源转型数字化法案》，并持续推进能源部门计量系统的数字化改造。现阶段，德国已成为能源电力领域高级量测体系（advanced metering infrastructure，AMI）最为完善的国家之一。

从市场交易框架来看，供电公司通过整合需求侧需求响应资源参与电力市场竞价,解决输电网运营商对电力的需求。在电力批发市场,需求响应主要应用于可中断负荷、电力现货、辅助服务以及配电网拥塞管理。其中,拥有需求响应资源的企业通过可中断负荷招标竞价与输电网运营商签订合同,当出现系统运行安全问题时,输电网运营商可以激活签订的可中断负荷以保证电力系统的安全稳定。在电力现货市场上,需求响应资源多被拥有平衡结算单元的用电企业用于购电优化;在辅助服务市场中,需求响应资源则可作为灵活可调负荷向输电网运营商提供调频服务,用以平衡新能源发电导致的预测误差。此外,需求响应也可实现对需求侧负荷的针对性调控以减少电网拥塞[7]。

在电力零售侧方面,德国电力市场采用实时电价、分时电价和尖峰电价三类价格型需求响应机制,如图 2-5 所示。电力用户不仅可通过储热加热器、电热水器等储能装置和其他分布式电源满足自己的电力需求,还可作为虚拟电厂(virtual power plant,VPP)参与需求响应获得收益。在德国,整合可控负荷和分布式电源的 VPP 已成为维护电网供需平衡的重要主体。

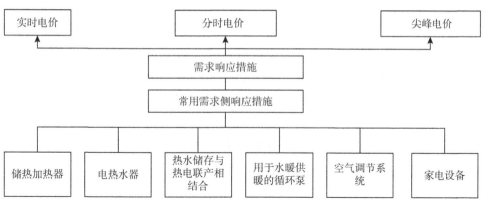

图 2-5 德国电力市场零售需求响应及与相应设备

表 2-1 从实施背景、启动条件、市场类型、优化机制、需求响应类型以及费用承担机构等方面对美国、澳大利亚和欧洲市场化需求响应交易进行了总结对比。

表 2-1 美国、澳大利亚和欧洲市场化需求响应交易差异对比

国家 / 地区	美国(PJM 电力市场)	澳大利亚(NEM)	欧洲
实施背景	具有成熟的适合需求响应交易的电力市场机制		电力市场成熟,但缺乏规范统一的需求响应交易机制
启动条件	由 CSP/DRSP 主动组织需求响应		由电网运营者决定

续表

国家 / 地区	美国（PJM 电力市场）	澳大利亚（NEM）	欧洲
市场类型	电量市场和容量市场、辅助服务市场	电量市场、辅助服务市场	电量市场和容量市场、辅助服务市场
优化机制	多市场联合优化出清	单独优化出清	—
需求响应类型	紧急型需求响应、经济型需求响应、价格反应型需求响应	激励型需求响应	分时电价、可中断负荷
费用承担机构	市场参与者		政府、电网运营者

2.1.4　国外需求响应实施经验借鉴

为了增强电力系统应急调节能力，缓解电力供需矛盾，国外电力市场广泛建立了需求响应机制，形成了多元化的需求响应"地方样板"。从需求响应机制及其实施成效来看，国外可借鉴经验总结如下。

（1）成熟的电力市场机制是需求响应资源得以利用的重要保障。市场机制的健全程度决定了需求响应资源在电力市场中的参与程度，完善的电力市场交易机制能够为需求响应提供良好、广阔的交易平台，从而使需求响应的市场价值能够在多个方面得以利用。同时，需求响应机制的发展程度决定了电力市场对需求响应资源的接纳程度，需求响应的技术发展越成熟，其利用价值就越大，能够更好地参与电力市场交易。

（2）鼓励需求侧可调节资源以虚拟电厂或负荷聚合商的形式参与电力市场交易。现阶段，我国电力市场的需求侧参与主体普遍为大工业用户、售电公司，其根本盈利模式与需求响应的关联程度不大，这导致其开展需求响应的动机不足。鼓励负荷聚合商参与需求响应交易，能够更好地促进需求响应资源统一调度，最终使用户获得稳定受益。

（3）着力提升需求侧负荷管理设备和量测设备智能化水平。在国外成熟电力市场中，需求响应交易对需求侧负荷管理设备和量测设备的智能化程度有较高的要求。负荷管理设备与量测设备一方面应满足协调控制、信息通讯和智能计量等技术性要求，支持用户对负荷调节指令的快速响应；另一方面，还应能够对需求响应实施效果进行精准反馈，满足需求响应有效性考核、补贴结算等功能性要求，以保障需求响应市场交易的公正和高效。

2.2 国内典型网省电力需求响应交易

自 2012 年北京、苏州、唐山、佛山四个城市作为试点开展需求响应工作以来，我国电力需求侧管理进入了新的发展阶段。目前，我国大多数省份出台了需求响应支持政策，部分省份通过开展需求响应交易，有效应对了极端天气影响带来的电力保供问题。长期来看，我国电力需求持续刚性增长，叠加新型电力系统生产和消费双侧的波动性越加明显，通过实施需求响应提升电力系统应对极端情况冲击的能力将成为常态。为此，本节着重介绍现阶段国内典型网省的需求响应交易机制与实施成效，梳理我国电力需求响应交易的发展进程。

2.2.1 需求响应支持政策

近年来，我国陆续出台电力需求侧管理专项制度和价格引导机制，同时将需求侧管理作为电力体制改革的重要组成部分，全力推进电力需求响应项目，发挥其在缓解电力供需紧张和促进可再生能源消纳等方面的示范作用。截至 2023 年12 月，我国电力需求响应主要政策如表 2-2 所示。

表 2-2　我国电力需求响应主要政策

时间	文件	相关内容
2015 年 3 月	中共中央 国务院关于进一步深化电力体制改革的若干意见	积极开展电力需求侧管理和能效管理；通过运用现代信息技术、培育电能服务、实施需求响应等，促进供需平衡和节能减排
2015 年 4 月	国家发展改革委 财政部关于完善电力应急机制做好电力需求侧管理城市综合试点工作的通知	实施电力需求侧管理，有利于削减或转移高峰用电负荷；有利于提升电力应急保障能力；有利于消纳可再生能源发电
2017 年 9 月	关于深入推进供给侧结构性改革做好新形势下电力需求侧管理工作的通知	进一步完善需求响应工作中的市场化机制，为电力市场建设积累经验
2018 年 7 月	国家发展改革委 关于创新和完善促进绿色发展价格机制的意见	加大峰谷电价实施力度，运用价格信号引导电力削峰填谷

续表

时间	文件	相关内容
2018 年 10 月	国家发展改革委国家能源局关于印发《清洁能源消纳行动计划（2018—2020 年）》的通知	培育需求侧响应聚合服务商等新兴市场主体；将电力需求侧资源纳入电力市场
2021 年 7 月	国家发展改革委关于进一步完善分时电价机制的通知	进一步完善目录分时电价机制，更好引导用户削峰填谷、改善电力供需状况、促进新能源消纳
2023 年 9 月	国家发展改革委等部门关于印发《电力需求侧管理办法（2023 年版）》的通知	到 2025 年，各省需求响应能力达到最大用电负荷的 3% ～ 5%；到 2030 年，形成规模化的实时需求响应能力，结合辅助服务市场、电能量市场交易可实现电网区域内需求侧资源共享互济
2023 年 9 月	国家发展改革委 国家能源局关于印发《电力负荷管理办法（2023 年版）》的通知	建立并完善与电力市场衔接的需求响应价格机制；鼓励需求响应主体参与相应电能量市场、辅助服务市场、容量市场等，按市场规则获取经济收益

2.2.2　需求响应激励机制

（1）价格型需求响应

以分时电价、尖峰电价等为代表的价格型需求响应是我国电力需求响应体系的重要组成部分。2021 年，《国家发展改革委关于进一步完善分时电价机制的通知》发布，要求完善峰谷电价机制，建立尖峰电价机制，健全季节性电价机制，更好引导用户削峰填谷、改善电力供需状况、促进新能源消纳。现阶段，我国大部分省份已实施峰谷分时电价，部分网省实行了季节性尖峰电价政策，如表 2-3 所示。其中，分时电度价格取自 2023 年 6 月代理购电工商业用户电价表。

表 2-3 典型网省分时电价实施情况

网省	分时电度用电价格（元/千瓦时）			季节性尖峰电价政策
	高峰时段	平时段	低谷时段	
北京	1.1061	0.7998	0.5228	时间：夏季 7 月至 8 月 11:00—13:00，16:00—17:00 价格：未明确
河北南网	0.9519	0.6459	0.3398	时间：夏季 6 月至 8 月 19:00—22:00；冬季 12 月至次年 2 月 17:00—19:00 价格：统一以峰段电价为基础，上浮 20%
江苏	1.1697	0.6996	0.3161	时间：夏季 7 月至 8 月 14:00—15:00，20:00—21:00；冬季 12 月至次年 1 月 9:00—11:00，18:00—20:00 价格：统一以峰段电价为基础，上浮 20%
浙江	1.1250	—	0.3421	时间：全年 19:00—21:00 价格：1.3606 元/千瓦时
安徽	1.1490	0.6565	0.3021	时间：当日最低气温 ≤ −5℃或日最高气温 ≥ 36℃时 价格：在当日高峰时段购电价格基础上每千瓦时上浮 0.072 元
山东	1.0289	0.7083	0.3877	时间：分四季设定尖峰、深谷时段 价格：尖峰时段 1.1662 元/千瓦时，深谷 0.2961 元/千瓦时
山西	0.7315	0.5143	0.3152	时间：每年 1、7、8、12 月 18:00—20:00 价格：统一以峰段电价为基础，上浮 20%

（2）激励型需求响应

在国家政策引导下，各网省电力公司积极配合地方政府主管部门出台电力需求响应实施方案，并通过邀约或市场竞价的方式引导需求侧可调节负荷参与需求响应[8-13]。部分网省电力需求响应实施方案如表 2-4 所示。

表 2-4 部分网省电力需求响应实施方案

网省	文件	需求响应类型
浙江	关于开展 2021 年度电力需求响应工作的通知	削峰需求响应、填谷需求响应
江苏	《江苏省电力需求响应实施细则（修订版）》	约定需求响应、实时需求响应
山东	《2022 年全省电力可中断负荷需求响应工作方案》	紧急型需求响应、经济型需求响应
天津	《天津市 2022 年电力需求响应实施细则》	削峰需求响应、填谷需求响应
辽宁	《辽宁省电力需求响应实施方案》	日前削峰响应、日内削峰响应
湖北	《湖北省电力需求响应实施方案》	日前响应邀约、日内响应邀约
湖南	《湖南省电力需求响应实施办法》	日前削峰响应邀约

①需求响应类型。现阶段，我国各网省电力需求响应实施方案以削峰需求响应为主，按时间尺度可细分为日前响应、小时级响应、分钟级响应和秒级响应，各省份市场规则中需求响应类型命名方式存在差异。此外，浙江、天津的电力需求响应实施方案还包括填谷需求响应。

②运行机制。年度需求响应签约开展的方式有年度申报和网上签约，组织交易的方式有邀约（约定）和市场竞价，具体如下。

邀约（约定）方式是指在响应日前日或响应时段前若干小时，电力用户（负荷集成商）将收到电网公司通过业务支撑平台或手机应用软件等方式发出的响应邀约，被告知响应时间段及响应需量。电力用户（负荷集成商）在收到邀约后应及时反馈是否正常参与，未反馈者视为放弃参与。电网公司根据反馈信息测算响应负荷量，如果不能达到调控指标，则进一步扩大邀约范围，直至响应负荷量达到调控指标。电力用户（负荷集成商）在确定参与响应后，可协商确定计划响应量，在响应时段自行调整用电负荷完成响应过程，按约定价格获得响应补贴。江苏邀约需求响应工作流程如图 2-6 所示。

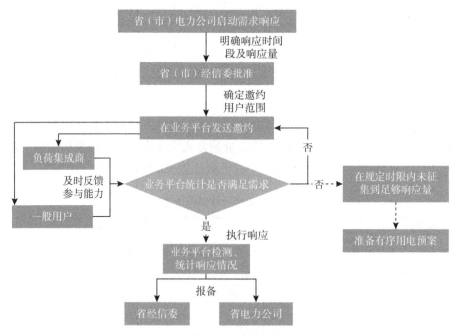

图 2-6　江苏邀约需求响应工作流程

市场竞价方式是指在响应日前日或响应时段前若干小时，电网公司向签约电力用户发出竞价申报通知，由用户申报响应容量和价格。电网公司根据用户反馈信息，按照"价格优先、时间优先、容量优先"的边际出清方式确定补贴单价和用户中标容量。中标用户在响应时段内自行调整用电负荷完成响应过程。浙江日前削峰需求响应竞价交易流程如图 2-7 所示[14]。

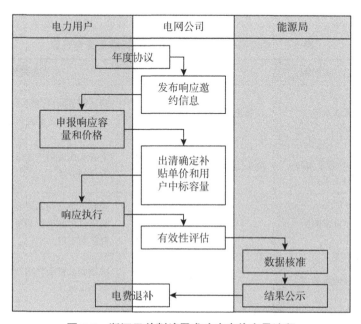

图 2-7　浙江日前削峰需求响应竞价交易流程

③基线计算。需求响应的有效性判断及响应电量计算均以基线负荷为参考。

以浙江电力需求响应机制为例，当响应日为工作日时，选取邀约日的前 5 个正常工作日组成基线参考日集合。计算每个参考日在需求响应时段的平均负荷 $P_{av,i}$，以及 5 个参考日在需求响应时段的平均负荷 P_{av}。若某参考日存在 $P_{av,i} < 0.75P_{av}$，则将该日从参考日集合中剔除；同时，向前依次递推另选，直到选满符合要求的 5 个参考日。原则上向前递推不超过 45 天，若不能选满 5 天，则选择 4 天作为参考日；若仍不满足，则将最近的节假日或响应日也视作工作日进行计算。参考日选定后，在参考日集合中剔除响应时段平均负荷值最低的参考日，并将剩余参考日的负荷平均后得到基线负荷。负荷集成商的基线为其集成用户的基线叠加。用户在响应时段同时满足以下两个条件则认定为有效响应：一是最大负荷小于基线最大负荷；二是平均负荷小于基线平均负荷，且实际负荷响应

率不小于 50%。

④补贴标准。现阶段，国内各网省电力需求响应补贴方式可分为按负荷削减（元 / 千瓦）和按电量削减（元 / 千瓦时）两类。其中，江苏、天津、辽宁、湖北、湖南等按元 / 千瓦补贴，浙江、山东等按元 / 千瓦时补贴。以日前削峰响应为例，各网省补贴标准如表 2-5 所示（各网省需求响应类型命名存在差异但实际均为日前削峰响应）。

表 2-5　典型网省电力需求响应补贴标准及资金来源

网省	需求响应类型	补贴标准	资金来源
浙江	削峰需求响应	市场竞价上限为 4 元 / 千瓦时	跨区域省间富余可再生能源电力现货交易购电差价盈余部分
山东	经济型需求响应	按 4 倍现货市场日前节点电价	全省工商业用户按响应时段用电量等比例分摊
江苏	约定需求响应	10 ～ 15 元 / 千瓦	尖峰电价增收的资金用于平衡需求响应可中断电价和可再生能源消纳补贴的支出
天津	削峰需求响应	2 元 / 千瓦	按照财政资金使用安排统一支付给参与主体
辽宁	日前削峰响应	2 元 / 千瓦	需求响应时段工商业用户按照实际用电量占比分摊
湖北	日前响应邀约	响应补贴标准最高为 20 元 / 千瓦	三峡增发电量对应的价差空间用于解决需求响应资金支出
湖南	日前削峰响应邀约	响应补偿价格不高于 10 元 / 千瓦	补偿资金从省需求响应专项资金安排使用情况并接受第三方机构审计

在用户响应补贴方案方面，2021 年后各网省普遍采用阶梯式补贴方案。以浙江日前削峰需求响应为例，当实际负荷响应率低于 50% 时，响应无效，不予补贴；当实际负荷响应率在 50% ～ 80%（含 50%，不含 80%）时，按有效响应电量乘出清价格乘 0.8 进行补贴；当实际负荷响应率在 80% ～ 120%（含 80% 和 120%）时，按有效响应电量乘出清价格进行补贴；当实际负荷响应率在

120%～150%（不含120%，含150%）时，低于120%的部分按有效响应电量乘出清价格进行补贴，120%～150%部分按有效响应电量乘出清价格乘0.8进行补贴。

⑤资金来源。国内各网省资金来源普遍为峰谷或尖峰电价增收资金（江苏、四川、黑龙江）和需求侧分摊（山东、辽宁、云南）等，资金量相对稳定充足，但这种来源方式在降低企业电价的氛围中暂不易推广；此外，天津、湖南、福建资金来源为省财政专项资金，浙江资金来源于跨省区可再生能源现货市场，这两种来源方式存在资金不稳定问题；河南将电力需求响应成本核入输配电价。

2.2.3 需求响应实施成效

随着国内各网省电力需求响应支持政策和市场机制陆续出台，需求响应在应对迎峰度夏（冬）电力供应缺口，缓解节假日、采暖季电网负荷备用不足，助力源网荷储协同互动和清洁能源消纳等方面不断发挥重要作用。据浙江省发展和改革委员会公布的数据，2021年2月1日至12月31日，浙江累计开展需求响应交易67次，合计参与1.77万户次，降低电网高峰负荷391万千瓦；2022年1月1日至7月15日，开展需求响应交易21次，合计参与14.29万户次，累计降低电网高峰负荷3641万千瓦。需求响应有效保障了电网安全稳定运行。除开展市场化电力需求响应交易之外，上海、重庆、冀北等网省在聚合商业楼宇和电动汽车等需求侧灵活资源参与需求响应方面率先开展了示范工程建设。

（1）上海黄浦区商业建筑虚拟电厂

上海用电负荷呈现典型国际化大都市特征，空调负荷占比高、负荷波动性强且用电峰谷差较大等问题突出。其中，黄浦区的商业建筑超过200幢，年耗电量约13亿千瓦时，峰值负荷近500兆瓦且具有一定的可调性能，加之原有区级建筑能耗监测基础设施建设完善，具备良好的负荷调控基础条件。

对此，上海自2016年起积极开展国家级需求侧管理示范项目"上海黄浦区商业建筑虚拟电厂示范项目"建设，推进虚拟电厂运营平台的开发及项目试点实施。该项目以商业建筑用户为参与主体，通过负荷集成商对需求侧资源进行集中调控，在全国范围内率先构建了面向商业建筑的虚拟电厂，同时制定和适配了相应调控策略，提高了商业建筑用电的智能化水平和应急保障能力，保证电力供需平衡和促进可再生能源消纳[15]。

2018 年 8 月 17 日，台风"温比亚"登陆上海，全市启动预警，该项目建成后首次投运。当日 12:00—13:00 是电力负荷高峰时段，经该项目运营调度，104 幢签约商业建筑作为虚拟发电节点同一时间投入运转，削减电力负荷达 20.12 兆瓦。截至 2021 年，该项目平台已纳入黄浦区商业楼宇 130 幢，注册响应资源约 60 兆瓦，包含了冷水机组、风冷热泵、电热锅炉、动力照明和充电桩等需求响应资源。

（2）重庆电动汽车充电桩集群调控

2019 年，国网重庆电力公司依托智慧车联网平台开发建设负荷聚合运营系统，实现了电力交易平台与车联网平台贯通，建立起基于车联网的绿电交易的信息交互，如图 2-8 所示。通过引导电动汽车充电负荷转移，于枯水期定向消纳西北地区的风、光扶贫电能，丰水期消纳四川水电电力，打造了面向清洁能源消纳的电动汽车充电桩集群调控示范项目。该项目将绿电资源引入电动汽车充电市场，通过负荷聚合商聚合电动汽车负荷，以电价优势激励电动汽车用户参与需求响应，优化了电动汽车充电负荷运行方式，提高了可调度的电动汽车充电容量，增加了电动汽车在电网负荷低谷时段的充电电量，实现了清洁能源在发电企业与电动汽车用户之间的上下游贯通。

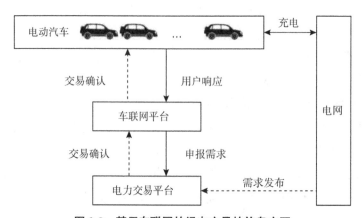

图 2-8　基于车联网的绿电交易的信息交互

在 2019 年项目试点运行过程中，重庆 10 家充电运营商共计 872 个充电桩参与交易，充电设施额定功率占比达 60.0%，通过省间清洁能源消纳实现绿电充电电量 2600 万千瓦时。电动汽车高峰时段充电电量比重由 67.0% 降至 27.0%，低谷时段充电电量比重由 13.0% 上升至 39.0%，累计产生 900 余万元经济效益，需求侧获益约 300 万元。

（3）冀北虚拟电厂示范工程

2019 年年底，经国家能源局批复，华北能源监管局印发了《第三方独立主体参与华北电力调峰辅助服务市场规则（试行）》，同时，冀北虚拟电厂作为我国首个以市场化方式运营的虚拟电厂示范工程投运。

冀北虚拟电厂采用"云管边端"的技术架构，通过需求侧智能终端和边缘智能网关来实现高效采集和控制，以及用户资源的聚合。冀北虚拟电厂的核心——智能管控平台，基于物联网云平台构建，主要功能包括聚合优化调控、交易结算和运营综合分析等。通过大数据和人工智能进行数据挖掘和分析，该平台可以开展能源托管、能源资产组合，以及运营监测与评估等服务。

冀北虚拟电厂接入和控制蓄热式电采暖、可调节工商业、智能楼宇、智能家居、储能、电动汽车充电站以及分布式光伏等 11 类 19 家可调节资源，总容量 358 兆瓦，最大调节功率可达 154 兆瓦，最大调节速率 15.7 兆瓦 / 分。该示范工程涵盖张家口、秦皇岛和廊坊三个地市，秦皇岛作为虚拟电厂综合试点，张家口和廊坊分别作为蓄热式电锅炉和大工业负荷专项试点。据不完全统计，冀北虚拟电厂参与华北调峰辅助服务市场，累计消纳新能源电量 3412 万千瓦时，度电收益 0.183元。虚拟电厂运营商和用户总收益 624.2 万元，其中运营商收益 395.95 万元，需求侧资源收益 228.25 万元。

2.2.4 需求响应资源参与电力辅助服务市场

在需求响应资源参与电力市场交易方面，国外电力市场发展较为成熟，需求响应资源可参与电力现货和容量市场，并在辅助服务市场中提供调频、备用和灵活爬坡等服务[16]。近年来，随着负荷调控技术不断成熟，虚拟电厂、电动汽车平台和负荷聚合商等新型主体在我国不断逐渐涌现，需求响应资源的集群调节潜力越发突出，可作为稳定的电网调节资源来促进电网功率平衡[17]。

对此，我国陆续出台了需求响应资源参与电力辅助服务市场的支持政策，通过市场化手段激励需求侧挖掘调节潜力。2017 年，国家能源局发布了《完善电力辅助服务补偿（市场）机制工作方案》，提出按需扩大电力辅助服务提供主体，鼓励储能设备、需求侧资源参与提供电力辅助服务，允许第三方参与提供电力辅助服务[18]。2018 年，国家发展改革委、国家能源局发布了《关于提升电力系统调节能力的指导意见》，提出提升电力用户侧灵活性，发展各类灵活性用电负荷[19]。

2021年,国家能源局印发了《电力并网运行管理规定》和《电力辅助服务管理办法》,提出电力辅助服务包括由传统高载能工业负荷、工商业可中断负荷、电动汽车充电网络等能够响应电力调度指令的可调节负荷（含通过聚合商、虚拟电厂等形式聚合）等负荷侧并网主体,为维持电力系统安全稳定运行,保证电能质量,促进清洁能源消纳提供的服务[20]。

现阶段,我国各网省相继发布了需求响应资源参与电力辅助服务市场的相关交易规则,如表2-6所示[21-30]。

表2-6　我国典型网省需求响应资源参与辅助服务交易规则

网省	文件名称	交易品种
东北	东北电力辅助服务市场运营规则	可中断负荷调峰
华北	第三方独立主体参与华北电力调峰辅助服务市场规则（试行,2020版）	调峰
华中	新型市场主体参与华中电力调峰辅助服务市场规则（试行）	省间调峰
浙江	浙江省第三方独立主体参与电力辅助服务市场交易规则（试行）（征求意见稿）	调峰、备用、调频等
山西	山西独立储能和用户可控负荷参与电力调峰市场交易实施细则（试行）	调峰
江苏	江苏电力市场用户可调负荷参与辅助服务市场交易规则（试行）	可调负荷辅助服务
福建	福建省电力调峰辅助服务市场交易规则（试行）（2022年修订版）	可调节负荷调峰
湖南	湖南省电力辅助服务市场交易规则（2023版）	紧急短时调峰
山东	山东电力辅助服务市场运营规则(试行)(2021年修订版)(征求意见稿)	需求侧有偿调峰
宁夏	宁夏电力辅助服务市场运营规则	可调节负荷交易

从电力市场规则来看,现阶段我国需求响应资源参与电力辅助服务以日前填谷调峰为主,但市场规则普遍对可调节负荷调峰的启动条件缺乏明确界定,多由调度机构根据电网实际运行情况确定调峰需求。值得一提的是,湖南的交易规则提出在预计系统备用容量占比小于3%,可能采取有序用电措施时,组织紧急短时调峰交易;山东的交易规则约定当火电机组因低谷调峰出力降至最大可调出力50%以下时,发布需求侧填谷调峰,量化了交易启动条件。

从交易组织模式来看,各网省普遍采用集中竞价的方式,由电网作为调峰容量的单一买方。其中,华北、华中调峰市场要求发、用电侧资源同台竞价;福建在日前调峰市场中采用需求侧报量不报价模式，作为市场价格接受者参与交易；宁夏采用日前定价调用模式，由调度机构根据调峰需求进行可调节负荷调用，确定次日参与市场用户的负荷曲线并下发执行，用户在峰电价时段参与市场按照峰－平电价差额进行补偿，平电价时段参与市场按平－谷电价差额进行补偿。相比之下，2020 年发布的《东北电力辅助服务市场运营规则》规定，可中断负荷用户可与风电企业协商开展双边交易，也可在交易平台开展集中交易，风电企业购买到的可中断负荷电力为风电企业对应时段新增发电空间。

2.3　我国电力需求响应发展面临的新形势

随着"双碳"目标决策逐步深化，以及新型能源体系和新型电力系统建设不断加快，电力需求响应的发展也面临新的机遇。特别是近年来发生的极端高温停限电事件，使得社会对电力供需更加敏感，对电力供应保障更加关注。当前和今后很长一段时期，电力需求响应都将是社会关切的焦点话题。为此，国家发展改革委等有关部门于 2023 年 9 月发布了《电力负荷管理办法（2023 版）》和《电力需求侧管理办法（2023 版）》，为新形势下我国电力需求响应的市场化、综合化、数智化发展指明了变革方向。

2.3.1　市场化

当前电力市场环境下，将需求侧资源纳入电力现货和辅助服务市场，使需求侧资源成为与供给侧资源对等的灵活性资源参与电力市场竞争，更能凸显需求侧资源的价值。对此《电力需求侧管理办法（2023 版）》明确提出，应建立并完善与电力市场衔接的需求响应价格机制；逐步健全尖峰电价、深谷电价、容量电价、需求响应电价、高可靠性电价、可中断负荷电价等电价政策；全面推进需求侧资源参与电能量和辅助服务市场常态化运行；鼓励需求响应主体参与相应电能量市场、辅助服务市场、容量市场等，按市场规则获取经济收益；逐步将需求侧资源以虚拟电厂等方式纳入电力平衡。

2.3.2 综合化

随着电力需求响应交易在国内各网省逐步推广，传统以大容量工业负荷为参与主体的削峰填谷需求响应得到了长足发展和演变，具有自动化特征的电力负荷管理技术也逐渐在智能家居、非公空调、智能楼宇、电动汽车和需求侧储能等各类负荷中得到应用。分散的需求侧灵活资源已经具有非常可观的能力，在物理层面能够响应电网调节需要。依托创新用电服务模式，需求侧灵活资源将以负荷聚合商或虚拟电厂等形式参与需求响应，使需求响应的参与主体呈多元化发展。此外，对于工业园区或微电网项目，基于多能源系统在产能特性、供求特性以及用能特性的差异性，负荷聚合商或虚拟电厂可利用冷、热、电、气等多能流时空上的耦合机制，通过价格信号引导用户改变某一种或多种能源的需求，以实现多能互补，达到削峰填谷、缓解用能紧张等目的。

2.3.3 数智化

新兴信息通信技术与用电技术的融合应用，使电力需求响应逐步向实时化、智能化、自动化的方向演进，电力用户、负荷聚合商和虚拟电厂可借助智能设备、智能采集、智能分析和智能操控，自动制订需求响应计划和生成用能优化策略，这推动了需求响应的技术进步和效率提升。对此，《电力需求侧管理办法（2023版）》提出，推动工业、商业、居民家庭等领域用电基础设施和终端设备的智能化改造；支持多元化开发智能用电应用场景，建设智能工厂、智能楼宇、智能小区、智慧城市等。《电力负荷管理办法（2023版）》着重强调了新型电力负荷管理系统是开展负荷信息采集、预测分析、测试、调控、服务，进行负荷管理工作的重要实施平台；负荷聚合商、虚拟电厂应接入新型电力负荷管理系统，确保负荷资源的统一管理、统一调控、统一服务。

2.4 本章小结

在新型电力系统建设和电力市场化改革的多重影响下，可调节工业负荷、空调、电动汽车和新型储能等需求侧灵活资源以负荷聚合商或虚拟电厂等形式参与市场化需求响应，这将是未来一段时间内我国电力需求侧管理的主要发展方向。

对此，本章对比分析了国内外电力市场的需求响应交易方案，并进一步从支撑政策、激励机制、实施成效等方面梳理了现阶段我国各网省电力需求响应交易现状；在此基础上，从市场化、综合化、数智化三个方面探讨了新型电力系统建设背景下我国电力需求响应面临的新形势，阐述发展电力需求响应的必要性、战略性和紧迫性。

参考文献

[1] 丁一，惠红勋，林振智，等 . 面向电力需求侧主动响应的商业模式及市场框架设计 [J]. 电力系统自动化，2017, 41(14): 2-9.

[2] 丁一，胡怡霜，崔文琪 . 国外电力需求响应实践及启示 [J]. 电力需求侧管理，2019, 21(2): 1-4.

[3] Annala S, Honkpuro S. Demand response in Australian and European electricity markets[C]// 2016 13th International Conference on the European Energy Market(EEM), Porto, 2016.

[4] 陈新仪，严正，魏学好，等 . PJM 电网需求响应模式及其启示 [J]. 中国电力，2015, 48(4): 113-120.

[5] AEMO. Demand response mechanism and ancillary services unbundling detailed design [EB/ OL]. (2013-11-15)[2024-12-01]. https://www.aemo.com.au/-/media/files/pdf/drm_ detailed_design_ final_181113.pdf.

[6] Warren P. A review of demand-side management policy in the UK [J]. Renewable & Sustainable Energy Reviews, 2014(7): 941-951.

[7] 朱彤，从博云 . 美国、日本和德国能效管理的经验与启示 [J]. 中国发展观察，2018(Z2): 112-116.

[8] 浙江省发展改革委，浙江省能源局 . 关于开展 2021 年度电力需求响应工作的通知 [EB/OL]. (2021-06-08)[2024-12-01]. https://fzggw.zj.gov.cn/art/2021/6/8/ art_1229629046_4906648.html.

[9] 江苏省发展改革委 . 关于印发《江苏省电力需求响应实施细则（修订版）》的通知 [EB/ OL]. (2018-06-11)[2024-12-01]. http://fzggw.jiangsu.gov.cn/art/2018/6/18/ art_51007_10655338. html.

[10] 山东省能源局 . 关于印发《2022 年全省迎峰度夏有序用电方案》《2022 年全省迎峰度夏有序用电用户轮停方案》《2022 年全省电力可中断负荷需求响应工作方案》的通知 [EB/ OL]. (2022-06-07)[2024-12-01]. http://nyj.shandong.gov.cn/art/2022/6/7/ art_59960_10292617. html.

[11] 天津市工业和信息化局 . 关于印发 2022 年电力需求响应实施细则的通知 [EB/ OL]. (2022-01-21)[2024-12-01]. https://gyxxh.tj.gov.cn/ZWGK4147/ZCWJ6355/ wjwj/202201/

t20220124_5787811.html.

[12] 湖北省能源局 . 湖北省电力需求响应实施方案 [EB/OL]. (2023-03-06) [2024-12-01]. http://www.jiangling.gov.cn/ztzl/yhyshj/202310/t20231025_880801.shtml.

[13] 湖南省发展和改革委员会 . 关于印发《湖南省电力需求响应实施办法》和《湖南省电力可中断负荷管理办法》的通知 [EB/OL]. (2023-07-21)[2024-12-01]. http://www.hunan.gov.cn/hnszf/szf/hnzb_18/2023/202314/szfbmwj_98721_88_1urmmqrurrdbvpccutqhrmsteguugvmdqkupkguegktvspfmfnnccnmvnkhnueqhqrmmggscnsfprf/202307/ t20230731_29450353.html.

[14] 陈吉奂，刘强，李磊，等 . 国网浙江电力高弹性电网需求响应的探索和实践 [J]. 电力需求侧管理，2020, 22(6): 75-79.

[15] 屠盛春，刘晓春，张皓 . 上海市黄浦区商业建筑虚拟电厂典型应用 [J]. 电力需求侧管理，2020, 22(1): 52-57.

[16] 沈运帷，李扬，高赐威，等 . 需求响应在电力辅助服务市场中的应用 [J]. 电力系统自动化，2017, 41(22): 151-161.

[17] 文旭，杨可，毛锐，等 . 可调节负荷调控能力评估行业标准研究及应用 [J]. 电网技术，2021, 45(11): 4585-4593.

[18] 国家能源局 . 关于开展《完善电力辅助服务补偿（市场）机制工作方案》的通知 [EB/OL]. (2017-11-15)[2024-12-01]. http://zfxxgk.nea.gov.cn/auto92/201711/ t20171122_3058.htm.

[19] 国家发展改革委，国家能源局 . 关于提升电力系统调节能力的指导意见 [EB/ OL]. (2018-02-28)[2024-12-01]. https://www.ndrc.gov.cn/xxgk/zcfb/tz/201803/ t20180323_962694.html.

[20] 国家能源局 . 关于印发《电力辅助服务管理办法》的通知 [EB/OL]. (2021-12-21) [2024-12-01]. http://zfxxgk.nea.gov.cn/2021-12/21/c_1310391161.htm.

[21] 国家能源局东北监管局 . 关于印发《东北电力辅助服务市场运营规则》的通知 [EB/OL]. (2020-09-22)[2024-12-01].https://dbj.nea.gov.cn/xxgk/zcfg/202310/ P020231106530100161111.pdf.

[22] 国家能源局华北监管局 . 关于继续开展第三方独立主体参与华北电力调峰辅助服务市场试点工作的通知 [EB/OL]. (2020-11-11)[2024-12-01]. https://hbj.nea.gov.cn/xxgk/ zcfg/202402/t20240208_239973.html.

[23] 国家能源局华中监管局 . 关于印发《新型市场主体参与华中电力调峰辅助服务市场规则（试行）》的通知 [EB/OL].(2021-11-18)[2024-12-01]. http://hzj.nea.gov.cn/ adminContent/initViewContent.do?pk=D17348CC262F7C8AE050A8C0C1C816AB.

[24] 国家能源局浙江监管局 . 浙江省第三方独立主体参与电力辅助服务市场交易规则（试行）(征求意见稿）[EB/OL]. (2021-05-21)[2024-12-01]. http://www.chinaden. cn/meng_k/products_pic/file/20210521200149914991.pdf.

[25] 国家能源局山西监管办公室 . 山西独立储能和用户可控负荷参与电力调峰市场交易实施细则

（试行）[EB/OL]. (2020-08-12)[2024-12-01]. http://sxb.nea.gov.cn/ adminContent/initViewContent. do?pk=297eb7f4768960110176978828db0006.

[26] 国家能源局江苏监管办公室 . 江苏电力市场用户可调负荷参与辅助服务市场交易规则（试行）[EB/OL]. (2020-11-10)[2024-12-01]. http://jsb.nea.gov.cn/news/2020- 11/20201110100742. htm.

[27] 国家能源局福建监管办公室 . 关于印发《福建省电力调峰辅助服务市场交易规则（试行）（2022 年修订版）》的通知 [EB/OL]. (2022-05-05)[2024-12-01]. https://eptc-prod.oss-cn-beijing. aliyuncs.com/2022/05/05/4977d99a961b4c6aaf2576dbe000cb56.pdf.

[28] 国家能源局湖南监管办公室 . 关于印发《湖南省电力辅助服务市场交易规则（2023 版）》的通知 [EB/OL]. (2023-04-11)[2024-12-01]. http://hunb.nea.gov.cn/adminContent/ initViewContent. do?pk=8abf807b88037c43018841a168a40011.

[29] 国家能源局山东监管办公室 . 关于《山东电力辅助服务市场运营规则（试行）（2021 年修订版）（征求意见稿）》公开征求意见的公告 [EB/OL]. (2021-09-03)[2024-12-01]. http:// sdb.nea.gov.cn/tzgg/content_6873.

[30] 国家能源局西北监管局，宁夏回族自治区发展改革委 . 关于印发《宁夏电力辅助服务市场运营规则》的通知 [EB/OL]. (2021-12-21)[2024-12-01].https://xbj.nea.gov.cn/upload/2022/09/16/1663321293614000.pdf.

3 需求响应潜力评估与负荷调控策略

以新能源为主体的新型电力系统的电源侧结构与需求侧形态均发生了深刻变化，电力电量平衡困难日益凸显，电力系统对需求侧灵活调节资源的需求更为迫切。然而，在需求侧资源参与需求响应（简称DR）的过程中，由于工业负荷、商业楼宇和电动汽车等多元资源负荷特性复杂、调节能力各异，其调节方式和主观参与度也影响着DR实施效果。对此，本章重点汇总需求侧资源DR特性研究成果，以用户负荷曲线辨识为切入，介绍用户DR潜力和响应执行有效性的评估方法，并在此基础上分析电力负荷管理中心的DR优化实施策略。

3.1 基于正态云模型和改进密度峰值快速聚类算法的典型负荷曲线辨识

本节提出了一种基于正态云模型和改进密度峰值快速聚类算法的典型负荷曲线辨识方法。首先，通过分段云近似算法建立日负荷曲线的分段特征模型，采用改进密度峰值快速聚类（clustering by fast search and find of density peaks，CFSFDP）算法聚类并辨识每位用户的典型负荷曲线；然后，对全部用户的典型负荷曲线进行集中式加权聚类，划分行业用电类型并辨识行业全局的典型负荷曲线；最后，通过算例分析验证该辨识方法对不同用电类型的典型负荷曲线辨识的有效性和优越性。

3.1.1 基于正态云模型的负荷曲线相似度度量

（1）负荷曲线的正态云特征模型

云模型是一种基于统计学和模糊数学的理论，体现了时序数据的不确定性。

其中，正态云模型是基于正态分布和模糊集合隶属函数的云模型。考虑到实际负荷数据受电价政策、季节和温度等因素的影响，同一用电类型的用户负荷数据在相同时刻也有所差别，具有以典型负荷值为中心呈正态分布的特点，因此正态云模型能够较好地表征负荷的变化规律。正态云模型采用期望 E_x、熵 E_n 和超熵 H_e 三个数字特征表征时间序列的整体分布特征，并根据该数字特征生成云滴分布图。其中，期望是负荷平均值，表示云滴的重心；熵是对负荷序列的不确定度的度量，表示云的跨度；超熵是负荷方差与熵的差异性度量，表示云的厚度[1]。这三个数字特征的表示方法如下：

$$
\begin{cases}
E_x = \dfrac{1}{n}\sum_{i=1}^{n} P_i \\[2mm]
E_n = \sqrt{\dfrac{\pi}{2}} \cdot \dfrac{1}{n}\sum_{i=1}^{n} |P_i - E_x| \\[2mm]
H_e = \sqrt{\dfrac{1}{n-1}\sum_{i=1}^{n}(P_i - E_x)^2 - E_n^2}
\end{cases}
$$

式中，n 为负荷序列的长度，P_i 为第 i 个负荷值大小。

图 3-1 为基于负荷序列生成的正态云模型，包含云滴分布及其期望曲线 y_E、最大边界曲线 y_{max} 和最小边界曲线 y_{min}。期望曲线是云滴分布的中心和依据，但是当超熵较大时，云滴较为分散，期望曲线较难表示云滴分布，最大边界曲线和最小边界曲线考虑了云分布的厚度，包围了 99.74% 的云滴，因此可视作对全部云滴的表征，三类曲线的表示方法如下：

$$
\begin{cases}
y_E = \exp\left[-\dfrac{(x-E_x)^2}{2E_n^2}\right] \\[3mm]
y_{max} = \exp\left[-\dfrac{(x-E_x)^2}{2(E_n+3H_e)^2}\right] \\[3mm]
y_{min} = \exp\left[-\dfrac{(x-E_x)^2}{2(E_n-3H_e)^2}\right]
\end{cases}
$$

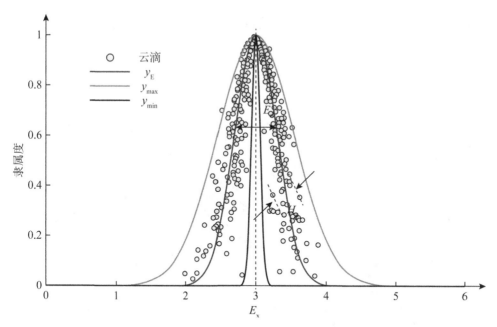

图 3-1 基于负荷序列的正态云模型

（2）基于分段云近似的负荷曲线特征表示方法

由于原始日负荷序列的维度较高（当电表采样周期为 15 分钟时，日负荷序列有 96 点数据），单一的正态云模型只能反映负荷序列的整体分布特征，忽略了局部变化规律。考虑到负荷曲线的局部变化特征是区分不同用电模式的关键，这里采用分段云近似（piecewise cloud approximation，PWCA）算法对负荷序列进行平均分段，然后对每一子序列用正态云模型进行特征表示，因此负荷序列的整体和局部分布可以由若干正态云模型来描述[2]。具体地，以日负荷序列 $P=[P_1, P_2, \cdots, P_T]$ 为输入，T 为序列长度，将该序列平均划分为 N_w 段，建立原始负荷序列的正态云特征向量 F 如下：

$$F=[F_1, F_2, \cdots, F_{N_w}]$$

$$F_i=[F_x, F_n, H_e] \quad (i=1, 2, \cdots, N_w)$$

式中，F_i 为分段后第 i 段子序列的正态云特征向量。

采用 PWCA 算法对日负荷曲线进行分段特征表示后，每一段的云滴分布如图 3-2 所示，图中每段的时间长度为 4 小时，日负荷曲线被分为 6 段（即 SS-1，SS-2，$\cdots$，SS-6）。可以看出，负荷波动较为平稳的子序列（如 SS-2）所生成的云滴分布较为集中且靠近期望值，而负荷波动较大的子序列（如 SS-3）所生成的云滴分布则较为离散且跨度较大。因此该算法在对曲线压缩的基础上，可以较为准确地表示日负荷曲线的局部变化特征。

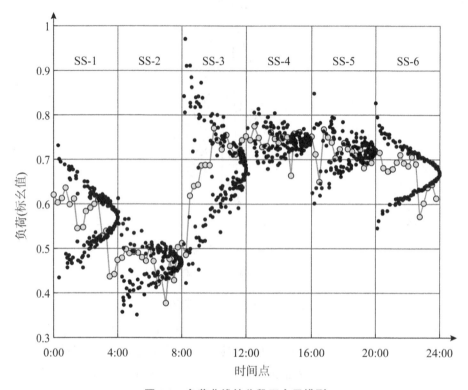

图 3-2　负荷曲线的分段正态云模型

（3）基于云间近似面积的负荷曲线相似度度量方法

采用 PWCA 算法对负荷序列进行分段特征表示后，为了度量负荷曲线间的相似度，首先需要定义并计算不同正态云间的相似度。云间相似度的度量方法一般分为基于云滴的和基于面积的两种。基于云滴的方法一般采用云模型重叠部分的云滴比例表示云间相似度，其准确度受云滴数量影响较大，结果稳定性较差，时间复杂度较高；基于面积的方法用期望曲线等表征正态云模型，采用曲线间的重合面积作为云间相似度，相比之下该方法具有较强的可解释性。进一步，考虑到原始曲线解析式不可积，本书采用云间近似面积来表征云间相似度，进而度量负荷曲线间的相似度。云间重合情况和对应的近似面积表示如图 3-3 所示，云间相似度的具体表示方法如下。

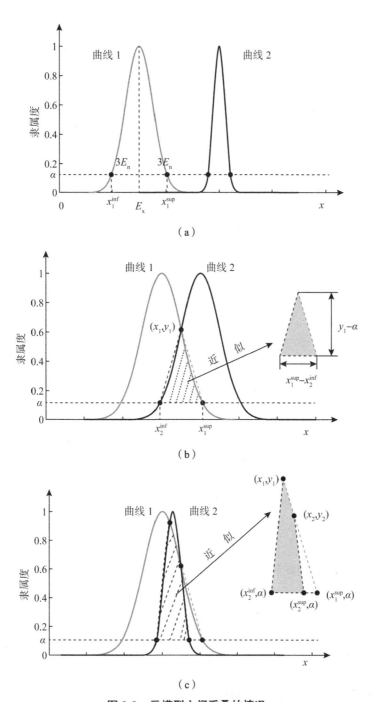

图 3-3 云模型之间重叠的情况

①根据正态云模型的熵和超熵大小，确定该模型的表征曲线。一般而言，若 $H_e < \frac{1}{3}E_n$，则云滴分布较为集中，期望曲线 y_E 可以较好地表征正态云分布；反之，则云滴分布较为分散，此时采用最大边界曲线 y_{max} 来表征全部云滴的分布。

②根据所选表征曲线的解析式，求得曲线的两个交点 (x_1, y_1) 和 (x_2, y_2)，定义表征曲线 i 在横坐标上的上下确界 x_i^{sup} 和 x_i^{inf} 分别如下：

$$\begin{cases} x_i^{sup} = E_{x,i} + 3E_{n,i} \\ x_i^{inf} = E_{x,i} - 3E_{n,i} \end{cases}, i \in \{1,2\}$$

根据交点与上下确界的相对位置，判断曲线是否存在重合部分，具体包括以下三种情况。

a. 如图 3-3（a）所示，曲线无重合，此时云间近似面积 $S_c = 0$。

b. 如图 3-3（b）所示，曲线上下确界间只有一个交点 (x_1, y_1)，此时云间近似面积为。

$$S_c = \frac{1}{2}(y_1 - \alpha)(x_1^{sup} - x_2^{inf})$$

式中，α 为曲线在上下确界对应的隶属度大小。

c. 如图 3-3（c）所示，两个交点均在上下确界内，此时云间近似面积表示为

$$S_c = \frac{\left| (y_1 - \alpha)(x_1^{sup} - x_2^{inf}) - (y_2 - \alpha)(x_1^{sup} - x_2^{sup}) \right|}{2}$$

③根据②计算的云间近似面积 S_c，得到云间相似度 $\tilde{S}_c$ 为

$$\tilde{S}_c = \frac{4S_c}{(1-\alpha)[(x_1^{sup} - x_1^{inf}) + (x_2^{sup} - x_2^{inf})]}$$

基于负荷曲线的分段特征模型和云间相似度，日负荷曲线间相似度 S_{load} 表示为

$$S_{load} = \sqrt{\frac{1}{N_w} \sum_{i=1}^{N_w} \tilde{S}_{c,i}}$$

式中，$\tilde{S}_{c,i}$ 为曲线第 i 段序列的云间相似度。

3.1.2 基于改进密度峰值快速聚类算法的典型负荷曲线辨识

在确定负荷曲线间的相似度之后，为了划分用电类型，提取典型负荷曲线，需要采用聚类算法将相似曲线归为一簇，并保证不同簇曲线的相似度较低。考虑

到负荷曲线相似度 S_{load} 的取值范围为 $[0,1]$，越接近 1，曲线越相似，首先将其转化为聚类算法常用的曲线间距离指标 D，有

$$D = 1 - S_{load}$$

D 越小，表示曲线间距离越近，即曲线的相似度越高。这里采用改进的 CFSFDP 算法[3]聚类负荷曲线，CFSFDP 算法采用基于密度的聚类原理，具有预设参数少、计算效率较高，以及对原始数据分布的适应较好并且能够有效识别异常负荷曲线的优点，它能够避免电表故障等造成的异常用电数据对聚类结果的干扰。

为了确定各簇的聚类中心，CFSFDP 算法首先根据曲线间的距离大小，定义负荷曲线分布的局部密度 r 和密度相对距离 d 两个指标。假设待聚类的负荷序列为 $P \in R^{N \times T}$，其中 N 为曲线样本的数量，T 为每条曲线的长度，任一负荷曲线样本 P_i 的局部密度 ρ_i 和密度相对距离 δ_i 分别表示如下：

$$\rho_i = \sum_{j=1}^{N} \mathcal{X}[D(P_i, P_j) - d_c]$$

$$\mathcal{X}(x) = \begin{cases} 0, & x \geqslant 0 \\ 1, & x < 0 \end{cases}$$

$$\delta_i = \min\{D(P_i, P_j) \mid \rho_j > \rho_i, j = 1, 2, \cdots, N\}$$

式中，d_c 为截断距离，$D(P_i, P_j)$ 为曲线样本 i 和 j 之间的距离，$\mathcal{X}(x)$ 用以判断其他样本与 P_i 的距离是否小于 d_c；δ_i 为 P_i 与其他局部密度更大的样本间的最小距离，若 P_i 的局部密度为最大，密度相对距离定义为与其他样本间的最大距离。

CFSFDP 算法认为每簇的聚类中心被局部密度较低的点围绕，且与其他高局部密度的点距离较远，离群点的局部密度较低，且远离其他点。因此，具有较高 ρ 和 δ 的点被视为聚类中心，具有较低 ρ 和较高 δ 的点被视为离群点。该方法需要人工经验确定聚类中心和离群点，且容易将同一簇中其他的高局部密度点视为聚类中心，从而将其误分为多簇或忽视局部密度相对较低的聚类中心，因此聚类中心的确定方法需要进一步改进。

对此，首先定义聚类中心和离群点的选择指标，保证局部密度较低的聚类中心不被忽视，然后基于层次聚类的簇间合并思想，对类间距离最近的簇进行合并，保证相似度较高的曲线集合不被划分为多簇，具体步骤如下。

①定义聚类中心的选择指标 $\lambda = \rho\delta$，将 λ 降序排列，并根据肘部法则，选择数值最大的前 M 个 λ 对应的曲线样本作为聚类中心[4]；定义离群点的选择指标

$\zeta = \delta/(\rho+1)$，将 ζ 较大的负荷曲线视作用电异常曲线，不参与后续的曲线聚类[5]。

②根据曲线间距离 D，将非聚类中心点归类至与其距离最小的聚类中心，建立 M 个初始簇集，类间距离可表示如下：

$$D_{\mathrm{c}}(C_a, C_b) = \frac{1}{N_a^{\mathrm{C}} \cdot N_b^{\mathrm{C}}} \sum_{P_i \in C_a} \sum_{P_j \in C_b} D(\boldsymbol{P}_i, \boldsymbol{P}_j)$$

式中，$D_{\mathrm{c}}(C_a, C_b)$ 为 a 和 b 两簇的类间距离；C_a 和 C_b 分别为 a，b 两簇的曲线样本集合；N_a^{C} 和 N_b^{C} 分别为 a 和 b 两簇中的负荷曲线样本数量。

③将类间距离最近的两簇合并为一簇，更新类间距离。

④重复步骤③，直至最小的类间距离大于距离阈值 $D_{\mathrm{c,\,max}}$，则剩余簇间的相似度较低，此时停止合并，并输出最终的簇数 K，以及各负荷曲线的归类结果。

基于改进 CFSFDP 聚类算法，得到最终的曲线归类结果后，选择各簇中与全部曲线的距离最小的负荷曲线作为该簇的典型负荷曲线，即

$$\boldsymbol{P}_k^* = \underset{\boldsymbol{P}_k}{\arg\min} \sum_{P_i \in C_k} D(\boldsymbol{P}_i, \boldsymbol{P}_k)$$

式中，$\boldsymbol{P}_k^*$ 为 k 簇的典型负荷曲线，$\boldsymbol{P}_k$ 为求解过程中迭代的典型负荷曲线，$C_k \in \{\boldsymbol{C}_1, \boldsymbol{C}_2, \cdots, \boldsymbol{C}_K\}$。

基于正态云模型和改进 CFSFDP 算法的典型负荷曲线辨识流程如图 3-4 所示。

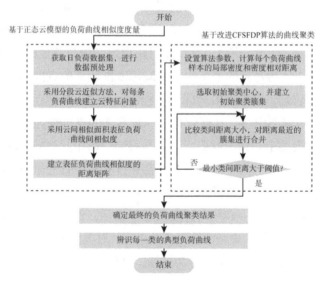

图 3-4　典型荷载曲线识别流程

3.1.3 算例分析

以浙江某市的金属加工机械制造行业内的 200 户专变用户为研究对象，验证上述方法对典型负荷曲线辨识的有效性。用户负荷数据的采集时长为 365 天，采集频率为 15 分钟，因此日负荷曲线共 96 点负荷数据。对原始数据进行归一化处理，以降低负荷曲线的幅值大小和异常值对聚类结果的影响。

（1）负荷曲线相似度度量

应用前文所提的基于正态云模型的负荷曲线相似度度量方法，将分段数 N_w 设为 12，建立日负荷曲线的分段云模型，然后计算曲线间对应时段的云间近似面积，最终得到曲线间的相似度 S_{load} 和云间距离指标 D。如图 3-5 所示，选取行业内不同用户的三种间间双峰型的日负荷曲线作为研究对象，分析不同负荷曲线相似度度量指标的准确性。其中，用户 1 和用户 2 的负荷曲线在用电高峰期的波动性更强，用户 3 的负荷曲线更加平稳；此外，用户 2 的午间用电低谷期相对更长，且存在一定的"时移"现象。

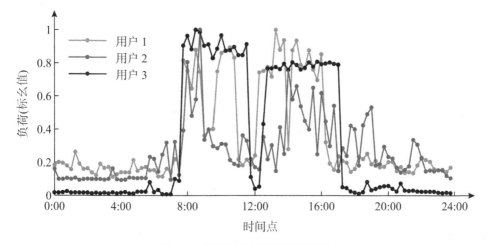

图 3-5 不同用户的三种负荷曲线

选取已有研究中常用的欧式距离 d_{Eu}、动态时间规整（dynamic time warping，DTW）距离 d_{DTW} 和皮尔逊（Pearson）相关系数 r_{cor} 作为对比。其中，$|r_{cor}|$ 越接近 1，曲线相关性越大，与欧式距离、DTW 以及云间距离 D 相反，为了使比较结果更加直观，将相关系数转换为距离指标 $d_{cor}=1-|r_{cor}|$，不同距离指标的比较如表 3-1 所示。

表 3-1　负荷曲线之间的不同距离指标比较

曲线对	D	d_{Eu}	d_{DTW}	d_{cor}
用户1和用户2	0.226	2.533	3.090	0.481
用户1和用户3	0.463	2.418	3.700	0.221
用户2和用户3	0.455	3.089	4.229	0.378

由表 3-1 可知，本节提出的云间距离通过对曲线分段，能够在更短的时间段内单独识别曲线间的相似度，距离结果受曲线整体时移的影响较小，因此辨识出用户 1 与用户 2 的变化特征最相似，相似性距离最小；同时，该距离提取出的曲线期望和熵等特征值可以有效表征曲线的局部变化规律，对负荷波动大小的区分效果更好，因此用户 1、用户 2 与用户 3 间的云间距离相近且均较大。欧氏距离和 Pearson 相关系数均为直接比较相同时刻曲线负荷的大小关系，使得用户 1 与用户 2 间的用电时间差异进一步放大，结果受时移影响较大，用户 1 与用户 2 间的距离较大。DTW 距离通过匹配不同曲线的时间轴，能够有效识别不同负荷曲线的时间位移关系，用户 1 与用户 2 间的距离较小；然而，DTW 距离更注重对整体曲线形态变化的匹配，难以区分曲线间的局部变化差异，用户 1 与用户 3 间的相似性距离较小。

综上，云间距离通过建立曲线的分段特征模型，减轻了时移问题对相似度度量的影响，在曲线整体变化特征的基础上，它可以进一步辨识负荷曲线的局部波动差异，考虑到负荷曲线的局部波动差异是用户用电模式精细化辨识的重要条件，本节提出的云间距离能够更加精准地衡量和辨识用户用电模式的差异。

距离指标的计算复杂度是方法实时性好坏的重要评价因素，以某用户的典型曲线辨识为例，计算该用户的 365 条日负荷曲线间的距离指标，所需时间如表 3-2 所示。云间距离的计算需要事先对曲线分段，并提取期望、熵和超熵三个数字特征构建云模型，计算时间与欧式距离和 Pearson 相关系数相比较长，但是云间距离、欧氏距离和 Pearson 相关系数均是单次计算，DTW 距离需要不断迭代以确定最优的曲线匹配方式，因此这三者的计算时间均远低于 DTW 距离的。

表 3-2　用户负荷曲线之间距离的计算时间

距离指标	计算时间 / 秒
D	49.12
d_{Eu}	21.80
d_{DTW}	1813.18
d_{cor}	13.97

（2）行业典型负荷曲线辨识及曲线聚类效果对比

在每位用户的典型负荷曲线辨识过程中，以曲线间相似度 S_{load} 为输入，采用改进 CFSFDP 聚类算法，对用户的连续日负荷曲线按照用电类型进行归类，并提取各类用户的典型曲线。首先，计算每个负荷样本的局部密度 ρ_i 和密度相对距离 δ_i，然后根据聚类中心的选择指标 λ 和离群点的选择指标 ζ，确定初始的聚类中心和离群点。以行业内某一位用户为例，其曲线样本的 ρ_i-δ_i 分布及 λ 降序排列如图 3-6 所示。

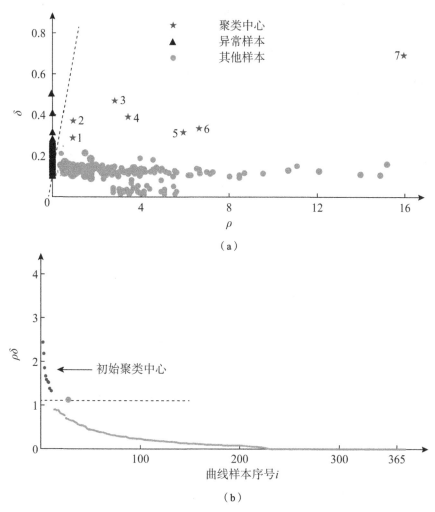

（a）

（b）

图 3-6 负荷曲线的聚类。（a）ρ_i-δ_i 分布；（b）λ 降序排列

在图 3-6（a）中，ρ 较低且 δ 较高的曲线样本实际分布远离其他样本，因此被划分为异常样本，用黑色三角形表示；在图 3-6（b）中，对 λ 降序排列后，根据肘部法则，选择前 8 个较大的 λ 值对应的曲线样本作为初始的聚类中心，该类样本的 ρ 和 δ 均较高。此外，将其他曲线样本归类至距离最近的聚类中心，建立聚类的初始簇集。

为了提高聚类中心选择的合理性，以类间距离 D_c 作为各簇间相似程度的评价指标，将分布更加相似的簇进行合并。聚类簇的合并如图 3-7 所示，将类间距离的阈值 $D_{c,max}$ 设为 0.4，当簇间最小距离大于该阈值时停止合并，按该方法：初始的第 1、2、3 和 7 类聚类簇集被合并，第 4、5、6 类簇集保持不变，最终，该用户的连续日负荷曲线被划分为 4 类。确定最终的聚类簇集后，选择各簇的典型曲线作为该用户的典型用电模式。

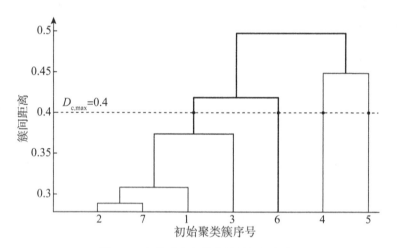

图 3-7　合并用户负荷曲线的初始聚类

同理，采用相同方法，并行辨识出全部 200 户用户的共 870 条典型负荷曲线，并将其作为行业典型负荷曲线辨识的输入，最终得到行业全局的用电类型及典型负荷曲线，如图 3-8 所示。

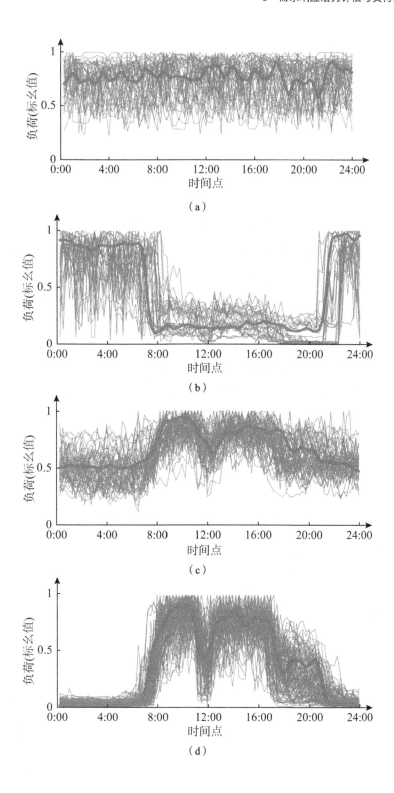

（a）

（b）

（c）

（d）

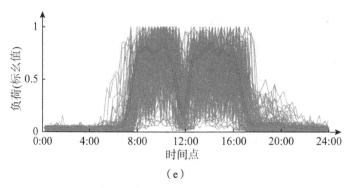

（e）

图 3-8　全局用电类型分类及典型曲线识别结果

图 3-8 的负荷曲线归类结果及辨识的典型负荷曲线反映了行业用户的不同用电规律。例如，图 3-8（a）中用户因为生产规模大、设备自动化水平较高，生产时间为 24 小时，全天的用电水平较高且稳定；图 3-8（b）中白天的用电水平均较低，是典型的避峰型用电；图 3-8（c）（d）和（e）的用户基本为日间双峰型用电，但因为生产模式和加班习惯等不同，其用电高峰期的持续时间不同。

以行业全局的典型负荷曲线辨识为例，分别采用本节算法（改进 CFSFDP）、CFSFDP 算法、层次聚类算法以及 k-means 算法对负荷曲线样本进行聚类，并采用性能指标 R_{DB} 和 R_{CD} 衡量不同的曲线相似度距离和聚类算法对负荷曲线分类的效果，结果如表 3-3 所示。其中，CFSFDP 聚类算法的聚类簇数与改进 CFSFDP 一致，以对比改进 CFSFDP 采用的聚类中心合并方法的优势；层次聚类算法和 k-means 算法的聚类簇数由最优 R_{DB} 决定。

表 3-3　不同距离指标和聚类算法组合的性能评估

距离指标	聚类算法	聚类数	R_{DB}	R_{CD}
云间相似度	改进 CFSFDP	5	1.230	0.544
	CFSFDP	5	2.682	1.000
	层次聚类	6	1.912	0.687
	k-means	5	1.620	0.612
欧氏距离	改进 CFSFDP	5	1.418	0.704
	CFSFDP	5	5.541	1.494
	层次聚类	5	1.705	0.729
	k-means	5	2.599	0.757

距离指标	聚类算法	聚类数	R_{DB}	R_{CD}
DTW 距离	改进 CFSFDP	5	1.644	0.649
	CFSFDP	5	3.199	1.235
	层次聚类	7	1.548	0.660
	k-means	5	1.830	0.677

由表 3-3 可知，本节提出的基于正态云模型和改进 CFSFDP 的典型曲线辨识方法的 R_{DB} 和 R_{CD} 分别为 1.230 和 0.544，优于其他的距离指标和聚类算法的组合。其中，改进 CFSFDP 算法在初始聚类中心的选择中，可以有效识别局部密度较低的聚类中心及相应聚类簇，然后通过对相似度较高的簇集进行合并，提高了簇间的差异性。CFSFDP 算法的聚类中心选择倾向于选择局部密度较大的曲线样本，无法有效识别分布较稀疏的聚类簇，导致不同簇间的相似度较高；层次聚类算法和 k-means 算法在聚类过程中需要不断迭代更新类间距离或聚类中心，聚类结果受初始设置的影响较高，其结果稳定性较差。

由此可见，本节提出的基于正态云模型和改进 CFSFDP 算法的典型负荷曲线辨识方法，可以准确度量曲线间的动态变化特征相似性，并有效辨识表征不同用电类型的典型负荷曲线。考虑不同时刻或不同用户的用电不确定性，该辨识方法采用分段云近似算法建立负荷曲线的分段特征模型，并基于云间近似面积度量曲线间的特征相似度，提高了对曲线局部动态特征的挖掘和表征能力，实现了对曲线整体特征相似度的准确度量；根据负荷曲线间的相似度大小，利用 CFSFDP 算法预设参数少，计算效率高，且对数据分布的适应性较好的特点；是一种考虑初始聚类中心确定和层次聚合思想的改进 CFSFDP 算法，能够排除异常曲线对聚类结果的干扰，提高用电类型划分的合理性，实现典型负荷曲线的有效辨识。

3.2 基于负荷时序分解与高斯过程回归算法的用户需求响应潜力评估

精确的用户 DR 潜力评估有助于电力公司或负荷聚合商合理调用需求侧资源，提高 DR 的实施成效，以及降低电力系统的负荷峰谷差。目前需求侧管理的一个难点在于，部分用户的实际响应量与其中标容量存在一定的偏差，这个现象会造成响应指标分配不合理，不利于电力公司或负荷聚合商精准完成缓解电力供需缺口的任务。由于工业用户对自身在 DR 邀约时段内的可中断负荷认识不准确和参加 DR 的意愿不高，其实际响应量与申报响应量存在偏差。为了帮助电力公司或负荷聚合商合理分配响应指标，提高 DR 实施效率，需要精准评估用户 DR 潜力。在此背景下，本节针对用电容量大且负荷规律性强的工业用户，提出了一种基于高斯过程回归的 DR 潜力评估方法。首先，构建了基于时序分解算法的工业用户负荷分解模型，并提出了负荷趋势性和周期性分量的可中断负荷特征提取方法，以及工业用户的 DR 意愿特征提取方法；然后，基于提取的特征，构建了基于高斯过程回归的工业用户 DR 潜力评估模型；最后，以某省工业用户的实际 DR 数据为例，对本节提出的 DR 潜力评估方法的有效性进行验证。仿真结果表明，本节提出的方法可以较为准确地评估工业用户的 DR 潜力，其结果可为电力公司或负荷聚合商制定 DR 方案提供参考。

3.2.1 用户需求响应潜力特征提取

用户的 DR 潜力特征由可中断负荷特征和 DR 意愿特征共同构成。对于可中断负荷特征，构建了基于 STL（seasonal and trend decomposition using losses，基于损失函数的季节与趋势分解）算法的可中断负荷特征提取模型；对于 DR 意愿特征，结合用户的响应历史数据（如申报参与率、有效响应率等）和响应日前数据（即收到日前邀约后申报的参与情况、价格和响应量等），提出了工业用户的 DR 意愿特征提取方法。

（1）基于 STL 算法的可中断负荷特征提取模型

工业用户的用电容量大，其用电习惯主要由生产安排决定，规律性强。研究工业用户的日内负荷规律，有利于指导电力公司根据具体的 DR 邀约时段，将响应指标精准分配给 DR 潜力大的用户，从而提高 DR 的实施效率[6]。

为了挖掘工业用户 DR 潜力的可中断负荷特征，先分析工业用户生产流程中用电设备的负荷特性，并将其日内负荷分为四类：①负荷可在制造过程中通过控件进行连续调节；②负荷只能通过打开或关闭电源来进行 0-1 控制，在运行期间无法调节；③负荷是由生产计划之外的不确定性因素产生的；④负荷通常是连续运行、不可调节的，只有维护需求或计划变更才可使负荷中断[7]。

结合以上四类日内负荷的特性，可认为工业用户的负荷由以下四个分量组成：

①趋势性负荷分量,代表生产规模,由可连续调节负荷的设备产生,其负荷曲线会随着生产规模的调整而变化;②周期性负荷分量,代表生产日内规律性用电,由生产流程中规律性启停的设备产生,其负荷曲线的骤升/骤降可反映这些设备的启停;③不确定性负荷分量,代表生产计划之外的负荷波动;④日内不可中断的负荷分量,通常是保障生产安全的基础用电。

STL 算法是一种以局部加权回归作为平滑方法的时间序列分解方法。STL 算法的时序分解原理和分解后的分量含义与负荷分量①②③相对应,因此本节构建了基于 STL 算法的工业用户负荷分解模型,并从各负荷分量中获得工业用户参与 DR 时的可中断负荷特征。此外,这里采用计算骤升/骤降负荷之间相对差值的方法提取可中断负荷特征,以滤除负荷分量④,即日内不可中断的负荷分量。

本节构建了基于 STL 算法的工业用户负荷分解模型,对工业用户响应日前的多日负荷序列 Y_v 进行加性分解。该模型包括负荷分解内循环和负荷分解外循环,内循环通过去趋势、去周期和平滑滤波等步骤获得趋势性负荷分量 T_v、周期性负荷分量 S_v 和负荷残差分量 R_v,外循环则是通过稳健性权重削减离群点的影响[8]。工业用户的负荷序列表示如下:

$$Y_v = T_v + S_v + R_v$$

经过 STL 算法分解后获得的 T_v 和 S_v,分别对应工业生产中随着生产规模的调整而变化的负荷和由规范性生产流程中规律性启停的设备产生的负荷。结合上述含义,本节提出了工业用户参与 DR 时的可中断负荷特征提取方法,所提取的特征包括工业用户响应日的生产规模因子和可中断负荷向量,具体如下。

①生产规模因子。响应日的生产规模会影响生产流程中各设备的负荷出力,因此可利用工业用户在响应日前 k 天的趋势性负荷分量预计工业用户在响应日的生产规模因子。利用 STL 算法分解工业用户在响应日前 n_r 天的负荷,获得的趋势性负荷分量 $T_v = \{T_{1,1}, \cdots, T_{1,96}, T_{2,1}, \cdots, T_{2,96}, \cdots, T_{n,1}, \cdots, T_{n,96}\}$(采样频率为 15 分钟/次)。对每天趋势性负荷分量的 96 个负荷点取平均值,并用 e_i 表示响应前 n_r 天(采样日)中第 i 天的趋势性负荷均值,则可以得到响应前 n_r 天趋势性负荷分量序列。记响应日前 k($k < n_r$)天 $\{e_1, e_2, \cdots, e_{n_r-k+1}, \cdots, e_{n_r}\}$ 的趋势性负荷分量序列的均值为响应日的趋势性负荷均值,再经标准化后处理后即为响应日的生产规模因子,记为 θ。

②可中断负荷向量。周期性负荷分量 S_v 反映了规范性生产流程下负荷的规

律性，且在实际生产中，负荷是由各生产流程对应的组合用电设备产生的，而不是单个用电设备产生的。因此，分量 S_v 曲线中骤升 / 骤降的部分对应生产流程的切换，而曲线中较为平稳的部分对应各生产流程中的稳定负荷，将其记为负荷台阶[9]。目前实施的 DR 以削峰型为主，当削峰型 DR 启动时，响应开始前的负荷与所有骤降形成的负荷台阶的差值（差值需为正值）可看作用户可中断的生产流程对应的负荷分量。某用户的可中断负荷与负荷台阶如图 3-9 所示。图中，P_p 为从周期性负荷分量中提取响应起始时刻对应的负荷；L_1、L_2 为由负荷骤降形成的负荷功率小于 P_p 的负荷台阶。

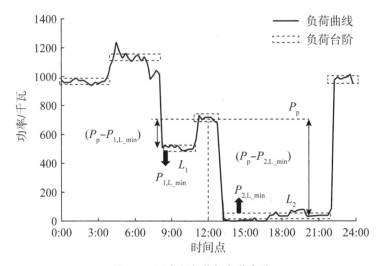

图 3-9　可中断负荷与负荷台阶

由图 3-9 可知，该用户的周期性负荷分量包括六个负荷台阶，响应起始时间为 12:00。因此，该用户的可中断负荷特征为 P_p 与 L_1、L_2 这两个负荷台阶的负荷差值。由于周期性分量在同一个负荷台阶仍会有一定的毛刺波动，为了获得能代表各负荷台阶的负荷数值，此处采用 S-G（Savitzky-Golay，萨维茨基－戈雷）滤波算法对负荷台阶曲线上的毛刺进行处理，该算法能够在滤波平滑的同时，更有效地保留负荷序列的变化信息[10]，且可以平滑不能满足 DR 要求时长的持续时间较短的负荷台阶。代表负荷台阶 j 的负荷数值为其经过 S-G 滤波算法滤波后对应的局部负荷曲线的极小值，将其记为 $P_{j,\text{L\_min}}$。因此，工业用户的可中断负荷向量 P_{po} 可表示如下：

$$P_{po}=\left[\,P_0, P_p-P_{1,\text{L\_min}}, \cdots, P_p-P_{m,\text{L\_min}}\,\right]$$

式中，$P_0 = 0$，对应用户选择不中断负荷的情况；m 为负荷台阶数量。为了消除不同用户的可中断负荷向量维数不相等对后续 DR 潜力评估工作产生的影响，假设当工业用户按照规范性生产流程进行生产时，同一行业且同一生产模式下工业用户可中断负荷向量的维数相等[11]。

（2）工业用户的 DR 意愿特征提取

工业用户的 DR 潜力不仅与其可中断负荷特征相关，还受其参与 DR 意愿的影响[12]。意愿特征主要考虑了历史响应效果指标和响应日前邀约申报指标。历史响应效果指标包括申报参与率和有效响应率，响应日前邀约申报指标包括日前响应邀约响应量比和日前响应邀约价格比，各指标的计算公式如下。

①申报参与率

$$R_{pre} = \frac{\sum\limits_{i=1}^{i=m} k_i}{M}$$

式中，R_{pre} 为历史 DR 记录中用户收到 DR 邀约后的申报参与率；M 为历史 DR 邀约次数；k_i 表示第 i 次历史 DR 中用户申报的参与情况，若参与本次响应则取值为 1，若不参与本次响应则取值为 0。

②有效响应率

$$E_{pre} = \frac{\sum\limits_{i=1}^{i=m} q_i}{M}$$

式中，E_{pre} 为历史 DR 记录中用户的有效响应率；q_i 表示第 i 次历史 DR 中用户是否有效参与，若有效参与则取值为 1，若未有效参与则取值为 0。以浙江省为例，根据浙江省发展和改革委员会和浙江省能源局发布的《关于开展 2021 年度电力需求响应工作的通知》[15]，若用户在响应时段同时满足以下两个条件，则认定为有效响应：最大负荷小于基线最大负荷；平均负荷小于基线平均负荷，且实际负荷响应率不小于 50%。

③日前响应邀约响应量比。

$$C_{cur} = \frac{c_r}{c}$$

式中，C_{cur} 为用户收到日前响应邀约后申报的响应量与自身用电容量之比；c_r 为用户申报的响应量，是用户在衡量了自身的生产情况等因素后申报的可参与 DR

的负荷功率值；c 为用户的用电容量，是预计用户需求可能出现的最大用电功率，反映了用户的最大需求，是供电部门营业管理的重要依据。

④日前响应邀约价格比。

$$P_{cur} = \frac{P_r}{P_{hat}}$$

式中，P_{cur} 为用户日前响应邀约申报价格与价格上限之比；P_r 为用户在考虑了切负荷停工损失等经济因素后申报的可接受的响应补贴单价；P_{hat} 为电力公司 DR 政策中针对补贴单价限定的申报价格上限。将以上获得的工业用户的可中断负荷特征和 DR 意愿特征记为 $x_i = [\theta, P_{po}, P_{re}, E_{pre}, C_{ur}, P_{cur}]$（下标 i 为用户编号）。研究这些特征与 DR 潜力之间的映射关系可获得更精确的 DR 潜力评估结果。

3.2.2　用户需求响应潜力评估模型

在电力公司评估用户 DR 潜力的过程中，直观的 DR 潜力（即功率值）可为电力公司的调度提供参考，但除功率值之外，电力公司还需要知道 DR 潜力评估结果的不确定性（即概率分布）以便实际决策。GPR 是使用高斯过程（Gaussian process，GP）先验[13]对数据进行回归分析的概率预测算法。GPR 在进行 DR 潜力评估时有以下优势：①不需要假设工业用户的用电行为特征与历史响应特征和 DR 潜力之间的显式关系，而是从用户样本数据中自主学习输入特征与 DR 潜力之间的映射关系；②泛化能力强、参数少，在输入特征选取上具有很高的灵活性，可充分挖掘工业用户的用电行为和历史响应行为中的高维特征信息，可以很好地适应多维非线性关系。根据文献[14]得出的用户响应潜力量化结果服从高斯分布的结论，假设各工业用户的 DR 潜力服从高斯分布，而高斯过程是无限多高斯随机变量所组成的随机过程，即无穷多用户的 DR 潜力的联合分布可构成高斯过程。因此，可以利用 GPR 拟合工业用户 DR 潜力特征与 DR 潜力之间的映射关系。为了保证输入特征的维数相等，本假设当工业用户按照规范性生产流程进行生产时，在相同的 DR 邀约时段内，同一行业同一生产模式下用户的可中断负荷向量的维数相等。

为了描述 DR 潜力特征与 DR 潜力在函数空间中的映射关系，本节构建了基于 GPR 的 DR 潜力评估模型。该模型以高斯过程 $f(X)$ 描述 DR 特征与 DR 潜力的映射关系，$f(X)$ 的参数取值为随机变量，$f(X)$ 的先验分布为高斯分布。

因此，在 DR 潜力高斯过程中，每一个用户都有一个与之对应的 DR 潜力高斯分布。当参与 DR 的用户数量足够大时，其 DR 潜力联合概率分布可构成一个 DR 潜力高斯过程。利用用户数据构建 DR 潜力训练集，其中 n 为 DR 潜力评估训练集 $\boldsymbol{D}=\{(\boldsymbol{x}_i,y_i|i=1,2,\cdots,n)\}=(\boldsymbol{X},\boldsymbol{Y})$ 样本中包含的 DR 用户数量，$\boldsymbol{X}=[\boldsymbol{x}_1,\boldsymbol{x}_2,\cdots,\boldsymbol{x}_n]^{\mathrm{T}}$ 为 DR 潜力评估训练集的输入矩阵，$\boldsymbol{Y}=[y_1,y_2,\cdots,y_n]^{\mathrm{T}}$ 为 DR 潜力评估训练集的输出标签，y_i 为用户 i 参与 DR 的负荷量。训练集 $\boldsymbol{D}$ 可构成高斯联合分布，其对应的高斯过程由 DR 潜力均值函数 $\mu(\boldsymbol{X})$ 和 DR 特征协方差矩阵 $\boldsymbol{K}(\boldsymbol{x}_i,\boldsymbol{x}_j)$ 唯一定义，记为 GP，关系如下：

$$f(\boldsymbol{X}) \sim GP[\mu(\boldsymbol{X}),\boldsymbol{K}(\boldsymbol{x}_i,\boldsymbol{x}_j)]$$

受噪声的干扰，一般认为观测到的用户参与 DR 的负荷量 y_i 叠加了服从高斯分布的噪声 ε，即 $y_i=f(x)+\varepsilon$，$\varepsilon \sim N(0,\sigma_{2N})$，$N(\cdot)$ 表示高斯分布，σ_N 为该高斯分布的标准差。因此实际高斯过程的一般模型如下：

$$\boldsymbol{Y} \sim GP[\mu(\boldsymbol{X}),\boldsymbol{K}(\boldsymbol{x}_i,\boldsymbol{x}_j)+\sigma_N^2\delta_{ij}\boldsymbol{I}]$$

式中，δ_{ij} 为克罗内克函数；$\boldsymbol{I}$ 为单位矩阵。

为了测试上述 DR 潜力评估高斯过程模型的回归效果，取另一部分用户数据作为测试集 $\boldsymbol{D}_*$，表达式如下：

$$\boldsymbol{D}_*=\{[\boldsymbol{x}_i,f(\boldsymbol{x}_i)|i=n+1,n+2,\cdots,n+n^*]\}=(\boldsymbol{X}_*,\boldsymbol{f}_*)$$

式中，$\boldsymbol{X}_*$、$\boldsymbol{f}_*$ 分别为 DR 潜力评估测试集的输入矩阵、输出标签；n^* 为 DR 潜力评估测试集包含的用户数量。将由 DR 潜力评估测试集和训练集构成的先验联合高斯分布的矩阵形式记为

$$\begin{bmatrix}\boldsymbol{Y}\\\boldsymbol{f}_*\end{bmatrix}=N\left(0,\begin{bmatrix}K(\boldsymbol{X},\boldsymbol{X})+\sigma_N^2\boldsymbol{I} & K(\boldsymbol{X},\boldsymbol{X}_*)\\K(\boldsymbol{X}_*,\boldsymbol{X}) & K(\boldsymbol{X}_*,\boldsymbol{X}_*)\end{bmatrix}\right)$$

式中，$\boldsymbol{K}(\boldsymbol{X},\boldsymbol{X}_*)=\boldsymbol{K}^{\mathrm{T}}(\boldsymbol{X}_*,\boldsymbol{X})$ 为 DR 潜力评估训练集数据和测试集数据之间的 DR 特征协方差矩阵；$\boldsymbol{K}(\boldsymbol{X},\boldsymbol{X})$、$\boldsymbol{K}(\boldsymbol{X}_*,\boldsymbol{X}_*)$ 分别为 DR 潜力评估训练集数据、测试集数据的 DR 特征自协方差矩阵。$\boldsymbol{K}(\boldsymbol{X}_*,\boldsymbol{X}_*)$ 的元素 $K_{ij}=k(\boldsymbol{x}_i,\boldsymbol{x}_j)$，$k(\cdot)$ 为 DR 评估模型的高斯核函数，用于在 DR 潜力评估高斯过程中衡量任意两个 DR 用户之间的相似度，可表示如下：

$$k\left(\boldsymbol{x}_i, \boldsymbol{x}_j\right) = \sigma^2 \exp\left(-\frac{\left\|\boldsymbol{x}_i - \boldsymbol{x}_j\right\|^2}{2l^2}\right)$$

式中，σ、l 为高斯核函数的超参数。根据贝叶斯理论，得到 DR 潜力评估结果 $\boldsymbol{f}_*$ 的后验分布如下：

$$\boldsymbol{f}_* \mid \left(\boldsymbol{X}, \boldsymbol{Y}, \boldsymbol{X}^*\right) \sim N\left[\overline{\boldsymbol{f}}_*, \operatorname{cov}\left(\boldsymbol{f}_*\right)\right]$$

$$\overline{\boldsymbol{f}}_* = \boldsymbol{K}\left(\boldsymbol{X}_*, \boldsymbol{X}\right)\left[\boldsymbol{K}\left(\boldsymbol{X}, \boldsymbol{X}\right) + \sigma_n^2 \boldsymbol{I}\right]^{-1} \boldsymbol{Y}$$

$$\operatorname{cov}\left(\boldsymbol{f}_*\right) = \boldsymbol{K}\left(\boldsymbol{X}_*, \boldsymbol{X}\right) - \boldsymbol{K}\left(\boldsymbol{X}_*, \boldsymbol{X}\right)\left[\boldsymbol{K}\left(\boldsymbol{X}, \boldsymbol{X}\right) + \sigma_n^2 \boldsymbol{I}\right]^{-1} \boldsymbol{K}\left(\boldsymbol{X}, \boldsymbol{X}\right)$$

式中，$\overline{\boldsymbol{f}}_* = \left[f_*\left(\boldsymbol{x}_{n+1}\right), f_*\left(\boldsymbol{x}_{n+2}\right), \cdots, f_*\left(\boldsymbol{x}_{n+n^*}\right)\right]$ 为 DR 潜力评估结果的均值向量，$f_*\left(\boldsymbol{x}_i\right)$（$i = n+1, n+2, \cdots, n+n^*$）为用户 i 的 DR 潜力评估结果的均值；$\operatorname{cov}\left(\boldsymbol{f}_*\right) = \left[s_{n+1}^2, s_{n+2}^2, \cdots, s_{n+n^*}^2\right]$ 为 DR 潜力评估结果的方差向量，s_i（$i = n+1, n+2, \cdots, n+n^*$）为用户 i 的 DR 潜力评估结果标准差。DR 潜力评估分布的标准差体现了 DR 潜力的离散程度，代表单个用户 DR 潜力的不确定性，基于 s_i 可获得用户 i 的评估结果在指定概率下的置信区间。电力公司可参考 DR 潜力的评估结果，合理调用需求侧的工业用户资源，提高 DR 的实施成效。

因此，以可中断负荷特征和 DR 意愿特征作为用户 DR 潜力评估的输入特征，基于 GPR 的工业用户 DR 潜力评估框架如图 3-10 所示。

为了验证所提 DR 潜力评估方法对整体用户 DR 潜力评估的有效性，定义评估结果的整体准确率 A，表示所评估的整体用户中实际响应功率值落入 DR 潜力评估结果 95% 置信区间的用户数量与用户总数之比，表示如下：

$$A = \frac{1}{n} \sum_{i=1}^{n} a_i$$

式中，若 $a_i = 1$，用户 i 的 DR 潜力评估结果落入 95% 置信区间内；若 $a_i = 0$，用户 i 的 DR 潜力评估结果未落入 95% 置信区间内。

为了验证所提 DR 潜力评估方法相较于其他 DR 潜力评估方法的优越性，选用平均绝对百分比误差 γ_{MAPE} 作为对比指标，表示如下：

$$\gamma_{\text{MAPE}} = \frac{100\%}{n} \sum_{i=1}^{n} \left|\frac{f_*\left(\boldsymbol{x}_i\right) - y_i}{y_i}\right|$$

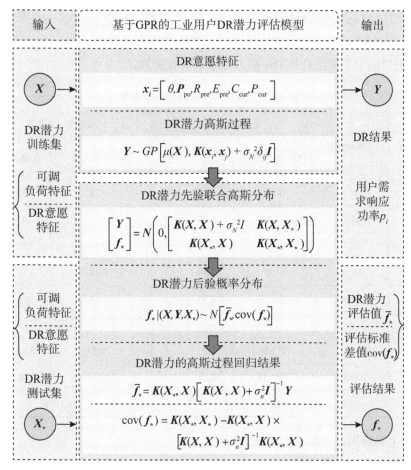

图 3-10 基于 GPR 的 DR 潜力评估框架

3.2.3 算例分析

为了验证所提 DR 潜力评估方法的有效性，以某省 2021 年 1 月实际 DR 案例中工业用户参与 09:00—11:00 时段的削峰型 DR 为例进行算例分析。此次 DR 的邀约用户数量为 8986 位，算例使用的数据包括工业用户的申报数据及响应日前 15 个无 DR 工作日的日负荷数据，采样频率为 15 分钟 / 次。

（1）工业用户 DR 潜力评估结果

利用前文所述方法对 513 位工业用户进行 DR 潜力评估，并与其实际响应量进行对比验证。同时，为了验证所提方法的有效性，对比了考虑和不考虑 DR 意愿的评估结果，如表 3-4 所示。对比整体准确率 A 可知：当考虑 DR 意愿时，

87.64% 的用户的实际响应量落入由 DR 潜力均值、标准差构成的高斯分布的 95% 置信区间内；当不考虑 DR 意愿时，整体准确率 A 明显下降。由此可见，考虑工业用户的 DR 意愿对其 DR 潜力评估具有重要意义。

表 3-4　工业用户 DR 潜力评估结果

用户编号	实际响应量	考虑 DR 意愿			不考虑 DR 意愿		
		DR 潜力均值	标准差	a_i	DR 潜力均值	标准差	a_i
1	116.69	115.80	2.04	1	80.76	2.87	0
2	68.05	65.85	1.70	1	54.63	2.45	0
3	41.89	43.03	2.39	1	29.84	2.57	0
4	68.26	67.00	1.56	1	70.59	2.11	1
5	28.44	21.58	1.30	0	34.11	1.64	0
...	...	...	...	...	...	...	...
512	119.95	118.28	3.49	1	122.27	3.61	1
513	187.08	190.39	3.93	1	150.35	4.56	0
A		87.64%			54.12%		

（2）典型用户 DR 潜力评估分析

DR 潜力评估结果及分析以土木工程建筑业用户 A 和金属制造业用户 B 为例。

利用 STL 算法对用户 A 的日负荷数据进行分解，负荷分解结果如图 3-11 所示。从趋势性负荷分量中获得的响应日的生产规模因子为 1.004，即生产规模较均值有增大的趋势。S-G 滤波算法滤波前、后的周期性负荷分量如图 3-12 所示。由图可知，S-G 滤波算法可在不影响提取可中断负荷向量的基础上平滑周期性负荷中的毛刺，最终获得该用户的可中断负荷向量为 $[\,0, 70.61, 43.44, 58.32\,]$。

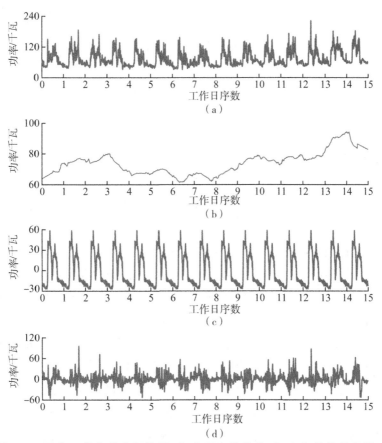

图 3-11 用户 A 的负荷分解结果。(a) 日负荷曲线；(b) 负荷趋势分量；
(c) 负荷周期分量；(d) 负荷残差分量

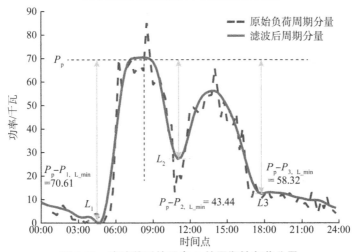

图 3-12 滤波前后的用户 A 的周期性负荷分量

基于 GPR 进行 DR 潜力评估可知，该用户 DR 潜力的均值为 52.89 千瓦，标准差为 2.83 千瓦，即该用户的 DR 负荷会以 52.89 千瓦的均值和 95% 的概率落入 47.35 千瓦～58.43 千瓦的区间（95% 置信区间）内。根据该省实际的 DR 量测数据可知，该用户的实际响应负荷为 53.01 千瓦，可见 DR 潜力评估结果与其实际的响应量相符。为了验证本节所提方法的合理性，结合如图 3-13 所示用户 A 在响应日的实际负荷曲线，进一步分析用户 DR 意愿、生产规模等因素对其 DR 潜力评估的影响。

在基于 GPR 的 DR 潜力评估模型的输入特征中，该用户的历史有效响应率仅为 20%，与其他用户相比，其 DR 意愿较弱，因此在可中断负荷向量中选择负荷较少的生产流程进行中断的可能性更大。同时，该用户的生产规模因子为 1.006，说明其实际 DR 负荷应比可中断负荷向量中的负荷台阶对应的功率值偏大。从如图 3-13 所示的实际响应日负荷曲线中可以看出：该用户在实际响应中将负荷中断至负荷台阶 L_2（可以从图 3-13 的基线负荷曲线中找到与图 3-12 中滤波后的周期性负荷分量曲线的负荷台阶 L_1、L_2、L_3 分别对应的较为平稳的局部负荷曲线，其中基线负荷的计算方法来源于浙江省发展和改革委员会和浙江省能源局发布的《关于开展 2021 年度电力需求响应工作的通知》），L_2 所在生产流程对应的可中断负荷为 43.44 千瓦，为三个可中断负荷台阶中最小的一个；同时，受生产规模上升趋势的影响，响应至负荷台阶 L_2 的实际响应量为 53.01 千瓦，与基于 GPR 的 DR 潜力评估结果相符。由此可见，本节所提 DR 潜力评估方法综合考虑了用户生产规模、可中断负荷以及用户的 DR 意愿对 DR 结果的影响，其 DR 潜力评估结果更具有合理性。

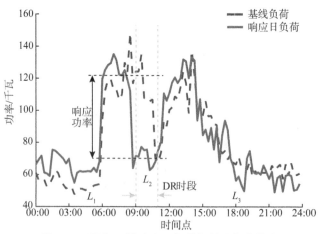

图 3-13　用户 A 的响应日负荷与基线负荷曲线

为了进一步说明本节所提方法的有效性，以用户 B 为例进行分析。用户 B 滤波前后的周期性负荷分量如图 3-14 所示。由图可知，该用户在 DR 邀约时段内的可中断负荷为 0。

该用户日前邀约申报的响应量为 500 千瓦，申报价格比为 0.25，虽然其 DR 意愿较高，但由于其在 DR 邀约时段（09:00—11:00）内几乎不用电，并没有实际参与 DR，所以该用户最终的实际 DR 负荷几乎为 0，这与日前邀约的申报情况差别较大。由图 3-14 可知，虽然该用户在 11:00—13:00 和 18:00—21:00 时段内均有较大的负荷，但若直接以该用户的用电量估计其在本次邀约下的 DR 潜力，会产生较大的误差。本节所提方法对该用户 DR 潜力的评估均值为 0.001 千瓦，评估标准差为 0.01 千瓦。根据该用户所在省实际的 DR 量测数据可知，该用户的实际响应负荷为 0.003 千瓦，DR 潜力评估结果也与实际响应量相符。

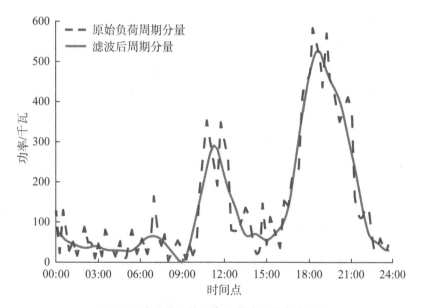

图 3-14 滤波前后的用户 B 的周期性负荷分量

（3）DR 潜力评估方法对比

为了验证本节所提 DR 潜力评估方法相较于其他 DR 潜力评估方法的优越性，以 γ_{MAPE} 为指标衡量本节所提方法与负荷率法、相似度法这两种 DR 潜力评估方法的评估结果。其中，负荷率法利用历史负荷曲线提取各用户在典型负荷日的平均负荷率，用户的 DR 潜力表示为响应日前的最大负荷与平均负荷之差；相似度法将已知 DR 中断负荷结果的用户的 DR 潜力特征记为源域，将待评估 DR 潜力用户的 DR 潜力特征记为目标域，计算目标域用户与各源域用户之间的 DR 潜力特征相似度，再利用特征相似度与相应各源域用户的 DR 中断负荷加权，获得待评估用户的 DR 中断负荷，将其作为该用户的 DR 潜力。不同评估方法的结果对比如图 3-15 所示。

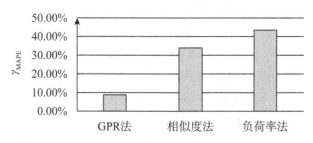

图 3-15　不同 DR 潜力评估方法结果对比

由图 3-15 可知，本节提出的基于 GPR 的工业用户 DR 潜力评估方法的误差最小。负荷率法虽然计算简单，适用于工程上粗略估计用户的 DR 潜力，但误差较大，不便于电力公司的精准调度；相似度法考虑了待评估用户与已知 DR 中断负荷结果的用户之间的相似度，误差较负荷率法小，但即使是同一个用电模式下的用户，各用户的实际 DR 意愿和 DR 邀约时段也存在差异。因此，该方法的误差高于本章所提方法。此外，负荷率法、相似度法的 DR 潜力评估结果都是数值型而非概率分布型。在电力公司或负荷聚合商进行实际调度决策时，除了响应量之外，DR 潜力评估结果的概率分布可帮助其了解用户可能的响应量以及相应的不确定性，便于其进行更精准可靠的调度决策。上述结果表明，本节所提方法可为电力公司或负荷聚合商更精细地评估用户在 DR 邀约时段内的 DR 潜力，避免因申报不符合实际情况而影响 DR 调度和中标容量分配的情况出现。

3.3　基于矩阵分解和贝叶斯推理的负荷资源池数据辨识

建立健全需求侧可调节负荷资源池，实现分行业、分类型、多时间尺度和多调控方式的负荷资源标签化管理，是支撑电力负荷管理中心开展 DR 交易的重点环节。对此，本节引入 DR 特征标签表征用户响应特征，构建了标签化的需求侧资源池（demand resource pool，DRP），并在此基础上提出了两阶段的需求侧资源池数据辨识方法，以期为售电公司的 DR 交易及调度策略优化提供参考。首先，构建了售电公司 DR 交易策略优化模型；然后，提出了基于偏差奇异值矩阵分解算法（bias singular value decomposition matrix factorization，Bias–SVD MF）的 DRP 数据完备方法，预测 DRP 内用户的未知响应特征；最后，提出了基于贝叶斯推理的 DRP 数据修正算法，实现了更精细的负荷资源池数据辨识。

3.3.1 面向邀约式需求响应的售电公司交易策略优化模型

（1）定向邀约 DR 交易机制

我国电力市场 DR 交易主要采用电网公司定向邀约或组织日前集中竞价的方式进行，旨在通过响应补贴引导用户调整用电负荷，缓解迎峰度夏、度冬期间电网局部平衡压力。以浙江省电力 DR 实施方案为例，定向邀约 DR 交易主要包括签订年度响应合约、响应邀约和响应容量分配、响应执行、响应有效性评估及补贴结算等环节，如图 3-16 所示。

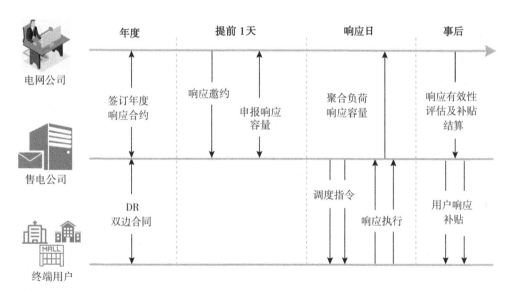

图 3-16 定向邀约 DR 交易机制的实施流程

①签订年度响应合约。符合申请条件的需求侧主体（电力用户、售电公司或负荷聚合商）可向电网公司申请参与当年 DR 交易。申请审核通过后，由省电网公司、省能源局、需求侧主体签订三方协议，确认年度定向邀约 DR 交易名单。该阶段，售电公司可通过年度/月度双边合同与用户达成响应协议，明确用户响应容量、约定补贴价格和响应量计量方式。

②响应邀约和响应容量分配。电网公司根据电力系统预期运行情况和负荷缺口，提前一天启动定向邀约 DR 交易，公布当次 DR 容量需求、交易时段和市场补贴价格。售电公司等需求侧主体收到邀约后，通过短信或网上平台反馈邀约参与情况，申报响应容量。

省电网公司汇总需求侧反馈的响应容量，若其不低于 DR 容量需求，则按需求侧主体报量等比例分配主体中标容量；否则可通过提高 DR 补贴价格或采取其他措施满足 DR 容量需求。经过多轮定向邀约，确定当次 DR 补贴价格及各需求侧主体的中标容量。相比之下，在集中竞价 DR 交易机制中，需求侧主体申报响应容量和响应价格等竞价信息，按照"价格优先、时间优先、容量优先"的边际出清方式确定当次 DR 补贴价格和主体中标容量[15]。本节假设售电公司为 DR 交易价格接受者且申报响应容量全额中标，仅讨论其在定向邀约 DR 交易机制中的交易策略。

③响应执行。需求侧主体在响应时段内自行完成负荷调节。售电公司综合考虑代理用户 DR 约定补贴价格、用户响应特性、DR 交易中标容量和市场补贴价格，向代理用户下发 DR 调度指令，用户自行完成负荷调节。

④响应有效性评估及补贴结算。采用基于基线负荷的 DR 响应量计量和有效性评估规则，以选定参考日对应响应时段的市场主体的平均负荷曲线作为基线负荷，基线负荷与响应日平均负荷的偏差作为其提供的负荷响应容量[16]。售电公司的基线负荷为其所代理用户基线负荷的叠加。

在响应日 DR 时段内，若需求侧主体的平均负荷小于其基线平均负荷，且响应容量不低于中标容量的 80% 时，认定该主体提供了有效响应。提供无效响应的主体无法获得 DR 补贴。DR 补贴按中标容量的 120% 封顶计算。售电公司按双边合同约定补贴价格结算被调度用户的 DR 补贴。

（2）计及负荷反弹效应的售电公司 DR 交易策略优化模型

本节主要关注售电公司参与日前定向邀约的削峰 DR 交易的策略优化。基于上述定向邀约 DR 交易机制，售电公司应邀申报 DR 时段内的响应容量，并向签约用户下达 DR 调度指令。售电公司获得的 DR 交易补贴可表示如下：

$$R_{A,\omega}^{DR} = \begin{cases} 1.2 P_r Q_{A,bid}, & Q_{A,\omega} > 1.2 Q_{A,bid} \\ P_r Q_{A,\omega}, & 0.8 Q_{A,bid} \leq Q_{A,\omega} \leq 1.2 Q_{A,bid} \\ 0, & Q_{A,\omega} < 0.8 Q_{A,bid} \end{cases}$$

式中，$R_{A,\omega}^{DR}$ 为场景 ω 下电网公司为售电公司提供的 DR 补贴；$Q_{A,\omega}$ 和 $Q_{A,bid}$ 分别

为售电公司在 DR 时段内的实际响应电量和申报响应电量；P_r 为电网公司为需求侧主体提供的 DR 补贴价格。根据基于基线负荷的 DR 响应量计量和有效性评估规则，电力用户在 DR 时段内的实际响应电量可表示如下：

$$Q_{i,\omega}^{DR} = T_{DR}(L_{i,base} - L_{i,\omega,met})$$

$$L_{i,\omega,met} = L_{i,\omega,d} - \delta_i D_{i,\omega}$$

式中，$Q_{i,\omega}^{DR}$ 为场景 ω 下用户 i 的实际响应电量；T_{DR} 为 DR 持续时长；$L_{i,base}$ 和 $L_{i,\omega,met}$ 分别为 DR 时段内用户 i 的基线负荷和场景 ω 下量测负荷；$L_{i,\omega,d}$ 为用户 i 在响应日 DR 时段的实际负荷需求；$D_{i,\omega}$ 为场景 ω 下用户 i 被售电公司调度参与 DR 时提供的响应容量；为简化模型，$L_{i,\omega,d}$ 与 $D_{i,\omega}$ 均取平均值；0/1 变量 δ_i 为售电公司对签约用户 i 的调度决策，当 $\delta_i=1$ 时，用户 i 被调度参与当次 DR 交易。

售电公司以其代理用户的总负荷曲线接受电网公司的响应电量计量与有效性评估，其实际响应电量可表示为：

$$Q_{A,\omega}^{DR} = T_{DR}(L_{A,base} - L_{A,\omega,met})$$

$$L_{A,\omega,met} = \sum_{i=1}^{n}(L_{i,\omega,d} - \delta_i D_{i,\omega})$$

式中，$Q_{A,\omega}^{DR}$ 为售电公司的实际响应电量；$L_{A,base}$ 为售电公司的基线负荷；$L_{A,\omega,met}$ 为场景 ω 下的售电公司量测负荷。即使用户不被售电公司调度参与当次 DR，其实际负荷需求的波动也将计入售电公司总响应容量，相当于为售电公司提供了无成本的负荷响应。相比电网公司定向邀约 DR 交易的补贴结算机制，本节中假定售电公司为用户提供无风险的响应补贴，承担用户响应不确定性的风险。用户以其基线负荷计算实际响应电量，按双边合同约定补贴价格获得售电公司提供的 DR 补贴。则对当次 DR 交易中的被调度用户，售电公司提供的 DR 补贴可表示如下：

$$C_{i,\omega}^{DR} = \delta_i P_{i,con} Q_{i,\omega}^{DR}$$

式中，$C_{i,\omega}^{DR}$ 为场景 ω 下用户 i 所获的 DR 补贴；$P_{i,con}$ 为售电公司与用户 i 的约定补贴价格。售电公司在当次 DR 交易中的总响应成本可表示如下：

$$C_{A,\omega}^{DR} = \sum_{i=1}^{n} C_{i,\omega}^{DR}$$

式中，$C_{A,\omega}^{DR}$ 为场景 ω 下售电公司的响应成本。

与仅代理用户可调资源参与 DR 交易的负荷聚合商不同，用户负荷削减将导致售电公司的购售电收益降低。对此，澳大利亚电力市场按用户的响应电量向聚合商收取退偿费（wholesale demand regional reimbursement rate，WDRRR），用于补偿售电公司的购售电收益损失[17]。由于现阶段我国电力市场中售电公司可同时作为电能量和 DR 交易的市场主体，其代理用户参与 DR 减少的售电收益也应计入其响应成本[18]。进一步，考虑到用户负荷响应方式和实际用能需求，售电公司调用用户参与 DR 可能导致用户在 DR 时段外的负荷反弹与变动，使其偏离原始负荷[19]，进而影响售电公司的购售电收益。用户负荷反弹效应与其行业用能特性相关。例如，工业制造业用户可提前生产、储存半成品以便在 DR 时段内关停对应生产设备实现负荷削减，这导致 DR 执行前用户的总负荷需求提升；商业写字楼用户多以空调负荷参与 DR，空调负荷的反弹效应或响应结束后用户为加快室内温度调节而产生的报复性用电则可能导致 DR 执行后用户的负荷需求提升。此外，部分制造业用户通过安排生产线检修的方式参与 DR，生产线长时间停机也将造成售电公司的购售电收益变化。为简化模型，计及用户响应及负荷反弹效应的售电公司购售电收益变化可表示如下：

$$\Delta R_{A,\omega} = -P_s \sum_{i=1}^{n} \delta_i (1 - \rho_{i,pr} - \rho_{i,po}) D_{i,\omega} T_{DR}$$

式中，$\Delta R_{A,\omega}$ 为场景 ω 下售电公司的购售电收益亏损；P_s 为售电公司的单位电量购售电净收益；$\rho_{i,pr}$ 和 $\rho_{i,po}$ 分别为用户 i 的超前、滞后负荷反弹系数，若 $\rho_{i,pr} > 0$ 或 $\rho_{i,po} > 0$；用户存在超前或滞后于 DR 的负荷需求提升，若 $\rho_{i,pr} \leq 0$ 或 $\rho_{i,po} \leq 0$，用户存在超前或滞后于 DR 的负荷削减。售电公司聚合用户可调荷资源参与电网公司定向邀约 DR 交易，并通过向代理用户下达调度指令达成中标 DR 容量的负荷削减。考虑用户响应容量和响应日实际负荷需求的不确定性，计及 DR 补贴收益、响应成本和 DR 对购售电收益的影响，以售电公司期望收益最大化为目标，构建 DR 报量与调度策略优化模型，其目标函数表示如下：

$$\max R_A^{DR} = \sum_{\omega \in \Omega} \pi_\omega (R_{A,\omega}^{DR} - C_{A,\omega}^{DR} + \Delta R_{A,\omega})$$

式中，R_A^{DR} 为售电公司的期望收益；π_ω 为场景 ω 的出现概率；Ω 为表征用户响应容量和响应日实际负荷需求不确定性的场景集。售电公司决策变量包括日前申报响应电量 $Q_{A,bid}$ 和对 n 个用户的调度决策 $\{\delta_1, \delta_2, \cdots, \delta_n\}$。

3.3.2 基于需求侧资源池的用户响应特征两阶段辨识方法

（1）基于 DR 特征标签的 DRP

在定向邀约 DR 交易机制中，售电公司主要承担用户响应容量的不确定性风险，并根据电网公司当次 DR 补贴价格、用户预期响应容量和 DR 约定补贴价格，优化申报响应电量和用户调度决策。基于对国内某省 DR 试点交易结果的分析，用户响应容量和 DR 补贴价格普遍与其响应潜力、响应成本和参与意愿有关，并进一步受到所属行业和负荷特性的影响。例如，工业制造业的负荷削减意味着产量下降，而商业写字楼的空调负荷调整则主要影响用户的舒适性，这导致了不同的响应成本和 DR 参与意愿。售电公司可根据用户负荷特性、DR 约定补贴价格和用户历史响应数据形成标签化的用户 DR 画像，构建 DRP，从而实现用户可调负荷资源有效管理。

①峰时段负荷率

峰时段负荷率是反映用户负荷特征的典型指标，定义为用户给定峰时段的平均负荷与当日平均负荷的比值，其表达式如下：

$$I_{PL} = \frac{L_{peak,ave}}{L_{ave}}$$

式中，I_{PL} 为用户的峰时段负荷率；$L_{peak,ave}$ 和 L_{ave} 分别为用户峰时段平均负荷和当日平均负荷。峰时段负荷率标签 I_{PL} 能够体现用户行业用能特点及生产习惯，由于削峰响应时间段多为负荷高峰期，因此该标签也可反映用户响应潜力。例如，避峰型负荷用户的用电高峰正好处于系统负荷低谷时段，峰时段负荷率 I_{PL} 小，白天高峰时段的响应能力有限；双峰或峰平型负荷用户的峰时段负荷率 I_{PL} 较高，可调负荷容量较大；平滑型负荷用户多采用三班制生产方式，如高温炼炉负荷和大容量高压电机负荷，可调负荷容量大但响应成本高。

②约定补贴价格

售电公司与用户签订双边合同来约定用户的 DR 补贴价格，该标签直接反映用户的响应成本。对单位能耗经济产出较高或停机成本较大的用户，DR 补贴价格不应低于其生产收入或停机成本。对能够提供稳定响应容量的电力用户，售电公司可与其约定高于 DR 市场交易结算价格的补贴价格，从而保障获得优质响应资源以降低无效响应导致的收益损失风险。为使 DRP 标签去量纲，用户的 DR 约定补贴价格可表示如下：

$$I_{\mathrm{CP}} = \frac{P_{i,\mathrm{con}}}{P_{\mathrm{con,max}}}$$

式中，I_{CP} 为用户的 DR 约定补贴价格标准值；$P_{\mathrm{con,max}}$ 为售电公司提供的 DR 约定补贴价格上限。实际上，约定补贴价格 I_{CP} 也可反映用户的 DR 参与意愿。例如，在国内某省日前集中竞价 DR 试点交易中，不愿意参与 DR 交易的用户根据电网公司公布的 DR 容量需求预估市场出清价格，采取高于市场预期出清价格的报价或报天花板价，在保障市场交易参与率的同时避免市场出清。

③有效响应概率

电力用户的响应参与率及其实际响应容量对售电公司的响应有效性评估和补贴结算起决定性的作用。在基于基线负荷的响应量计量方式下，即使电力用户没有采取负荷削减措施，也可凭借响应日负荷需求与基线负荷的偏差形成负荷削减。为此，设置主动响应动作阈值 φ_{R} 用以评估用户的响应行为，评估条件可表示如下：

$$Q_{i,\omega} \geqslant \varphi_{\mathrm{R}} T_{\mathrm{DR}} D_{i,\mathrm{con}}$$

式中，$D_{i,\mathrm{con}}$ 为双边合同中用户承诺的响应容量。当用户响应容量高于该阈值时，认定用户主动采取了有效的负荷削减措施以降低负荷需求。在此基础上，定义用户有效响应概率标签 I_{ER} 为用户在被调度时能够主动采取负荷削减措施以降低负荷需求的概率。I_{ER} 可以根据用户历史 DR 数据和售电公司的经验知识进行估计，它反映了售电公司对用户的负荷控制能力和响应意愿的认知，可用于辨识不愿意参与响应但约定补贴价格较低的签约用户。

④实际响应容量

受到用户负荷控制能力和日负荷需求不确定性的影响，被调度参与当次 DR 交易的用户的实际响应容量与其双边合同承诺的响应容量的偏差难以避免。为简化模型同时方便 DRP 数据辨识与修正，考虑用户实际响应容量的不确定性，采用正态分布表征用户实际响应容量并将其表示如下：

$$\frac{D_{i,\exp}}{D_{i,\mathrm{con}}} \sim N(\mu, \sigma^2)$$

式中，$D_{i,\exp}$ 为被调度用户的预期响应容量。参数 μ 和 σ 分别为用户归一化预期响应容量的均值和标准差，在 DRP 中分别记为标签 I_{AR} 和 I_{SD}。据此，售电公司可通过蒙特卡洛方法模拟多场景下用户的响应容量，从而优化 DR 报量与调度决策。上述 DRP 标签涵盖了售电公司在 DR 交易决策中重点关注的 DR 特征。其中，标签 I_{PL} 和 I_{CP} 可分别通过用户负荷量测数据和双边合同获得；标签 I_{ER}、I_{AR} 和 I_{SD} 则与用户参与 DR 交易的实际响应行为相关，本节中将其统称为响应相关标签。售电公司还可根据实际需求添加用户季节性负荷、分时负荷率等标签至本节所述 DRP 以完善代理用户的标签画像。

（2）基于 bias-SVD 矩阵分解的用户的未知 DR 特征预测

随着新型电力系统和电力市场交易体系日趋完善，海量需求侧资源将被唤醒，参与 DR 交易的市场主体的数量和类型也将逐步增多。对新增 DR 签约用户，售电公司无从得知其响应相关标签数据；对潜在响应用户，DR 补贴价格和响应相关标签都是未知的。特别是在早期 DR 试点交易中，市场交易规则的调整也将导致用户响应能力和 DR 参与意愿的改变。因此，对售电公司而言，DRP 的建设是动态的、长期的过程，且 DRP 时数据缺失问题难以避免。考虑到 DRP 是售电公司优化申报响应容量和用户调度策略的主要依据，将用户未知响应特征的预测问题转化为 DRP 的数据矩阵完备问题。对此，本节引入矩阵分解（matrix factorization，MF）算法，通过隐语义模型（latent factor model，LFM）[20]建立签约用户可调负荷资源与 DR 特征标签的关联关系，依托 DRP 现有数据预测缺失用户的未知 DR 特征标签。对具有 n 个用户和 m 个标签的 DRP，可将其表示为用户–标签矩阵 $\mathbf{R}^{n \times m}$。MF 算法的核心思想是将矩阵 $\mathbf{R}^{n \times m}$ 分解为用户潜在因子矩阵 $\mathbf{W}^{n \times r}$ 和标签潜在因子矩阵 $\mathbf{Y}^{r \times m}$，可表示如下[21]：

$$\mathbf{R}^{n \times m} \approx \mathbf{W}^{n \times r} \mathbf{Y}^{r \times m}$$

式中，r 为潜在因子个数。MF 算法客观上无法实现矩阵 $\mathbf{R}^{n \times m}$ 的精确分解。对此，定义矩阵 $(\mathbf{R}^{\mathrm{re}})^{n \times m}$ 为 $\mathbf{R}^{n \times m}$ 的重构矩阵，表示如下：

$$(\mathbf{R}^{\mathrm{re}})^{n \times m} = \mathbf{W}^{n \times r} \mathbf{Y}^{r \times m}$$

并定义损失函数 E 为矩阵 $\mathbf{R}^{n \times m}$ 与 $(\mathbf{R}^{\mathrm{re}})^{n \times m}$ 元素的误差的平方和，则矩阵 $\mathbf{R}^{n \times m}$ 的分解可转为求解如下最小化问题，目标函数可表示如下：

$$\min E = \frac{1}{2} \sum_{(i,j) \in R_0} (R_{ij} - R_{ij}^{\text{re}})^2$$

$$R_{ij}^{\text{re}} = \sum_{k=1}^{r} W_{ik} Y_{kj}$$

式中，R_0 为 DRP 中已知用户的 DR 特征标签数据集；R_{ij} 和 R_{ij}^{re} 分别为矩阵 $\boldsymbol{R}^{n \times m}$ 和 $(\boldsymbol{R}^{\text{re}})^{n \times m}$ 中用户 i 标签 j 的已知值和重构值。在此基础上，可通过重构矩阵 $(\boldsymbol{R}^{\text{re}})^{n \times m}$ 预测原矩阵 $\boldsymbol{R}^{n \times m}$ 中用户的未知 DR 特征标签。然而，考虑到 DR 特征标签及其标准化方法的差异，DRP 中部分用户 DR 特征标签可能存在与其 DR 特性无关的偏差。为此，提出 bias-SVD MF 算法，通过引入标签固有偏差项对上式进行修正，同时引入正则化项防止过拟合[22]，目标函数可表示如下：

$$\min E = \frac{1}{2} \sum_{(i,j) \in R_0} (R_{ij} - R_{ij}^{\text{re}})^2 + \lambda_b [(b_j^2 + \sum_{k=1}^{r} (W_{ik}^2 + Y_{kj}^2)]$$

$$R_{ij}^{\text{re}} = b_j + \sum_{k=1}^{r} W_{ik} Y_{kj}$$

式中，b_j 为标签 j 的固有偏差；λ_b 为正则化参数；在 bias-SVD 矩阵分解算法下，可通过重构矩阵元素 $W_i Y_j$ 与标签 j 的固有偏差 b_j 预测矩阵 $\boldsymbol{R}^{n \times m}$ 的缺失数据 R_{ij}，如图 3-17 所示。

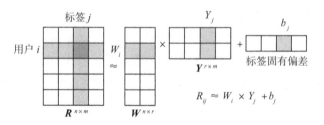

图 3-17   bias-SVD 矩阵分解算法

在此基础上，可采用随机梯度下降法（stochastic gradient descent，SGD）[23] 求解式中的用户潜在因子矩阵 $\boldsymbol{W}^{n \times r}$、标签潜在因子矩阵 $\boldsymbol{Y}^{r \times m}$ 的元素及标签固有偏差，迭代方程可表示如下：

$$e_{ij} = R_{ij} - R_{ij}^{\text{re}}$$

$$W_{ik} \xleftarrow{\text{更新}} W_{ik} - \eta_G \frac{\partial E}{\partial W_{ik}} = W_{ik} + \eta_G (e_{ij} Y_{kj} - \lambda W_{ik})$$

$$Y_{kj} \xleftarrow{\text{更新}} Y_{kj} - \eta_G \frac{\partial E}{\partial Y_{kj}} = Y_{kj} + \eta_G(e_{ij}W_{ik} - \lambda Y_{kj})$$

$$b_j \xleftarrow{\text{更新}} b_j - \eta_G \frac{\partial E}{\partial b_j} = b_j + \eta_G(e_{ij} - \lambda b_j)$$

式中，e_{ij} 为用户 i 标签 j 已知值和重构值的误差；η_G 为梯度下降速率。当 E 收敛到可接受的范围或达到预设最大迭代次数时迭代过程终止。以特定标签 j 预测结果的平均绝对误差（mean absolute error，MAE）和均方根误差（root mean squared error，RMSE）评估本节所提 bias-SVD 矩阵分解方法对 DRP 缺失标签的预测精度，其表达式分别如下：

$$MAE = \frac{1}{M_j}\sum_{i=1}^{M_j}|R_{ij}^{\text{re}} - R_{ij}^0|$$

$$RMSE = \sqrt{\frac{1}{M}\sum_{i=1}^{M_j}(R_{ij}^{\text{re}} - R_{ij}^0)^2}$$

式中，R_{ij}^0 为用户 i 标签 j 的真实值；M_j 为 DRP 中缺失标签 j 的用户数。

（3）基于贝叶斯推理的用户响应特征精细辨识

在预测得到的用户响应特征基础上，售电公司可根据多轮 DR 交易获取的用户响应样本对用户响应特征进行标签修正。一般而言，可通过极大似然估计（maximum likelihood estimation，MLE）[24] 预测 I_{ER}、I_{AR} 和 I_{SD} 等响应相关标签。设 $X=\{x_1, x_2, \cdots, x_u\}$ 为电力用户的 u 次有效响应容量样本，则在 MLE 下，用户归一化预期响应容量的 I_{AR} 和 I_{SD} 标签可表示如下：

$$I_{\text{MR,MLE}} = \mu_{\text{MLE}} = \frac{1}{U}\sum_{s=1}^{U} X_s$$

$$I_{\text{SD,MLE}} = \sigma_{\text{MLE}}^2 = \frac{1}{U}\sum_{s=1}^{u}(X_s - X_{\text{MLE}})^2$$

式中，μ_{MLE} 和 σ_{MLE} 分别为正态分布参数 μ 和 σ 的 MLE 估计结果。理论上，MLE 作为典型的参数估计方法，通过收集用户数据样本来求解未知的、固定的模型参数。然而，在早期 DR 试点交易中，售电公司参与交易次数有限且单一用户被调度的频次低，售电公司无法获得充足的用户响应样本，以致无法获得确信的 MLE 结果。为了克服早期 DR 试点交易中用户响应样本数据有限的问题，本节提出基于贝叶斯推理的 DRP 数据修正算法，用于用户响应特征的精细辨识。贝叶斯推理实质上是通过贝叶斯定理推理参数概率分布性质的过程，其将待估计参数视为带有已知先验分布的随机变量，并根据新增样本和参数的先验分布来获取参数的后验概率分布[25]。为简化模型，假设用户预期响应容量标准差 σ 为已知常数，则在给定用户有效响应容量样本 $X=\{x_1, x_2, \cdots, x_u\}$ 下，用户预期响应容量均值 μ 的贝叶斯推理的概率密度函数形式可表示如下：

$$f(\mu|X) = \frac{f(x_1, x_2, \cdots, x_u | \mu) f(\mu)}{f(x_1, x_2, \cdots, x_u)}$$

$$f(x_1, x_2, \cdots, x_u | \mu) = \prod_{s=1}^{u} f(x_s | u)$$

式中，$f(\mu|X)$ 为给定样本 X 下参数 μ 的后验概率分布；$f(\mu)$ 为参数 μ 的先验概率分布；$f(x_s | \mu)$ 为给定参数 μ 下样本 x_s 的概率分布；$f(x_1, x_2, \cdots, x_u | \mu)$ 为给定参数 μ 下各样本的联合概率分布。$f(x_1, x_2, \cdots, x_u)$ 为样本的边际概率分布，可视作与参数 μ 无关的常量。假设某用户预期响应容量均值 μ 的先验概率分布为正态分布 $N(\mu_0, \sigma_0^2)$，则在参数 μ 下该用户有效响应容量样本 X 的联合条件概率密度可表示如下：

$$f(x_1, x_2, \cdots, x_u | \mu) = (2\pi\sigma^2)^{-\frac{\mu}{2}} \exp[-\frac{1}{2\sigma^2} \sum_{s=1}^{u} (x_s - \mu)^2]$$

在此基础上，推导给定样本 X 下参数 μ 的后验概率分布，可表示如下：

$$f(\mu|X) \sim \exp[-\frac{1}{2\sigma^2} \sum_{s=1}^{u} (x_s - \mu)^2 - \frac{1}{2\sigma_0^2} (\mu - \mu_0)^2]$$

$$= \exp[-\frac{1}{2\sigma_B^2} (\mu - \mu_B)^2]$$

$$\mu_B = \frac{\sigma_0^2 u}{\sigma^2 + u\sigma_0^2} \mu_{MLE} + \frac{\sigma^2}{\sigma^2 + u\sigma_0^2} \mu_0$$

$$\sigma_B^2 = \frac{\sigma^2 \sigma_0^2}{u\sigma_0^2 + \sigma^2}$$

式中，μ_B 和 σ_B 为正态分布辅助参数，参数 μ 的后验概率分布为 $N(\mu_B, \sigma_B^2)$。实际中，参数 μ_B 等于最大后验概率（maximum a posterior，MAP）方法下参数 μ 的估计结果，常作为贝叶斯参数估计的近似解。算例分析中 DRP 分别使用 μ_B 和 σ_{MLE} 作为用户 I_{AR} 和 I_{SD} 标签的辨识结果。当用户有效响应样本数 u 趋于无穷大，则 MLE 和 MAP 对用户预期响应容量均值 μ 的估计结果相等；当用户有效响应样本数 u 较小时，MAP 可以将用户响应样本数据和售电公司对用户响应容量的先验认知同时纳入参数估计，从而避免了样本数据集较小导致的参数过度拟合。然而不可忽视的是，MAP 参数估计的准确性与售电公司对用户响应特征的先验知识有关，并取决于参数的先验分布函数是否与其实际分布一致。类似地，用户有效响应概率标签 I_{ER} 也可以通过 MAP 方法进行估计。假设售电公司共有某用户的 v 个响应容量样本（含 u 个有效的响应容量样本），则 MLE 下用户有效响应概率标签 I_{ER} 的辨识结果可表示如下：

$$I_{ER,MLE} = \text{argmax}\, I_{ER}^{u} (1 - I_{ER})^{v-u}$$

式中，$I_{ER,\,MLE}$ 为 MLE 下用户有效响应概率标签 I_{ER} 的辨识结果。相应地，假设用户有效响应概率标签 I_{ER} 的先验概率为正态分布 $N(\mu_P, \sigma_P^2)$，则用户有效响应概率下标签 I_{ER} 的辨识结果可通过求解 MAP 得到，表示为：

$$I_{ER,MAP} = \text{argmax}\, I_{ER}^{u} (1 - I_{ER})^{v-u} \exp\left(-\frac{1}{2\sigma_0^2}(I_{ER} - \mu_P)^2\right]$$

式中，$I_{ER,\,MAP}$ 为 MAP 方法下用户有效响应概率标签 I_{ER} 的辨识结果。

基于标签化 DRP 的用户 DR 特征两阶段辨识方法的实现过程如图 3-18 所示。阶段Ⅰ提出了基于 bias-SVD 矩阵分解的 DRP 数据完备算法来预测用户的未知响应特征；阶段Ⅱ提出基于贝叶斯推理的 DRP 数据修正算法，根据用户新增响应样本和售电公司的经验结论，实现对用户 DR 特征的精细辨识。在此基础上，售电公司可通过蒙特卡洛方法等实现对用户有效响应概率和实际响应容量不确定性的多场景模拟，并据此优化其 DR 报量和调度策略。

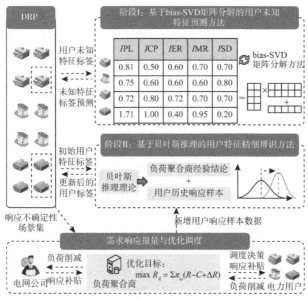

图 3-18　DRP 用户 DR 特征两阶段辨识方法的实现过程

3.3.3 算例分析

（1）实验设计

算例仿真数据源于某省 2020 年 DR 试点交易。为了验证本节所提出的用户响应特征两阶段辨识方法的有效性，选择水泥制造（cement plant，CP）、氯碱工业（chlor-alkali，CA）和商业建筑（commercial building，CB）三个行业的用户作为样本。假设用户双边合同承诺响应容量为 500 千瓦。响应持续时段为 1 小时。售电公司的双边合同补贴上限 $p_{con,max}$ 为 5 元 / 千瓦时，单位电量购售电净收益 p_s 为 0.2 元 / 千瓦时，电网公司的 DR 补贴价格 p_r 为 5 元 / 千瓦时。用户主动响应动作阈值 φ_R=0.2，正则化参数 λ_b=0.02，梯度下降速率 η_G=0.01。

为了在有限的 DR 交易数据基础上生成用户响应容量样本，假定不同行业的用户的响应容量满足以下三种模式。

① CA 类用户，将部分生产需求安排在夜间低谷时段，具有避峰型负荷曲线。该类用户可通过负荷响应降低电费支出，参与 DR 的意愿较强，双边合同约定补贴价格较低，有效响应概率相对较高。

② CP 类用户，采用三班制生产方式，具有平滑型负荷曲线。与其他行业用户相比，CP 类用户的响应成本更高，有效响应概率与双边合同约定补偿价格呈正相关。对于部分 CA 和 CP 类用户，将通过安排生产线停机检修的方式参与 DR，负荷长时间切机降低售电公司的购售电收益。

③ CB 类用户，以空调为主要可调负荷资源，响应前后可能出现负荷反弹现象。CB 类用户对用电舒适度的要求较高，参与 DR 意愿较低，双边合同约定补贴价格普遍较高，有效响应概率较低。

总体上，本节假设的用户响应模式与 DR 试点交易的真实数据相符，且仅用于生成不同行业用户的响应容量仿真样本。实际中，不同行业用户由于用能习惯和响应成本的差异性将表现出多样化的响应模式，但这并不影响本节所提用户响应特征两阶段辨识方法的有效性。

（2）用户 DR 特征识别与售电公司交易决策结果

以如表 3-5 所示用户样本仿真多轮次 DR 交易中售电公司的交易决策及用户响应特征辨识结果。其中用户 CA-5 和 CB-4 为极端用户，其实际响应特征不符合给定的行业用户响应模式。采用蒙特卡洛方法生成 100 轮 DR 交易中用户的实际响应容量和负荷需求的随机场景序列。仿真得到 DR 特征标签的辨识结果如表 3-6 所示，阴影标签设为初始阶段的 DRP 缺失标签。

表 3-5　典型用户实际响应特征标签

用户	I_{PL}	I_{CP}	I_{ER}	I_{AR}	I_{SD}	ρ_{pr}	ρ_{po}
CP-1	1.00	0.40	0.51	1.60	0.05	−2	−2
CP-2	1.05	0.60	0.68	1.50	0.04	0	0
CP-3	1.05	0.80	0.73	1.70	0.03	−5	−5
CP-4	1.05	0.90	0.78	1.90	0.03	0	0
CP-5	1.00	1.00	0.90	1.60	0.04	0.5	0.5
CA-1	0.80	0.40	0.68	0.70	0.03	0	0
CA-2	0.75	0.50	0.70	0.60	0.04	−4	−4
CA-3	0.70	0.70	0.74	0.70	0.03	−2	−2
CA-4	0.70	0.80	0.77	0.70	0.05	0	0
CA-5	0.70	0.80	0.31	0.60	0.04	0	0
CB-1	1.65	0.70	0.24	1.00	0.01	0	0
CB-2	1.65	0.80	0.30	1.10	0.01	0	0
CB-3	1.70	0.90	0.35	1.10	0.02	0.5	0.5
CB-4	1.60	0.90	0.69	0.90	0.02	0	0
CB-5	1.70	1.00	0.35	1.00	0.01	0.5	0.5

对比表 3-5 与表 3-6 中的用户响应相关标签（I_{ER}、I_{AR} 和 I_{SD}）可知，基于 bias-SVD 矩阵分解的阶段 I 用户响应特征辨识过程能够区分不同行业和约定补贴价格的用户的响应特征，实现初始 DRP 的缺失数据预测。例如，对用户 CP-5，考虑其峰负荷率和约定补贴价格等特征，预测其有效响应概率 I_{ER}=0.759，这与具有相似约定补贴价格的 CB 类用户的有效响应概率标签（$I_{ER} \leqslant 0.628$）具有明显差异。相比之下，极端用户的缺失特征在该阶段则难以被准确预测，如预测用户 CA-5 的有效响应概率 I_{ER}=0.743，远高于其实际有效响应概率 I_{ER}=0.31。然而，结合初始 DRP 和多轮 DR 累计的用户样本数据，用户 CA-5 的有效响应概率 I_{ER} 的两阶段辨识结果为 I_{ER}=0.372，与实际响应特征相近，本节所提方法实现了对 CA 行业内不同响应特征用户的有效区分。

表 3-6　典型用户 DR 特征标签的两阶段辨识结果

用户	初始 DRP 缺失数据预测			多轮次 DRP 数据精细辨识			调度次数
	I_{ER}	I_{AR}	I_{SD}	I_{ER}	I_{AR}	I_{SD}	
CP-1	0.60	1.20	0.05	0.516	1.574	0.054	100
CP-2	0.60	1.20	0.05	0.677	1.488	0.033	100
CP-3	0.70	1.20	0.05	0.700	1.200	0.050	0

续表

用户	初始 DRP 缺失数据预测			多轮次 DRP 数据精细辨识			调度次数
	I_{ER}	I_{AR}	I_{SD}	I_{ER}	I_{AR}	I_{SD}	
CP-4	0.80	1.20	0.05	0.767	1.846	0.037	55
CP-5	0.759	0.927	0.049	0.896	1.555	0.044	22
CA-1	0.60	0.80	0.05	0.677	0.687	0.033	100
CA-2	0.637	0.878	0.049	0.701	0.596	0.026	71
CA-3	0.70	0.80	0.05	0.710	0.716	0.026	62
CA-4	0.80	0.80	0.05	0.759	0.688	0.048	82
CA-5	0.743	0.874	0.049	0.372	0.702	0.050	49
CB-1	0.60	1.00	0.05	0.293	0.969	0.016	67
CB-2	0.60	1.00	0.05	0.305	1.100	0.015	38
CB-3	0.60	1.00	0.05	0.350	1.129	0.016	27
CB-4	0.628	1.017	0.050	0.715	0.896	0.021	40
CB-5	0.60	1.00	0.05	0.510	1.062	0.025	7

进一步可知，用户响应特征的两阶段辨识误差与售电公司的用户调度频率呈负相关，例如初始 DRP 中具有相同特征标签值的用户 CB-2 和 CB-5 的有效响应概率 I_{ER} 辨识误差分别为 1.7% 和 45.7%。此外，用户 DR 特征的阶段 I 辨识结果也在一定程度上影响其最终辨识误差，如用户 CB-4 的有效响应概率 I_{ER} 的两阶段辨识误差分别为 9.0% 和 3.6%，而用户 CA-5 的两阶段辨识误差分别为 139.7% 和 20.0%。该结果表明 MAP 参数估计的准确性受售电公司对用户响应特征的先验知识的影响。定义售电公司对用户的调度频次为每 20 轮 DR 交易中用户的平均调度次数。多轮 DR 交易中各类用户的调度频次变化如图 3-19 所示。

显然，随着 DR 交易轮次的增加，用户的调度频次逐渐分化。第 40 轮至第 50 轮的 DR 交易中，部分用户（如 CP-4 和 CP-5）调度频次由降转升，表明售电公司在 DR 交易中采取了不同的报量和调度策略。结合用户 DR 特征分析，用户 CP-4 和 CP-5 的 DR 约定补贴价格较高，早期 DR 交易中售电公司调度该类用户的响应收益较低，用户调度频次下降，如图 3-19（a）所示。相比之下，售电公司更愿意调度 CP-2 和 CA-1 等约定补偿价格 I_{CP} 较低、有效响应概率 I_{ER} 相对较高的签约用户以最大化 DR 收益。随着 DR 交易轮次的增加，售电公司能够获取更多的用户响应容量样本并实现 DR 特征精细辨识。在约第 40 轮 DR 交易后，用户 CP-4 和 CP-5 等有效响应概率 I_{ER} 较高的昂贵可调资源的调度频次逐步提高。优质稳定响应用户的加入使售电公司可通过提高报量来扩大有效响应电量范围

（即中标容量的 80% ～ 120%），从而允许更多中等补贴价格水平的用户（如用户 CB-1 和 CA-3）被调度，以提高售电公司的总收益，如图 3-19（b）（c）所示。综上，考虑 DR 补贴价差和用户响应的不确定性，售电公司可采取至少两种报量与调度策略，具体如下。

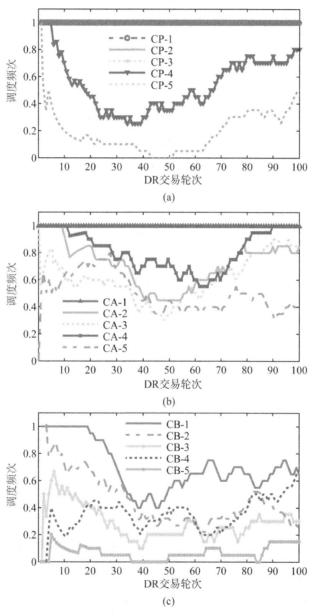

图 3-19　多轮 DR 交易中的各类用户调度频率。（a）CP 类用户；
（b）CA 类用户；（c）CB 类用户

策略 I：仅调度双边合同约定补贴价格 I_{CP} 较低、有效响应概率 I_{ER} 相对较高的用户参与响应，获取稳定的 DR 补贴价差收益。

策略 II：在策略 I 的基础上，优化匹配约定补贴价格 I_{CP} 及有效响应概率 I_{ER} 均较高的用户和约定补贴价格 I_{CP} 适中的其他用户共同参与 DR，以提高 DR 报量来增大有效性评估阈值，提高售电公司期望收益。

进一步，从不同行业用户的调度频次来看，CA 类用户因其约定补贴价格 I_{CP} 较低、有效响应概率 I_{ER} 较高而在总体上具有较高的调度频次。相较而言用户 CA-3，CA-2 的约定补贴价格较低（I_{CP}=0.5），售电公司 DR 单位净收益较大；用户 CA-4 不通过生产线停机的方式参与 DR，即不损害售电公司的购售电收益，因此两者具有更高的调度频次。CB 类用户的有效响应概率 I_{ER} 普遍低于其他行业用户，其调度频次主要受其约定补贴价格的影响，约定补贴价格最低的用户 CB-1 在行业内具有最高的调度频次，这说明当用户负荷控制能力有限或无法保障提供有效响应时，可通过降低约定补贴价格获得更多的响应机会，但有利于引导用户合理报价。

（3）不同 DR 特征预测方法的预测精度对比

为了评估所提基于 bias-SVD 矩阵分解的 DRP 数据完备算法在阶段 I 用户未知 DR 特征标签辨识中的有效性，在不同数据缺失比例下对含 600 个分类用户的 DRP 进行了缺失数据完备仿真。不失一般性，图 3-20 展示了本节所提方法对用户有效响应概率标签 I_{ER} 的预测精度。

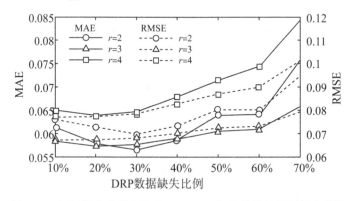

图3-20　不同潜在因子个数下 bias-SVD 矩阵分解的预测精度比较

如图 3-20 所示，在给定 DR 特征标签下，选取最优潜在因子个数 r=3 时，不同数据缺失比例下 I_{ER} 标签预测结果 MAE 和 RMSE 指标均较低。由于优化目标为最小化已知 DR 特征标签数据集上的重构偏差，当 DRP 缺失数据较少时，可能会过拟合导致用户未知 I_{ER} 标签的预测误差较大。整体上，随着 DRP 缺失数据增多，用户 DR 特征标签信息减少，标签预测误差随之增大。为了验证本节所提基于 bias-SVD 矩阵分解的 DRP 数据完备算法在阶段 I 用户未知 DR 特征预测中的优越性，对比了不同 DRP 数据缺失比例下本节所提 bias-SVD 矩阵分解算法与 k-近邻[26]（k-nearest neighbours，KNN）以及随机森林[27]（random forests，RFs）算法对用户有效响应概率标签 I_{ER} 的预测精度。其中，KNN 算法属于典型的监督学习算法，其思想是采用与新增用户的 DR 特征最接近的 k 个样本用户来代表新增用户，从而实现新增用户的分类。将用户有效响应概率标签 I_{ER} 作为用户类别，KNN 算法根据近邻用户的有效响应概率标签 I_{ER} 实现用户缺失标签 I_{ER} 的预测。RFs 算法属于集成学习算法，采用分类与回归树（classification and regression tree，CART）作为弱学习器，采用有放回抽样的方式随机抽取形成多个样本集，并以此构建决策树生成基于随机特征的弱分类器，最终通过少数服从多数的投票方式构成强分类器，实现用户分类[28]。算例仿真以 MATLAB 中 treebagger 函数的回归模式实现基于 RFs 算法的用户未知特征预测。

上述三种用户未知特征预测算法的 MAE 和 RMSE 指标随 DRP 数据缺失比例的变化情况如图 3-21 所示，其中潜在因子个数 r=3，近邻用户个数 k=5，叶子节点最少样本数取 5。可见，本节所提 bias-SVD 矩阵分解算法的 MAE 和 RMSE 指标在不同数据缺失比例下均低于 KNN 和 RFs 算法。当 DRP 数据缺失比例为 30% 时，与 KNN 和 RFs 算法相比，bias-SVD 矩阵分解算法的 MAE 指标分别降低了 24.5% 和 56.4%，RMSE 指标分别降低了 35.0% 和 54.0%。可见，本节中提出的基于 bias-SVD 矩阵分解的 DRP 数据完备算法能够提供准确的用户未知特征标签的预测结果。

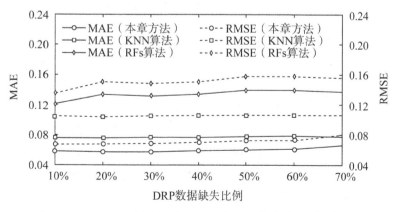

图 3-21　bias-SVD 矩阵分解、KNN 和 RFs 算法的预测精度比较

（4）不同 DRP 数据修正方法对售电公司 DR 收益的影响分析

以样本用户 DR 特征为基础进行 100 轮 DR 交易仿真，图 3-22 对比了阶段 II 用户 DR 特征精细辨识中采用 MAP 和 MLE 等不同 DRP 数据修正算法时的售电公司 DR 收益情况。假定 MLE 下售电公司在前 5 轮 DR 交易中的申报响应容量和用户调度决策保持不变，累计用户响应样本用于模型计算。如图 3-22 所示，在前 20 轮 DR 试点交易中，由于售电公司难以实现用户响应特征的精细化辨识，DR 交易亏损难以避免。在基于 MAP 的 DRP 数据修正算法下，给定用户负荷需求和响应容量的不确定性场景序列中售电公司 DR 最大亏损为 573.7 元。随着 DR 交易轮次增加，售电公司的 DR 收益逐渐增长至 782.1 元。在基于 MLE 的 DRP 数据修正算法下，售电公司在多轮 DR 交易中多次出现亏损现象，最大亏损达 1031.0 元。

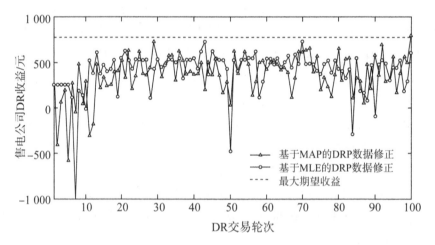

图 3-22　MAP 和 MLE 方法下售电公司 DR 收益对比

图 3-23 进一步对比了 MAP 和 MLE 方法下售电公司 DR 收益分布情况。前 20 轮 DR 交易中，售电公司 DR 收益的均值和标准差在基于 MAP 的 DRP 数据修正算法下分别为 282.9 元和 234.0 元；而在基于 MLE 的 DRP 数据修正算法下，售电公司收益的均值和标准差分别为 326.1 元和 359.7 元，平均收益增加了 15.3%，但标准差提高了 53.7%。这表明售电公司在 MLE 方法下将承担更大的亏损风险。相比之下，在后 20 轮 DR 交易中，MAP 方法下售电公司收益的均值增加至 407.9 元，比 MLE 方法下的提高了 23.3%；标准差为 189.9 元，比 MLE 方法下的降低了 15.1%。为了分析 MAP 和 MLE 方法下售电公司 DR 收益差异的原

因，图 3-24 进一步对比了售电公司在两种方法下的用户调度决策。

如图 3-24 所示，相较 MLE，在基于 MAP 的 DRP 数据修正算法下，有效响应概率较低的用户（如用户 CA-5 和 CB-3）更多地被调度参与 DR。在相同的售电公司报量和调度模型下，售电公司交易策略与当次 DR 交易前其对用户响应特征的辨识结果相关。相较本节所采用的 MAP 方法，仅基于样本统计的 MLE 方法更容易受到用户响应不确定性场景的影响。对有效响应概率 I_{ER} 较低的用户，若其在接到售电公司调度指令后多次未能达到主动响应评估条件，则在 MLE 方法下其有效响应概率标签 I_{ER} 将被修正为 0，无法参与后续的 DR 交易，致使具有可调负荷容量的用户被埋没，难以实现售电公司 DR 报量和调度策略的最优化。相比之下，本节所提基于贝叶斯推理的 DRP 数据修正算法能够提供更可靠的用户响应特征辨识结果，售电公司据此优化交易策略，能够降低在早期 DR 试点交易中的亏损风险并提高收益。

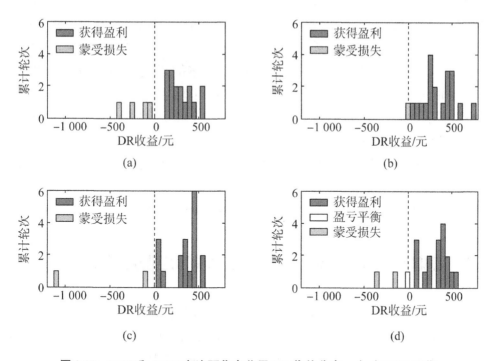

图 3-23 MAP 和 MLE 方法下售电公司 DR 收益分布。（a）MAP 下售电公司前 20 轮与 DR 盈亏情况；（b）MAP 下售电公司后 20 轮 DR 盈亏情况；（c）DR 收益 / 元；（d）MLE 下售电公司后 20 轮 DR 盈亏情况

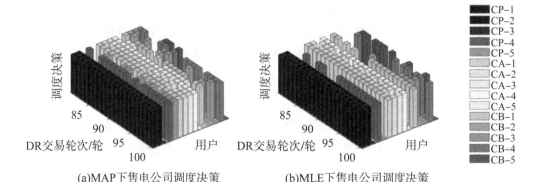

图 3-24 MAP 和 MLE 方法下售电公司最后 20 轮 DR 交易的调度决策。
（a）MAP 下售电公司调度决策；（b）MLE 下售电公司调度决策

本节从售电公司代理用户参与 DR 市场交易方面对售电公司的运营策略开展研究。结合我国 DR 试点交易采取的电网公司定向邀约响应模式，构建了考虑用户响应不确定性和负荷反弹效应的售电公司 DR 报量和调度决策优化模型。为解决早期 DR 交易中响应样本数据有限导致的用户 DR 特征辨识困难问题，构建了涵盖峰时段负荷率、约定补贴价格、有效 DR 概率和实际响应容量等用户响应特征标签的 DRP。在此基础上，提出基于 bias-SVD 矩阵分解的资源池数据完备算法，用于用户未知 DR 特征的初步预测；同时提出基于贝叶斯推理的资源池数据修正算法，将响应样本数据与售电公司经验知识结合，通过 MAP 参数估计实现用户 DR 特征的精细辨识。算例仿真结果表明，本节所提两阶段的用户 DR 特征辨识方法能够为售电公司提供准确可靠的用户响应特征辨识结果，从而优化其 DR 交易报量和调度策略，降低其市场亏损风险并提高经营收益。

3.4 考虑长周期连续调节需求的需求响应调度策略优化

在持续性高温、干旱等极端天气和新能源出力不足等因素影响下，电力系统在个别时期、时段可能出现紧平衡情况，需要需求侧资源参与长周期连续的DR。相比之下，我国 DR 市场当前仍处于建设初期，多数网省存在实践经验少、响应规模小、用户参与意愿低和响应补贴机制不健全等问题。面对电网持续的削峰需求，仅考虑经济性的 DR 实施方案可能无法长期、有效调动用户参与响应。对此，本节构建面向长周期连续调节需求的 DR 调度策略优化模型。首先，提出考虑连续响应的用户 DR 满意度指标；然后，构建考虑不确定性的连续工作日 DR 调度策略多目标优化模型；最后，提出基于切比雪夫（Tchebycheff）法的 DR 调度策略多目标优化求解算法。

3.4.1 考虑用户连续响应满意度和不确定性的需求响应调用策略模型

（1）考虑连续响应的 DR 满意度指标

持续高温等极端天气下负荷管理中心可能具有连续多日的负荷管理需求，不可避免地出现一日多次或连续多日调用同一用户的可调负荷，这些用户参与 DR 交易后的用电满意度是影响负荷管理中心调用 DR、实现电网供需平衡、促进新能源消纳的重要因素。本节主要研究面向工业典型行业用户的负荷管理策略，工业用户生产过程中参与 DR 的满意度主要与单日调用次数、电量削减程度和多日连续响应程度有关，因此，定义工业用户的需求响应满意度指标，可表示如下：

$$V_{i,d}^{\mathrm{C}} = \alpha_{i,1} V_{i,d}^{\mathrm{C,fr}} + \alpha_{i,2} V_{i,d}^{\mathrm{C,tr}} + \alpha_{i,3} V_{i,d}^{\mathrm{C,co}}$$

式中，$V_{i,d}^{\mathrm{C}}$ 为工业用户 i 在 d 日的需求响应满意度；$V_{i,d}^{\mathrm{C,fr}}$、$V_{i,d}^{\mathrm{C,tr}}$ 和 $V_{i,d}^{\mathrm{C,co}}$ 分别为用户 i 的单日调用次数指标、电量削减程度指标和多日连续响应程度指标；$\alpha_{i,1}$（$j=1$，2，3）为用户 i 各指标的权重系数，满足 $\sum_{j=1}^{3} \alpha_{i,j}=1$，由工业用户根据主观意愿设定。

①单日调用次数极限程度指标

单日调用次数指标表示用户在当日收到削峰和填谷需求响应调控指令的总次数与用户签约的日最大调度次数的关系，反映了调控频次对用户生产安排的影响，可表示如下：

$$V_{i,d}^{\mathrm{C,fr}} = 1 - \frac{\sum_{t=1}^{T} v_{i,d,t}}{v_{i,\max}^{\mathrm{on}}}$$

式中，$v_{i,d,t}$ 为用户 i 在 d 日时刻 t 的 DR 调控开始标志，为二进制变量，值为 1 表示用户在该时刻开始进行削峰或填谷 DR；$v_{i,\max}^{\mathrm{on}}$ 为用户 i 签约的日最大调用次数。

②电量削减程度指标

电量削减程度指标表示用户当日的总削减电量与基线总用电量的关系，当用户同时参与削峰和填谷 DR 时能够在填谷时段弥补产量，一日内的总电量削减程度反映了 DR 对用户产量的影响，可表示如下：

$$V_{i,d}^{\mathrm{C,tr}} = 1 - \max\left(\frac{\sum\limits_{t=1}^{T} P_{i,d,t}}{Q_{i,d}}, 0\right)$$

$$P_{i,d,t} = P_{\mathrm{P},i,d,t} - P_{\mathrm{V},i,d,t}$$

式中，$P_{i,d,t}$ 为用户 i 在 d 日时刻 t 的 DR 负荷削减量，当参与削峰 DR 时该值为正值，参与填谷时该值为负值；$P_{\mathrm{P},i,d,t}$ 和 $P_{\mathrm{V},i,d,t}$ 分别为用户 i 在 d 日时刻 t 的削峰需求响应负荷和填谷需求响应负荷；$Q_{i,d}$ 为用户 i 在 d 日的基线总用电量。

③多日连续响应程度指标

多日连续响应程度指标表示用户在多日连续的 DR 调度次数与所有用户平均情况的关系，由于历史连续调用情况对当日的影响递减，可赋予较远日期响应次数一个较小权重值，而赋予较近日期响应次数一个较大权重值，采用指数平滑法对历史连续响应程度进行加权平均，表示如下：

$$V_{i,d}^{\mathrm{C,co}} = 1 - \frac{1}{v_{\max}^{\mathrm{co}}} \max\left[\left(\sum_{i=1}^{T} v_{i,d,t} + v_{i,d}^{\mathrm{H}}\right) - \frac{1}{N_D}\sum_{i=1}^{N_D}\left(\sum_{i=1}^{T} v_{i,d,t} + v_{i,d}^{\mathrm{H}}\right), 0\right]$$

$$v_{i,d}^{\mathrm{H}} = \rho^{\mathrm{H}}\sum_{i=1}^{T} v_{i,d-1,t} + (1-\rho^{\mathrm{H}})v_{i,d-1}^{\mathrm{H}}$$

式中，$v_{i,d}^{\mathrm{H}}$ 为用户 i 在 d 日的历史连续调用次数加权平均值；ρ^{H} 为指数平滑法权重系数，由于距离响应较近的日期的响应次数具有更大的权重，该系数取值需满足 $\rho^{\mathrm{H}} \in [0.5, 1]$，当 ρ^{H} 取 1 时，多日连续响应程度指标仅考虑前一日的响应次数；$v_{\max}^{\mathrm{co}}$ 为归一化基准值，取所有用户签约的日最大调用次数中的最大值；N_D 为所有参与 DR 的用户总数。

（2）基于改进 N-k 不确定集的工业用户 DR 不确定性模型

工业用户在参与日前响应或小时级响应时，需在接受响应执行通知后在响应时段自行通过 DR 终端完成负荷调节，因此，工业用户参与 DR 是否实际下发负荷控制指令的行为存在不确定性，故这里将 DR 视为电力系统元件，将其不响应调度指令的情况视为元件故障，在 N-k 不确定集的基础上考虑不同用户响应概率的差异性，构建工业用户 DR 改进 N-k 不确定集。

①N-k 不确定集

N-k 不确定集适用于针对偶发故障的鲁棒优化模型，能够通过 N-k 安全约束限制正常响应的工业用户数目，可表示为

$$L = \left\{ l \mid l_{i,d,t} \in \{0,1\}, \sum_{i=1}^{N_D} l_{i,d,t} \geqslant N_D - k \right\}$$

式中，$l_{i,d,t}$ 为工业用户 i 的需求响应故障状态变量，当用户实际下发负荷控制指令时 $l_{i,d,t}$ 为 1，否则为故障状态，$l_{i,d,t}$ 为 0；l 为所有用户的响应状态向量；k 为不确定集考虑的故障阶数，即最多考虑 k 个用户不下发负荷控制指令。

N-k 不确定集限制了正常响应的可中断用户的数目，但该不确定集未计及用户响应概率的差异性，当某用户响应概率较高时，若 N-k 鲁棒优化最终运行结果考虑该用户故障，此时调度方案与实际情况偏差较大；而当用户响应概率较低时，多个用户同时故障的情况也具有相当的概率，此时仅限制故障用户数目则会遗漏部分发生概率较高的故障用户数高于 k 的故障情况。针对这类问题，N-k 不确定集则难以处理，因此构建计及用户响应概率的改进 N-k 不确定集。

②计及用户响应概率的改进 N-k 不确定集

在 N-k 不确定集的基础上，考虑可中断用户响应概率差异，建立计及用户响应概率的改进 N-k 不确定集。将用户不响应调度指令的情况视为故障状态，λ_i 为响应概率，则 $1-\lambda_i$ 为用户发生故障的概率，以用户故障状态为指数，设定计及用户响应概率的改进 N-k 不确定集为：

$$L^* = \left\{ l \mid l_{i,d,t} \in \{0,1\}, \prod_{i=1}^{N_D} \lambda_i^{l_{i,d,t}} \prod_{i=1}^{N_D} \left(1-\lambda_i\right)^{1-l_{i,d,t}} \geqslant \partial_D \right\}$$

式中，∂_D 为整体故障概率参数，确定了改进 N-k 安全约束对不确定集内包含的故障情况发生概率的限制。为便于程序实现，将改进 N-k 安全约束两端同时取对数，表示如下：

$$\sum_{i=1}^{N_D} l_{i,d,t} \lg \lambda_i + \sum_{i=1}^{N_D} \left(1-l_{i,d,t}\right) \lg (1-\lambda_i) \geqslant \lg \partial_D$$

$$\sum_{i=1}^{N_D} l_{i,d,t} \left[\lg \lambda_i - \lg(1-\lambda_i) \right] \geqslant \lg \partial_D - \sum_{i=1}^{N_D} \lg \left(1-\lambda_i\right)$$

（3）连续工作日 DR 调度策略多目标优化模型

考虑周内连续 DR 需求不确定性和用户 DR 不确定性，以负荷管理中心调用成本最低和用户连续响应满意度最高为目标，构建连续工作日 DR 调度策略多目标优化模型。其中 DR 调用成本包括三部分，分别为日前削峰 DR 电量成本、填谷 DR 容量成本以及日内小时级削峰 DR 电量成本，用户连续响应满意度则为所有用户的满意度之和。因此，多目标优化的目标函数可表示如下：

$$\min[f_1, f_2] = \min[C_d^{\mathrm{W}}, -V_d^{\mathrm{C}}]$$

$$C_d^{\mathrm{W}} = \sum_{i=1}^{N_{\mathrm{D}}} \sum_{t=1}^{T} c_{\mathrm{P},i,t}^{\mathrm{p}} P_{\mathrm{P},i,d,t} + \sum_{t=1}^{T} c_{\mathrm{P}}^{\mathrm{m}} P_{\mathrm{P},d,t}^{\mathrm{m}} + \sum_{i=1}^{N_{\mathrm{D}}} c_{\mathrm{V},i}^{\mathrm{c}} P_{V,i,d}^{\mathrm{c}}$$

$$C_d^{\mathrm{C}} = \sum_{i=1}^{N_{\mathrm{D}}} V_{i,d}^{\mathrm{C}}$$

式中，C_d^{W} 和 V_d^{C} 分别为 d 日的负荷管理中心调用成本和用户连续响应满意度；$c_{\mathrm{P},i,t}^{\mathrm{p}}$ 为用户 i 在 d 日 t 时刻的削峰需求响应电量价格；$c_{\mathrm{P}}^{\mathrm{m}}$ 为日内削峰 DR 电量价格，$c_{\mathrm{V},i}^{\mathrm{c}}$ 为填谷需求响应容量价格；$P_{\mathrm{P},d,t}^{\mathrm{m}}$ 为所有小时级削峰 DR 用户在 d 日 t 时刻的 DR 功率；$P_{V,i,d}^{\mathrm{c}}$ 为用户 i 在 d 日的填谷 DR 容量。

DR 调度策略模型的约束条件包括压降负荷指标约束、调节潜力约束、调节间隔时间约束、最大调节次数约束、调节持续时间约束以及响应不确定性约束，具体表示如下。

①压降负荷指标约束

日前需求响应负荷与日内需求响应负荷需要高于负荷管理中心压降负荷指标，表示为

$$\sum_{i=1}^{N_{\mathrm{D}}} P_{\mathrm{P},i,d,t} - \sum_{i=1}^{N_{\mathrm{D}}} P_{V,i,d,t} + P_{\mathrm{P},d,t}^{\mathrm{m}} \geqslant P_{d,t}^{\mathrm{DSM}}$$

式中，$P_{d,t}^{\mathrm{DSM}}$ 为负荷管理中心在 d 日 t 时刻的压降负荷指标。

②调节潜力约束

根据行业用户典型 DRP 评估结果，当用户受到调用时，其削峰或填谷 DR 负荷与 DR 潜力相等，每日填谷需求响应容量为各时刻填谷需求响应负荷的最大值。因此，调节潜力约束可表示为

$$P_{\mathrm{P},i,d,t} = u_{\mathrm{P},i,d,t} l_{i,d,t} R_{i,t}^{\mathrm{DRP}}$$

$$P_{V,i,d,t} = -u_{V,i,d,t} l_{i,d,t} R_{i,t}^{\mathrm{DRP}}$$

$$P_{V,i,d}^{\mathrm{c}} \geqslant P_{V,i,d,t} \geqslant 0$$

式中，$u_{\mathrm{P},i,d,t}$ 和 $u_{\mathrm{V},i,d,t}$ 分别为用户 i 在 d 日 t 时刻削峰 DR 和填谷 DR 的标志，为二进制变量；$R_{i,t}^{\mathrm{DRP}}$ 为用户 i 在 t 时刻的 DR 潜力。

③调节持续时间约束

由于 DR 单次调用的时长不能超过合同上限，且部分用户切除负荷有最小中断时间，因此，需满足调节持续时间上下限约束。

$$v_{\mathrm{P},i,d,t} + z_{\mathrm{P},i,d,t} \leqslant 1$$

$$u_{\mathrm{P},i,d,t} - u_{\mathrm{P},i,d,t-1} = v_{\mathrm{P},i,d,t} - z_{\mathrm{P},i,d,t}$$

$$v_{\mathrm{V},i,d,t} + z_{\mathrm{V},i,d,t} \leqslant 1$$

$$u_{\mathrm{V},i,d,t} - u_{\mathrm{V},i,d,t-1} = v_{\mathrm{V},i,d,t} - z_{\mathrm{V},i,d,t}$$

$$T_{\mathrm{P},i,d,t}^{\mathrm{on}} = u_{\mathrm{P},i,d,t}(T_{\mathrm{P},i,d,t-1}^{\mathrm{on}} + 1)$$

$$T_{\mathrm{V},i,d,t}^{\mathrm{on}} = u_{\mathrm{V},i,d,t}(T_{\mathrm{V},i,d,t-1}^{\mathrm{on}} + 1)$$

$$T_{\mathrm{P},i,\min}^{\mathrm{on}} z_{\mathrm{P},i,d,t} \leqslant T_{\mathrm{P},i,d,t-1}^{\mathrm{on}}$$

$$T_{\mathrm{V},i,\min}^{\mathrm{on}} z_{\mathrm{V},i,d,t} \leqslant T_{\mathrm{V},i,d,t-1}^{\mathrm{on}}$$

$$T_{\mathrm{P},i,d,t-1}^{\mathrm{on}} \leqslant T_{\mathrm{P},i,\max}^{\mathrm{on}}$$

$$T_{\mathrm{V},i,d,t-1}^{\mathrm{on}} \leqslant T_{\mathrm{V},i,\max}^{\mathrm{on}}$$

式中，$v_{\mathrm{P},i,d,t}$ 和 $v_{\mathrm{V},i,d,t}$ 分别为削峰 DR 和填谷 DR 调用开始的标志，取值为 1 时表示用户 i 在 d 日 t 时刻开始进行削峰 DR 或填谷 DR；$z_{\mathrm{V},i,d,t}$ 和 $z_{\mathrm{P},i,d,t}$ 分别为削峰 DR 和填谷 DR 调用结束的标志，取值为 1 时表示用户 i 在 d 日 t 时刻结束削峰 DR 或填谷 DR；$T_{\mathrm{P},i,d,t}^{\mathrm{on}}$ 和 $T_{\mathrm{V},i,d,t}^{\mathrm{on}}$ 分别为用户 i 在 d 日 t 时刻的削峰 DR 和填谷 DR 持续时间；$T_{\mathrm{P},i,\max}^{\mathrm{on}}$ 和 $T_{\mathrm{V},i,\max}^{\mathrm{on}}$ 分别为用户 i 的削峰 DR 和填谷 DR 持续时间最大值；$T_{\mathrm{P},i,\min}^{\mathrm{on}}$ 和 $T_{\mathrm{V},i,\min}^{\mathrm{on}}$ 分别为用户 i 的削峰 DR 和填谷 DR 持续时间最小值。由于存在非线性约束，采用 big-M 法引入一个很大的常数 M_{B} 将约束进行线性化，转换如下：

$$\begin{cases} T_{\mathrm{P},i,d,t}^{\mathrm{on}} \geq (T_{\mathrm{P},i,d,t-1}^{\mathrm{on}} + 1) - M_{\mathrm{B}}\left(1 - u_{\mathrm{P},i,d,t}\right) \\ T_{\mathrm{P},i,d,t}^{\mathrm{on}} \leq (T_{\mathrm{P},i,d,t-1}^{\mathrm{on}} + 1) + M_{\mathrm{B}}\left(1 - u_{\mathrm{P},i,d,t}\right) \\ \quad -M_B u_{\mathrm{P},i,d,t} \leq T_{\mathrm{P},i,d,t}^{\mathrm{on}} \leq M_{\mathrm{B}} u_{\mathrm{P},i,d,t} \end{cases}$$

$$\begin{cases} T_{\mathrm{V},i,d,t}^{\mathrm{on}} \geq (T_{\mathrm{V},i,d,t-1}^{\mathrm{on}} + 1) - M_{\mathrm{B}}\left(1 - u_{\mathrm{V},i,d,t}\right) \\ T_{\mathrm{V},i,d,t}^{\mathrm{on}} \leq (T_{\mathrm{V},i,d,t-1}^{\mathrm{on}} + 1) + M_{\mathrm{B}}\left(1 - u_{\mathrm{V},i,d,t}\right) \\ \quad -M_B u_{\mathrm{V},i,d,t} \leq T_{\mathrm{V},i,d,t}^{\mathrm{on}} \leq M_{\mathrm{B}} u_{\mathrm{V},i,d,t} \end{cases}$$

④调节间隔时间约束

为保障需求侧电力用户的舒适度，需限制可中断负荷在一周内的调用次数，最小调节间隔时间约束可表示如下：

$$T_{\mathrm{P},i,d,t}^{\mathrm{off}} = \left(1 - u_{\mathrm{P},i,d,t}\right)\left(T_{\mathrm{P},i,d,t-1}^{\mathrm{off}} + 1\right)$$

$$T_{\mathrm{P},i,\mathrm{min}}^{\mathrm{off}} v_{\mathrm{P},i,d,t} \leq T_{\mathrm{P},i,d,t-1}^{\mathrm{off}}$$

$$T_{\mathrm{V},i,d,t}^{\mathrm{off}} = \left(1 - u_{\mathrm{V},i,d,t}\right)\left(T_{\mathrm{V},i,d,t-1}^{\mathrm{off}} + 1\right)$$

$$T_{\mathrm{V},i,\mathrm{min}}^{\mathrm{off}} v_{\mathrm{V},i,d,t} \leq T_{\mathrm{V},i,d,t-1}^{\mathrm{off}}$$

式中，$T_{\mathrm{P},i,d,t}^{\mathrm{off}}$ 和 $T_{\mathrm{V},i,d,t}^{\mathrm{off}}$ 分别为用户 i 在 d 日 t 时刻的削峰 DR 和填谷 DR 间隔时间；$T_{\mathrm{P},i,\mathrm{min}}^{\mathrm{off}}$ 和 $T_{\mathrm{V},i,\mathrm{min}}^{\mathrm{off}}$ 分别为用户 i 在 d 日 t 时刻的削峰 DR 和填谷 DR 最小间隔时间。采用 big-M 法将约束进行线性化，转换如下：

$$\begin{cases} -M_{\mathrm{B}}\left(1 - u_{\mathrm{P},i,d,t}\right) \leq T_{\mathrm{P},i,d,t}^{\mathrm{off}} \leq M_{\mathrm{B}}\left(1 - u_{\mathrm{P},i,d,t}\right) \\ T_{\mathrm{P},i,d,t}^{\mathrm{off}} \geq (T_{\mathrm{P},i,d,t-1}^{\mathrm{off}} + 1) - M_{\mathrm{B}} u_{\mathrm{P},i,d,t} \\ T_{\mathrm{P},i,d,t}^{\mathrm{off}} \leq (T_{\mathrm{P},i,d,t-1}^{\mathrm{off}} + 1) + M_{\mathrm{B}} u_{\mathrm{P},i,d,t} \end{cases}$$

$$\begin{cases} -M_{\mathrm{B}}\left(1 - u_{\mathrm{V},i,d,t}\right) \leq T_{\mathrm{V},i,d,t}^{\mathrm{off}} \leq M_{\mathrm{B}}\left(1 - u_{\mathrm{V},i,d,t}\right) \\ T_{\mathrm{V},i,d,t}^{\mathrm{off}} \geq (T_{\mathrm{V},i,d,t-1}^{\mathrm{off}} + 1) - M_{\mathrm{B}} u_{\mathrm{V},i,d,t} \\ T_{\mathrm{V},i,d,t}^{\mathrm{off}} \leq (T_{\mathrm{V},i,d,t-1}^{\mathrm{off}} + 1) + M_{\mathrm{B}} u_{\mathrm{V},i,d,t} \end{cases}$$

⑤最大调节次数约束

在工业用户的 DR 合约中，一般限制了每日最大调节次数，同时为保障用户的舒适度，设置每周的调用次数上限，因此，最大调节次数约束可表示如下：

$$\sum_{t=1}^{T} v_{i,d,t} \leqslant U_{\max,i}^{\mathrm{d}}$$

$$\sum_{d=1}^{D} \sum_{t=1}^{T} v_{i,d,t} \leqslant U_{\max,i}^{\mathrm{w}}$$

$$v_{i,d,t} = v_{\mathrm{P},i,d,t} + v_{\mathrm{V},i,d,t}$$

式中，$U_{\max,i}^{\mathrm{d}}$ 和 $U_{\max,i}^{\mathrm{w}}$ 分别为用户 i 的每日最大调节次数和每周最大调节次数。

⑥响应不确定性约束

为保障需求侧备用响应量最小情况下的功率平衡，采用鲁棒对偶变换将改进 N–k 不确定性约束进行转换，转换如下：

$$\left(\lg \partial_{\mathrm{D}} - \sum_{i=1}^{N_{D}} \lg \left(1-\lambda_{i} \right) \right) g_{t} - \sum_{i=1}^{N_{D}} h_{i,t} \geqslant P_{d,t}^{\mathrm{DSM}}$$

$$\left(\lg \lambda_{i} - \lg \left(1-\lambda_{i} \right) \right) g_{t} - h_{i,t} \leqslant \sum_{i=1}^{N_{D}} P_{\mathrm{P},i,d,t}^{*} - \sum_{i=1}^{N_{D}} P_{\mathrm{V},i,d,t}^{*}$$

$$P_{\mathrm{P},i,d,t}^{*} = u_{\mathrm{P},i,d,t} R_{i,t}^{\mathrm{DRP}}$$

$$P_{\mathrm{V},i,d,t}^{*} = u_{\mathrm{V},i,d,t} R_{i,t}^{\mathrm{DRP}}$$

$$g_{t} \geqslant 0, h_{i,t} \geqslant 0$$

式中，$P_{\mathrm{P},i,d,t}^{*}$ 和 $P_{\mathrm{P},i,d,t}^{*}$ 为用户 i 在 d 日 t 时刻实际调用的削峰 DR 和填谷 DR 负荷；g_{t} 和 $h_{i,t}$ 为两个对偶变量。

3.4.2　基于 Tchebycheff 法的需求响应调度策略多目标优化求解算法

（1）基于 Tchebycheff 法的多目标分解算法

由于 DR 调度策略模型为多目标问题，因此，需考虑其求解方法，采用 Tchebycheff 法[29]进行转化求解。Tchebycheff 法即通过极大极小法结合理想点法保证求得多目标问题的弱有效解，且通过调整权重得到帕累托（Pareto）前沿解集。

模型目标函数经过 Tchebycheff 法的转化可表示如下：

$$\min f_{\mathrm{TF}} = \max_{i=1,2}\left\{ \alpha_i \left| f_i - f_i^{\mathrm{OP}} \right| \right\} + M_{\mathrm{S}} \sum_{i=1}^{2}\left(f_i - f_i^{\mathrm{OP}} \right)$$

式中，f_i^{OP} 为各个目标的理想点，即分别以 f_1 和 f_2 为单目标求解得到的最优函数值；模型的求解目标由两部分组成，各个目标与其理想点偏差的最大值为主要的优化部分，α_i 为各个目标的权重因子，满足 $\alpha_1+\alpha_2=1$；目标的第二项能够避免模型可行域的局部病态给求解带来的不确定性，M_{S} 为一个很小的常数。

考虑到 f_1 和 f_2 的量纲具有差异性，需要进行归一化处理，因此，进一步将上式转化为

$$\min f_{\mathrm{TF}} = \max_{i=1,2}\left\{ \frac{\alpha_i \left| f_i - f_i^{\mathrm{OP}} \right|}{f_i^{\mathrm{NE}} - f_i^{\mathrm{OP}}} \right\} + M_{\mathrm{S}} \sum_{i=1}^{2}\left(f_i - f_i^{\mathrm{OP}} \right)$$

式中，f_i^{NE} 为各个目标的负理想点，是以另一个目标为单目标求解得到的函数值。

通过设置不同的权重因子 α_i 对模型进行求解能够得到多目标优化的 Pareto 前沿解集，而求取 DR 调度策略的最优解需要得到一个确定的方案，因此需要得到一个合理的权重因子。

（2）基于 AHP- 熵权法的最优折衷解确定方法

采用层次分析法（analytic hierarchy process，AHP）结合熵权法综合考虑主客观权重，通过计算综合权重，在 Pareto 前沿解集中最终确定一个最优配置方案。

①基于层次分析法的多目标权重因子主观赋权法

目标函数权重因子评价仅包含单层，首先，基于元素之间的重要度关系，形成层次分析法判断矩阵如下：

$$\boldsymbol{O}\left(X \right) = \begin{bmatrix} o_{11} & \cdots & \cdots & \cdots & o_{1N} \\ \vdots & \ddots & & & \vdots \\ \vdots & & o_{mn} & & \vdots \\ \vdots & & & \ddots & \vdots \\ o_{M1} & \cdots & \cdots & \cdots & o_{MN} \end{bmatrix}$$

式中 o_{mn} 为两两元素之间的重要度关系，比较结果通常采用 1～9 标度法标记，如表 3-7 所示。

表 3-7 AHP1～9 标度法

标度	含义
1	表示两个元素相比，具有同样重要性
3	表示两个元素相比，前者比后者稍重要
5	表示两个元素相比，前者比后者明显重要
7	表示两个元素相比，前者比后者强烈重要
9	表示两个元素相比，前者比后者极端重要
2，4，6，8	表示上述相邻判断的中间值
倒数	若 m 元素和 n 相对重要性之比为 o_{mn} 则 n 元素和 m 的相对重要性之比为 $o_{mn} = \dfrac{1}{o_{mn}}$

由于判断矩阵 $\boldsymbol{O}(X)$ 受决策者主观判断的影响，难免存在一定的误差，必须进行一致性校验，一致性比例 CR 表示如下：

$$CR = \frac{CI}{RI}$$

$$CR = \frac{\lambda_{\max} - M}{M - 1}$$

式中，CI 为一致性指标，$\lambda_{\max}$ 为判断矩阵 $\boldsymbol{O}(X)$ 的最大特征根；RI 为平均随机一致性指标，其取值如表 3-8 所示。

表 3-8 RI 取值

矩阵阶数	1	2	3	4	5	6
RI	0	0	0.58	0.90	1.21	1.24

当 $CR < 0.1$ 时，判断矩阵的一致性满足要求，否则需重新构造判断矩阵。判断矩阵 $\boldsymbol{O}(X)$ 通过一致性校验后，各目标函数的主观权重因子可表示如下：

$$a_i^{\mathrm{s}} = \frac{u_i}{\sum\limits_{i=1}^{n} u_i}$$

$$\boldsymbol{U} = \left[u_1, u_2, \cdots, u_n \right]^{\mathrm{T}}$$

式中，a_i^s 为目标函数 i 的主观权重因子；U 为最大特征根 $\lambda_{\max}$ 对应的特征向量，u_i 为 U 中的第 i 个元素。

②基于熵权法的多目标权重因子客观赋权法

采用熵权法的客观赋权算法计算各目标函数的客观权重因子，包含以下步骤。

a. 形成数据矩阵

$$A = \begin{bmatrix} X_{11} \cdots & \cdots & \cdots & X_{1n} \\ \vdots & \ddots & & \vdots \\ \vdots & & X_{ji} & & \vdots \\ \vdots & & & \ddots & \vdots \\ X_{m1} \cdots & \cdots & \cdots & X_{mn} \end{bmatrix}$$

式中，X_{ji} 为第 j 个 Pareto 解中第 i 个目标函数的数值；m 为 Pareto 前沿解总数，n 为目标函数总数。

b. 数据的非负数化处理

由于熵值法计算采用的是各个方案某一指标占同一指标值总和的比值，因此不存在量纲的影响，不需要进行标准化处理，若数据中有负数，就需要对数据进行非负化处理。此外，为了避免求熵值时对数的无意义，需要进行数据平移。

对于越大越好的指标：

$$X'_{ji} = \frac{\max(X_{1i}, X_{2i}, \cdots, X_{mi}) - X_{ji}}{\max(X_{1i}, X_{2i}, \cdots, X_{mi}) - \min(X_{1i}, X_{2i}, \cdots, X_{mi})} + 1,$$
$$i = 1, 2, \cdots, n; j = 1, 2, \cdots, m$$

对于越小越好的指标：

$$X'_{ji} = \frac{\max(X_{1i}, X_{2i}, \cdots, X_{mi}) - X_{ji}}{\max(X_{1i}, X_{2i}, \cdots, X_{mi}) - \min(X_{1i}, X_{2i}, \cdots, X_{mi})} + 1,$$
$$i = 1, 2, \cdots, n; j = 1, 2, \cdots, m$$

c. 计算第 i 项目标函数下第 j 个解占该目标函数的比重

$$P_{ji} = \frac{X_{ji}}{\sum_{j=1}^{m} X_{ji}}$$

d. 计算第 i 项目标函数的熵值

$$e_i = -\frac{1}{\ln n}\sum_{j=1}^{m} P_{ji}\,\lg(P_{ji})$$

e. 计算第 i 项目标函数的差异系数

对于第 i 项目标函数，指标值 X_{ji} 的差异越大，其对方案评价的作用越大，熵值就越小，令 $g_j=1-e_j$，则有 g_j 越大指标越重要。

f. 求权数

目标函数 i 的客观权重可表示如下：

$$a_i^{O} = \frac{g_i}{\displaystyle\sum_{i=1}^{n} g_i}$$

（2）多目标权重因子主客观权重分配系数优化模型

得到主观权重因子 a_i^{s} 和客观权重因子 a_i^{O} 后，基于主客观属性值一致化将主观权重与客观权重按比例组合，获得组合权重，以所有发电企业的主客观偏离程度总和最小为目标构建优化模型，求解得到最优的主客观权重分配系数，模型的目标函数可表示如下：

$$\min H = \sum_{k=1}^{m}\sum_{i=1}^{n}(\omega a_i^{O} f_{i,k}^{*} - (1-\omega)a_i^{S} f_{i,k}^{*})^2,$$

式中，ω 为主观权重与客观权重的分配系数。

然后，以最优的主客观权重分配系数计算组合权重，表示如下：

$$a_i^{B} = \omega a_i^{O} + (1-\omega)a_i^{S}$$

式中，a_i^{B} 为目标函数 i 的最优组合权重，以 a_i^{B} 为权重系数对模型求解最优 DR 调用策略。

整体求解算法如图 3-25 所示。

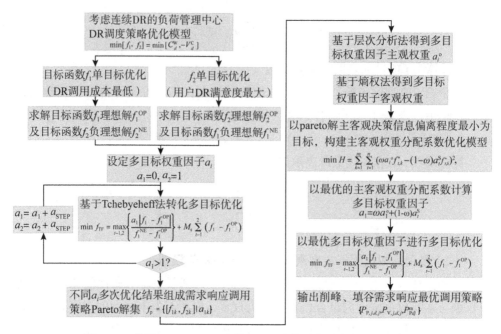

图 3-25　基于 Tchebycheff 法的 DR 调度策略多目标优化求解流程

3.4.3　算例分析

（1）数据设置

以我国某地区的金属加工机械制造行业 2021 年的 DR 案例为对象进行算例分析，用户总数为 263 户。根据 2.4 节行业用户用电类型划分和 3.3 节的 DR 潜力评估结果，该行业用户的用电类型共划分为五类，如图 3-26 所示，其中，第一类为典型的峰平型用电类型，其生产规模较大，且设备的自动化水平很高，生产时间基本保持在 24 小时，全天的用电水平较高且平稳；第二类为典型的避峰型用电类型，集中用电时间为晚上，晚上的用电水平较高；第三、四、五类为日间双峰型用电类型，但因生产模式和加班习惯的差异，上述三类用电类型的用电高峰期的持续时间不同，以下分别简称为双峰固定型、双峰缓降型和双峰停机型用电类型。设置最小响应间隔时间为 2 小时，填谷 DR 容量补贴单价为 5 元 /（千瓦·日），小时级削峰 DR 电量补贴单价为 4 元 / 千瓦时，金属加工机械制造行业部分用户 DR 数据如表 3-9 所示。

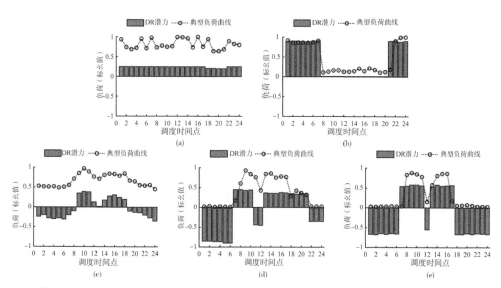

图 3-26　行业各用电类型用户需求响应潜力（a）Ⅰ类：峰平型；（b）Ⅱ类：避峰型；
（c）Ⅲ类：双峰固定型；（d）Ⅳ类：双峰缓降型；（e）Ⅴ类：双峰停机型

表 3-9　行业部分用户 DR 实际数据

用户编号	用电类型	容量/千瓦	最大/最小响应持续时间/时	日/周最大启动次数	日前价格/（元/千瓦时）	响应概率
1	Ⅱ	5379.28	4/1	2/5	3.00	0.91
7	Ⅱ	4872.56	4/1	2/5	2.60	0.87
13	Ⅴ	2902.19	2/1	2/10	1.00	0.94
19	Ⅴ	2365.42	2/1	2/10	1.00	0.85
25	Ⅴ	2339.69	2/1	2/10	3.50	0.94
31	Ⅰ	2304.12	4/2	2/10	2.22	0.95
37	Ⅳ	1908.17	2/1	2/10	3.21	0.90
43	Ⅴ	1900.39	2/1	2/10	2.00	0.87
49	Ⅴ	1764.22	2/1	2/10	3.50	0.93
55	Ⅲ	1448.09	2/2	2/10	1.20	0.94
61	Ⅰ	1415.35	4/2	2/10	1.50	0.98
67	Ⅰ	1344.7	4/2	2/10	1.89	0.96
73	Ⅱ	1306.26	4/1	2/5	2.71	0.90

续表

用户编号	用电类型	容量/千瓦	最大/最小响应持续时间/时	日/周最大启动次数	日前价格/（元/千瓦时）	响应概率
79	Ⅳ	1277.5	2/1	2/10	1.20	0.87
85	Ⅳ	1257.02	2/2	2/10	1.20	0.97
91	Ⅲ	1120.62	2/2	2/10	1.20	0.85
97	Ⅰ	1058.08	4/2	2/5	2.60	0.93
103	Ⅰ	1057.89	4/2	2/10	2.00	0.94
109	Ⅳ	945.45	2/1	2/10	1.20	0.93
115	Ⅳ	836.39	2/2	2/10	1.20	0.96
121	Ⅰ	827.38	4/2	2/10	2.00	0.97
127	Ⅲ	759.29	2/2	2/10	1.20	0.87
133	Ⅳ	737.59	2/2	2/10	1.20	0.87
139	Ⅳ	730.14	2/2	2/10	1.20	0.95
145	Ⅱ	593.07	4/1	2/5	2.00	0.87
151	Ⅳ	584.59	2/1	2/10	1.20	0.85
157	Ⅴ	560.12	2/1	2/10	3.00	0.95
163	Ⅳ	556.05	2/1	2/10	1.20	0.91
169	Ⅱ	500.26	4/1	2/5	2.00	0.95
175	Ⅱ	366.39	4/1	2/5	2.22	0.94
181	Ⅰ	354.75	4/2	2/5	2.00	0.94
187	Ⅲ	283.33	2/2	2/10	1.20	0.98
193	Ⅲ	264.33	4/1	2/10	1.20	0.93
199	Ⅰ	258.38	4/2	2/10	2.71	0.85
205	Ⅲ	237.56	2/2	2/10	1.20	0.91
211	Ⅱ	208.07	4/1	2/5	2.00	0.85
217	Ⅴ	196.72	2/1	2/10	3.00	0.96
223	Ⅲ	195.63	2/2	2/10	1.20	0.85

续表

用户编号	用电类型	容量/千瓦	最大/最小响应持续时间/时	日/周最大启动次数	日前价格/（元/千瓦时）	响应概率
229	Ⅱ	148.98	4/1	2/5	1.89	0.97
235	Ⅰ	137.91	4/2	2/10	3.00	0.90
241	Ⅱ	107.14	4/1	2/5	2.00	0.98
247	Ⅱ	98.42	4/1	2/5	1.50	0.85
253	Ⅴ	91.62	2/1	2/10	2.00	0.91
259	Ⅲ	88.54	2/2	2/10	1.20	0.90
263	Ⅲ	24.88	4/1	2/10	1.20	0.94

为验证考虑用户连续响应满意度的 DR 调度策略在不同 DR 指标下的适应性，算例场景设置如下。

场景 A：夏季持续高温天气下，5 天连续高削峰 DR 指标。

场景 B：夏季持续高温天气下，3 天连续高削峰 DR 指标。

场景 C：单日高削峰 DR 指标。

（2）用户 DR 调用策略优化结果

通过基于 Tchebycheff 法的多目标分解求解 Pareto 前沿解集并通过 AHP-熵权法确定最优折衷解，调用成本与用户满意度两个目标函数的主客观权重系数分别为 0.4614 与 0.5386，三个不同场景下的各用电类型用户最优 DR 调用策略如图 3-27 所示。

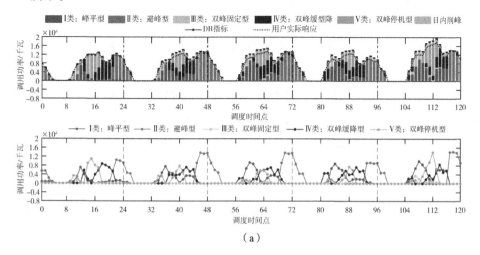

（a）

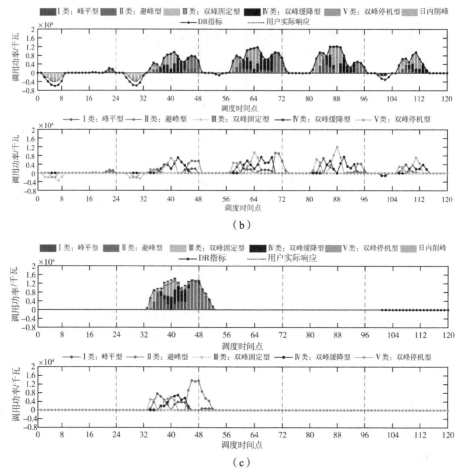

图3-27 不同场景下各用电类型最 DR 应调用策略。（a）场景 A：5 日连续高削峰 DR 指标；
（b）场景 B：3 日连续高削峰 DR 指标；（c）场景 C：单日高削峰 DR 指标

从图 3-27 中可以看出，通过 DR 最优调用策略能够满足连续多日的 DR 指标，不同用电类型的用户 DR 调用策略有所差异，该地区的削峰 DR 在 9:00—12:00（早峰）、14:00—17:00（午峰）、21:00—次日 0:00（晚峰）三个时段需求较高。各用电类型用户在三个时段的 DR 电量占比如表 3-10 所示。

表 3-10 各用电类型用户在三个时段的 DR 电量占比

单位：%

削峰时段	早峰 9:00—12:00			午峰 14:00—17:00			晚峰 21:00—0:00		
场景	A	B	C	A	B	C	A	B	C
I 类：峰平型	49.25	39.91	46.67	16.17	6.23	18.53	2.42	12.23	1.08
II 类：避峰型	0.00	0.00	0.00	0.00	0.00	0.00	90.81	68.32	94.90
III 类：双峰固定型	9.43	7.88	2.84	1.81	0.18	0.00	0.00	0.00	0.00
IV：双峰缓降型	11.06	0.00	0.00	26.95	34.07	33.45	3.71	14.92	3.49
V：双峰停机型	14.02	41.61	38.15	44.77	58.97	36.99	0.00	0.00	0.00
日内削峰响应	16.24	10.60	12.34	10.30	0.55	11.03	3.05	4.52	0.53

从表 3-10 中可以看出，在最优 DR 调用策略下，早峰 DR 优先由峰平型和双峰停机型用户承担，占比平均为 45.28% 和 31.26%，随着 DR 指令的持续天数增加，双峰固定型和双峰缓降型用户逐渐被调用参与早峰 DR，从图 3-26 中可以看出，与其他用电类型相比，峰平型用户在午间 12:00—13:00 的 DR 潜力没有显著降低，早峰与午峰之间的 DR 指标主要由峰平型用户承担；午峰 DR 主要由双峰停机型和双峰缓降型用户承担，占比平均为 46.91% 和 31.49%，午峰过后的 17:00—20:00，双峰停机型用户削峰 DR 潜力降低，双峰缓降型和峰平型用户被调用承担午峰与晚峰之间的削峰 DR 指标；由于所有双峰型用户在晚峰时段的削峰 DR 潜力均较低，而避峰型用户一般在 20:00 之后进行生产，因此晚峰 DR 主要由避峰型用户承担，占比平均为 84.68%，并且根据削峰 DR 指标需求维持至次日 4:00。填谷 DR 则主要由双峰固定型和双峰停机型用户提供，随着 DR 指令的持续天数增加，即场景 B 的第 5 日中，同时调用同一个用户参与削峰与填谷 DR，能够提高用户负荷电量削减程度和满意度。

（3）用户连续 DR 满意度对最优调用策略的影响

为研究用户连续 DR 满意度对负荷管理中心调用策略的影响，将本节所提方法与未考虑用户连续 DR 满意度的 DR 调用成本最大化的优化方法[30]进行对比，三个场景下不同调用策略的调用成本和用户满意度如表 3-11 所示。

表 3-11 三个场景下不同调用策略下的优化结果对比

DR 调用策略	考虑用户连续 DR 满意度			未考虑用户连续 DR 满意度		
场景	A	B	C	A	B	C
单位削峰 DR 成本 /（元 / 千瓦时）	2.28	1.81	2.20	缺口	1.56	1.53
用户连续 DR 满意度	226.91	241.68	250.00	200.40	222.33	248.41
用户平均调用次数 /（次 / 户）	1.56	0.84	0.25	6.29	3.80	1.38

从表 3-11 中可以看出，与仅考虑调用成本的策略相比，考虑用户连续 DR 满意度后单位削峰 DR 成本略有提高，场景 B、场景 C 分别提高 16.03%、43.79%；但用户平均调用次数大幅降低，平均降低 78.32%，三个场景下所有用户连续 DR 满意度分别提升 13.23%、8.70% 和 0.64%，高削峰 DR 指标持续的时间越长，对用户连续 DR 满意度提升的效果越明显。当未考虑用户连续 DR 满意度时，场景 A 的削峰 DR 存在缺口，其 DR 调用结果如图 3-28 所示。

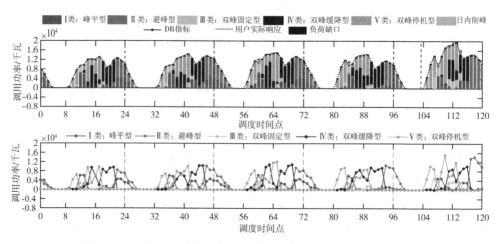

图 3-28 场景 A 未考虑用户连续响应满意度的需求响应调用结果

对比图 3-28 与图 3-27 可以看出，当未考虑用户连续 DR 满意度进行调用时，第 5 天的 DR 资源难以满足削峰 DR 指标，在 12:00—13:00、18:00—19:00 两个时段分别存在 2999.17 千瓦、669.42 千瓦负荷缺口，这是由于用户单日、周内的 DR 次数存在上限，12:00—13:00、18:00—19:00 两个时段为早峰与午峰、午峰与晚峰的衔接，用户 DR 潜力较低，而该时段 DR 潜力较大的 I 类、IV 类用户在持续 4 日高削峰 DR 指标后已有累计较高的响应次数，平均为 7.2 次 / 户，7.6 次 /

户,从而在第 5 日难以满足削峰 DR 需求。因此,当削峰 DR 需求仅连续 1 天时,负荷管理中心可仅考虑调用成本进行优化,使单日 DR 调用成本最小化,但当削峰 DR 需求连续多日时,可通过考虑用户连续 DR 满意度,让大容量、高成本的需求侧资源在连续 DR 的前几日被调用,并使各用户响应次数更加均衡,以减少 DR 调用次数,从而避免连续 DR 后期出现负荷缺口,提高负荷管理中心进行持续多日 DR 调用可靠性。

在持续高温、干旱、少风等极端天气下系统可能出现的持续削峰 DR 需求,本节考虑用户连续 DR 满意度进行了负荷管理中心 DR 最优调度策略研究。首先,提出,考虑连续 DR 的用户 DR 满意度指标,它能够反映连续 DR 下的用户对调用次数极限程度、电量削减程度、多日连续 DR 程度的多维满意度;然后,以负荷管理中心调度成本最低、用户连续 DR 满意度最高为目标,提出多日连续 DR 调度策略多目标优化模型,该模型旨在寻求最佳的调度策略,以满足需求并最大程度地减少不确定性的影响;最后,提出基于 Tchebycheff 法的 DR 调度策略多目标优化求解算法,采用 AHP-熵权法获得兼顾多目标主客观权重的最优折衷解。算例结果表明,负荷管理中心的 DR 最优调度策略能够协调各用电类型用户在不同时段进行响应,考虑用户连续 DR 满意度能够避免连续 DR 后期出现负荷缺口,提高负荷管理中心进行持续多日的 DR 调用可靠性。

3.5 本章小结

本章重点关注 DR 的潜力评估和调控策略,从典型负荷曲线辨识、可削减类负荷 DR 模型、DR 潜力评估方法以及考虑 DR 潜力的调控策略几个方面梳理了 DR 参与电力系统调控的全流程技术。首先,提出了基于正态云模型和改进密度峰值快速聚类算法的典型负荷曲线辨识方法,该方法可准确度量曲线间的动态变化特征相似性,并有效辨识表征不同用电类型的典型负荷曲线;然后,提出了可转移及可削减负荷参与 DR 模型,包括家电负荷、工业负荷和空调负荷等;进而,提出 DR 潜力评估方法,包括基于用电采集数据的 DR 削峰潜力评估方法、基于负荷时序分解与高斯过程回归算法的工业用户 DR 潜力评估以及基于 bias-SVD 矩阵分解和贝叶斯推理的用户 DR 潜力精细化辨识;最后,提出了考虑 DR 潜力以及连续 DR 需求的负荷管理中心 DR 调度策略优化模型,提高了负荷管理中心进行连续多日的 DR 调用的可靠性。

参考文献

[1] Li D. Knowledge representation in KDD based on linguistic atoms[J]. Journal of Computer Science and Technology, 1997, 12(6): 481-496.

[2] Li H, Guo C. Piecewise cloud approximation for time series mining[J]. Knowledge-based Systems, 2011, 24(4): 492-500.

[3] Rodriguez A, Laio A. Clustering by fast search and find of density peaks[J]. Science, 2014, 344(1): 1492-1496.

[4] Liu P, Liu Y, Hou X, et al. A text clustering algorithm based on find of density peaks[C] // The 7th International Conference on Information Technology in Medicine and Education (ITME), Anhui, China, 2015.

[5] Zheng K, Chen Q, Wang Y, et al. A novel combined data-driven approach for electricity theft detection[J]. IEEE Transactions on Industrial Informatics, 2019, 15(3): 1809-1819.

[6] 徐业琰, 彭思成, 廖清芬, 等. 考虑用户互补聚合响应与热能传输延时的综合能源园区运营商两阶段短期优化调度 [J]. 电力自动化设备, 2017, 37(6): 152-163.

[7] Lee E, Baek K, Kim J. Evaluation of demand response potential flexibility in the industry based on a data-driven approach[J]. Energies, 2020, 13(23): 6355.

[8] Zhou Y, Jiang J, Yang S, et al. MuSDRI: multi-seasonal decomposition based recurrent imputation for time series[J]. IEEE Sensors Journal, 2021, 21(20): 23213-23223.

[9] Wu Di, Wang Y, Li L, et al. Demand response ability evaluation based on seasonal and trend decomposition using LOESS and S-G filtering algorithms[J]. Energy Reports, 2022, 8: 292-299.

[10] Schettino B M, Duque C A, Silveira P M. Current transformer saturation detection using Savitzky-Golay filter[J]. IEEE Transactions on Power Delivery, 2016, 31(3): 1400-1401.

[11] 金伟超, 张旭, 刘晟源, 等. 基于剪枝策略和密度峰值聚类的行业典型负荷曲线辨识 [J]. 电力系统自动化, 2021, 45(4): 20-28.

[12] Starke M, Alkadi N, Ma O. Assessment of industrial load for demand response across U.S. regions of the western interconnect[R]. Oak Ridge: Oak Ridge National Laboratory, 2013.

[13] 郭鹏, 王兆光. 基于高斯过程回归和双滑动窗口残差处理的风电机组主轴状态监测 [J]. 电力自动化设备, 2018, 38(6): 34-40.

[14] Qi X, Ji Z, Wu H, et al. Short-term reliability assessment of generating systems considering demand response reliability[J]. IEEE Access, 2020, 8: 74371-74384.

[15] 浙江省发展和改革委员会, 浙江省能源局. 关于开展 2021 年度电力需求响应工作的通知 [EB/OL]. (2022-06-08)[2024-12-01]. https://fzggw.zj.gov.cn/art/2021/6/8/art_1229629046_4906648.html.

[16] Muthirayan D, Baeyens E, Chakpaborty P, et al. A minimal incentive-based demand response program with self reported baseline mechanism[J]. IEEE Transactions on Smart Grid, 2020, 11(3): 2195-2207.

[17] AEMO. Wholesale demand response mechanism high-level design [EB/OL]. (2022-03-06) [2024-12-01]. https://aemo.com.au/initiatives/submissions/wholesale-demand-response-mechanism-high-level-design.

[18] 郭昆健, 高赐威, 林国营, 等. 现货市场环境下售电商激励型需求响应优化策略 [J]. 电力系统自动化, 2020, 44(15): 28-35.

[19] 肖勇, 王岩, 钱斌, 等. 考虑发用电协调的售电公司负荷组合优化建模方法 [J]. 电力系统自动化, 2020, 44(20): 148-156.

[20] 高子建, 张晗睿, 窦万春, 等. 基于谱聚类和隐语义模型的智能协同推荐方法 [J]. 计算机集成制造系统, 2021, 27(9): 2517-2524.

[21] Fan J, Zhao M, Chowt W S. Matrix completion via sparse factorization solved by accelerated proximal alternating linearized minimization[J]. IEEE Transactions on Big Data, 2020, 6(1): 119-130.

[22] Zhang Z, Liu Y, Zhang Z. Field-aware matrix factorization for recommender systems[J]. IEEE Access, 2018(6): 45690-45698.

[23] 史加荣, 王丹, 尚凡华, 等. 随机梯度下降算法研究进展 [J]. 自动化学报, 2021, 47(9): 2103-2119.

[24] Tolic I, Milicevic K, Suvak N, et al. Non-linear least squares and maximum likelihood estimation of probability density function of cross-border transmission losses[J]. IEEE Transactions on Power Systems, 2018, 33(2): 2230-2238.

[25] 杨海东, 刘碧玉. 基于贝叶斯推理的突发水污染事件水质预测模型参数估计 [J]. 运筹与管理, 2021, 30(8): 127-132.

[26] Hochbaum D S, Baumann P. Sparse computation for large-scale data mining[J]. IEEE Transactions on Big Data, 2016, 2(2): 151-174.

[27] Ibrahim I A, Hossain M J, Duck B C. An optimized offline random forests-based model for ultra-short-term prediction of PV characteristics[J]. IEEE Transactions on Industrial Informatics, 2020, 16(1): 202-214.

[28] 邓艺璇, 黄玉萍, 黄周春. 基于随机森林算法的电动汽车充放电容量预测 [J]. 电力系统自动化, 2021, 45(21): 181-188.

[29] Ma X, Zhang Q, Tian G, et al. On Tchebycheff decomposition approaches for multi-objective evolutionary optimization [J] IEEE Transactions on Evolutionary Computation, 2018, 22(2): 226-244.

[30] Bian D, Shi D, Pipattanasomporn M, et al. Mitigating the impact of renewable variability with demand-side resources considering communication and cyber security limitations[J]. IEEE Access, 2019, 7(1): 1379-1389.

[31] Lu F, Cui X, Xing J, et al. Electricity load profile characterisation for industrial users based on normal cloud model and iCFSFDP algorithm[J]. IEEE Transactions on Power Systems, 2022, 38(4): 3799-3813.

[32] 吴迪, 王韵楚, 郁春雷, 等. 基于高斯过程回归的工业用户需求响应潜力评估方法 [J]. 电力自动化设备, 2022, 42(7): 94-101.

[33] Zhang Z, Lu F, Lin Z, et al. Two-stage characteristic recognition of demand side resource for load aggregator based on bias-SVD matrix factorization and Bayesian inference[J]. IEEE Transactions on Power Systems, 2022, 38(4): 3401-3412.

4 需求响应市场机制的设计与优化

DR 的实施需要为电力用户提供一系列激励机制和措施。DR 机制一般可分为价格型和激励型。其中,价格型 DR 机制是指通过价格信号(如分时电价、实时电价)引导用户合理调节与改善用电结构和用电方式的 DR 机制,包括分时电价、实时电价和尖峰电价等,一般基于价格弹性系数构建负荷特性模型并对电价曲线进行优化。截至 2023 年 12 月,我国已有 20 个省份执行尖峰电价,其应用已较为广泛。激励型 DR 机制包括直接负荷控制、可中断负荷、需求侧竞价、紧急 DR、容量市场和辅助服务市场等形式。合理的 DR 市场机制能够引导电力用户合理安排用电方式,提高电力系统的运行效率。无论是价格型还是激励型 DR 机制,其执行后均需要对用户响应效果进行评估,目前最普遍的方法就是计算负荷基线,并将响应后的负荷曲线与负荷基线进行比较。近年来,面向迎峰度夏、迎峰度冬时期激增的空调负荷,浙江、江苏等省份进行了精益化空调负荷管理的探索,拟实现空调的实时监测和精准控制,空调负荷管理方法也是目前我国 DR 市场机制的重要主题。在此背景下,本章首先考虑用户行为的不确定性对需求侧竞价的激励型 DR 机制进行优化,设计阶梯式 DR 激励机制;然后,面向空调负荷管理中的基线计算问题,提出基于特征辨识和变分自编码器的空调负荷基线辨识方法。

4.1 考虑用户行为不确定性的阶梯式需求响应激励机制优化

激励型 DR 机制直接采用赔偿或折扣方式来激励和引导用户参与系统所需要的各种负荷削减项目。目前我国 DR 试点基本采用可中断负荷、需求侧竞价和辅助服务市场等激励型 DR 机制。以浙江省日前削峰 DR 机制为例,供电企业于 DR 执行日前一天，通过"网上国网"应用向符合条件的用户发出响应邀约，用户于邀约截止时间前反馈响应容量和响应价格等竞价信息，供电企业根据用户反馈信息，按照"价格优先、时间优先、容量优先"的边际出清方式确定本次补贴单价和用户中标容量，用户在响应时段自行完成负荷调节。

由于在 DR 中用户自主控制用电设备启停或柔性调节负荷，所以在 DR 机制实施初期，存在响应规模偏小、用户响应意愿较低且具有多重不确定性等问题，电网公司设计合理的需求侧互动机制对引导用户积极、高效参与 DR 具有重要意义。在此背景下，本节提出考虑用户响应行为强不确定性的阶梯式 DR 激励机制随机优化模型。首先，构建 DR 日前竞价市场用户切负荷行为和负荷波动的多重不确定性模型，以获得不同 DR 阶梯激励系数和调用场景下的期望响应量；其次，以电网公司为主体构建基于双层随机规划的阶梯式 DR 激励机制优化模型，上层构建长时间尺度下的阶梯式 DR 激励机制阶梯区间和激励系数优化模型，基于 Pareto 最优实现用户响应积极性最高、单位容量负荷激励成本最低的多目标优化；最后，在给定阶梯式激励系数下，下层构建多负荷缺口场景下计及达标机会约束的电网公司 DR 调用裕度优化模型。算例采用我国某地区 DR 试点的实际数据进行仿真验证，结果表明阶梯式 DR 激励机制能够引导用户积极响应，同时提高电网公司调用需求侧资源的经济效益。

4.1.1 需求响应日前竞价机制

DR 日前竞价机制是指在响应日前一天按照边际出清方式，确定 DR 补贴单价和用户中标容量的市场化竞价机制。在 DR 目前竞价机制中，电网公司需确定响应前的调用规模和响应后的激励机制。

（1）调用规模

电网公司根据日前预测短时尖峰负荷缺口发布 DR 调用规模 P_{clr}，以单边边际出清的方式确认中标用户 j 和出清价格 ρ_{clr}。

（2）激励机制

中标用户在响应日按中标容量进行响应，电网公司按照用户实际响应量评估用户响应有效性。一般采用等额激励对有效响应用户发放补贴，超额部分不予补贴。因此，以激励系数 ω_j 换算后的用户 j 的补贴单价为 $\omega_j P_{clr}$，则用户 j 的 DR 补贴 R_j 可表示如下：

$$R_j = -\omega_j P_{\mathrm{clr}} P_{\mathrm{DR}, j}$$

$$\omega_j = \begin{cases} 0, & \dfrac{P_{\mathrm{DR},j}}{P_{\mathrm{B},j}} < \delta_0 \\[2ex] 1, & \delta_0 \leqslant \dfrac{P_{\mathrm{DR},j}}{P_{\mathrm{B},j}} < \delta_k \\[2ex] \dfrac{\delta_k}{P_{\mathrm{DR},j}/P_{\mathrm{B},j}}, & \delta_k \leqslant \dfrac{P_{\mathrm{DR},j}}{P_{\mathrm{B},j}} \end{cases}$$

式中，$P_{\mathrm{DR},j}$ 和 $P_{\mathrm{B},j}$ 分别为用户 j 的实际响应量和中标响应量；δ_0 和 δ_k 分别为达标比例和封顶比例。国内 DR 试点一般取达标比例为 80%，封顶比例为 120%[2-4]。

4.1.2　阶梯式需求响应激励机制设计

在 DR 日前竞价机制下，用户自主控制用电设备启停或柔性调节负荷，用户日前竞价时对响应日的负荷使用情况的预测不准确或用户对 DR 契约不够重视，会导致其实际响应量与竞价中的报量信息存在较大偏差。用户的主动 DR 行为如图 4-1 所示。

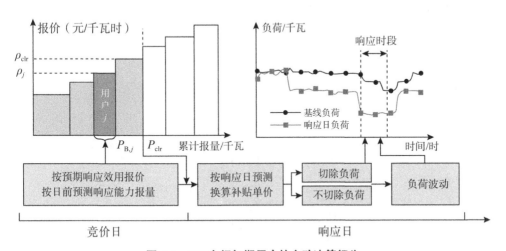

图 4-1　DR 市场初期用户的主动决策行为

假设不考虑用户在日前竞价阶段的策略性竞价行为，用户均根据自身 DR 预期响应效用进行报价，该报价除切负荷经济成本外也一定程度上体现了用户对负荷中断或转移满意度的等效价值，用户根据对次日响应量的预测值进行报量。用户在响应日对实际响应量的预测更加精准，若因用电设备使用情况变化导致响应量未达标而无法获得 DR 补贴，此时用户可选择不切除负荷。进而在负荷响应时段，用户负荷波动的不确定性导致实际响应量出现偏差，例如，浙江竞价 DR 用户数占 86.6% 的制造业中存在较多冲击性负荷[5]，造成用户实际响应量的波动，有效响应用户仅占 24%。

在用户参与积极性不高、响应行为与日前中标量偏差较大的情况下，本节提出核算 DR 补贴的阶梯式激励机制，该机制根据该用户实际响应量与日前中标量的比例确定不同的补贴价格折扣，用户实际响应量与日前中标量的偏差越大则阶梯补贴单价越低，如图 4-2 所示。因此，用户 DR 阶梯激励系数 ω_i 可表示如下：

$$\omega_i = F_\omega(P_{\mathrm{DR},i}, P_{\mathrm{B},i}) = \begin{cases} 0, & \dfrac{P_{\mathrm{DR},i}}{P_{\mathrm{B},i}} < \delta_0 \\[2mm] y_k, & \delta_{k-1} \leqslant \dfrac{P_{\mathrm{DR},i}}{P_{\mathrm{B},i}} < \delta_k \\[2mm] y_{k_\mathrm{H}} \cdot \dfrac{\delta_k}{P_{\mathrm{DR},i}/P_{\mathrm{B},i}}, & \delta_{k_\mathrm{H}} \leqslant \dfrac{P_{\mathrm{DR},i}}{P_{\mathrm{B},i}} \end{cases}$$

式中，ω_i 为用户 i 的阶梯激励系数；F_ω 为阶梯式 DR 激励机制函数；$P_{\mathrm{DR},i}$ 为用户 i 的实际响应量；$P_{\mathrm{B},i}$ 为用户 i 的日前中标量；y_k 为第 k 段阶梯区间的 DR 激励系数；δ_{k-1} 和 δ_k 为第 k 段阶梯区间边界；k_H 为阶梯式 DR 激励机制最高区间的序号。

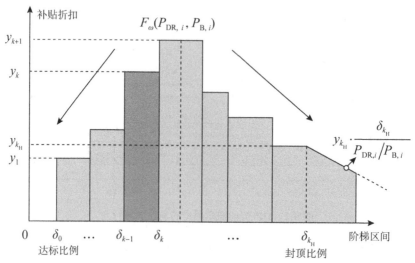

图 4-2 阶梯式 DR 激励机制

用户的实际响应量占日前中标量的比例越接近 100%，阶梯 DR 激励系数越大，当激励区间 k 的右边界大于 100% 时，阶梯 DR 激励系数满足 $y_k \geqslant y_{k+1}$，反之，$y_k \leqslant y_{k+1}$。为提高机制结算效率并避免用户策略性行为，阶梯 DR 激励系数按照以 100% 为中心对称设计，用户实际响应量与报量的正、负偏差的折扣系数相同，另设达标比例和封顶比例，因此阶梯 DR 激励系数应满足以下约束：

$$(y_k - y_{k+1})(\delta_k - 100\%) \geqslant 0$$

$$y_{k_C + \chi} = y_{k_C - \chi}, \quad \forall 0 < \chi \leqslant k_H - k_C$$

$$\delta_{k_C + \chi} = 2 - \delta_{k_C - \chi - 1}, \quad \forall 0 \leqslant \chi < k_H - k_C$$

式中，k_C 为阶梯式 DR 激励机制区间中响应电量与中标量相等的区间的序号；χ 为远离中央的区间序号 k_C 的距离。

放宽响应有效性判定的标准可提高用户在响应日决策阶段的响应参与率，但同时也可能增加电网公司的 DR 补贴成本，因此电网公司需要选取合理的阶梯区间和激励系数，优化阶梯式 DR 激励机制实施效果。

4.1.3 考虑多重不确定性的阶梯式需求响应激励机制双层随机优化模型

考虑 DR 日前竞价市场用户不确定性，本节构建阶梯式 DR 激励机制双层随机优化模型，如图 4-3 所示。以 DR 用户为主体构建考虑切负荷行为和负荷波动的用户响应多重不确定性模型，该模型向电网公司传递多负荷缺口场景下的响应负荷 $P_{DR,j,m}$ 和激励成本 $\omega_{j,m} P_{DR,j,m}$；基于双层随机规划优化电网公司的阶梯激励系数和调用裕度，上层构建兼顾用户积极性和机制经济性的阶梯式 DR 激励系数多目标优化模型，该模型向下层模型以及用户 DR 模型传递阶梯 DR 激励系数 $\delta_0, \delta_1, \cdots, \delta_k$ 及 $y_1, y_2, \cdots, y_k$，下层构建 DR 响应达标机会约束的电网公司需求侧资源裕度调用策略模型，用于求解各场景下的调用裕度 α_m 并向用户传递 $\rho_{clr,m}$ 和 J_m 等市场信息，以及向上层模型传递各负荷缺口场景下用户的总实际响应量 $\sum_{j=1}^{J_m} P_{DR,j,m}$ 和总响应补贴 $\rho_{clr,m} \sum_{j=1}^{J_m} \omega_{j,m} P_{DR,j,m}$。

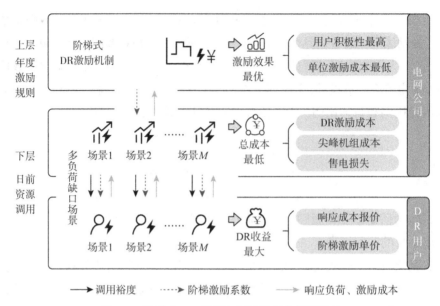

上层
年度
激励
规则

下层
日前
资源
调用

图 4-3　阶梯式 DR 激励机制随机优化模型框架

（1）考虑切负荷行为和负荷波动多重不确定性的用户响应模型

考虑用户在响应日决策阶段和负荷响应时段的不确定性行为，构建用户切负荷行为和负荷波动的多重不确定性模型。

在响应日决策阶段用户主动参与 DR，其切负荷行为不受电网公司直接控制，而用户在响应日的预测响应能力为随机变量，在考核 DR 有效性的等额激励机制或阶梯式激励机制下，用户是否切负荷的行为取决于实际响应补贴是否高于用户预期响应效用，以 0/1 变量表示用户负荷切除行为，可表示如下：

$$l_i = \begin{cases} 0, & \rho_i > \omega^{\mathrm{E}}_i \rho_{\mathrm{clr}} \\ 1, & \rho_i \leqslant \omega^{\mathrm{E}}_i \rho_{\mathrm{clr}} \end{cases}$$

$$\omega^{\mathrm{E}}_i = F_\omega \left(P_{\mathrm{F},i}, P_{\mathrm{B},i} \right)$$

$$\xi_1 = P_{\mathrm{F},i} \sim N \left(P_{\mathrm{B},i}, \sigma^2_{\mathrm{A},i} P_{\mathrm{B},i} \right)$$

式中，l_i 为用户 i 的切负荷行为，$l_i=1$ 时用户 i 将做出负荷切除行为；ρ_i 为用户 i 的报价，即用户的预期响应效用；ω^{E}_i 为用户预期的阶梯激励系数；$P_{\mathrm{F},i}$ 为用户在响应日的预测响应能力，其概率分布的均值和方差为日前预测响应能力 $P_{\mathrm{B},i}$ 的函数；$\sigma^2_{\mathrm{A},i}$ 为用户 i 响应能力波动系数，即用户历史响应量与报量偏差的方差。

在用户决定是否切除负荷后，用户期望的响应量为 $l_i P_{\mathrm{F},i}$，当 l_i 和 $P_{\mathrm{F},i}$ 取不同值时，可认为用户采用了不同的响应模式。由于负荷曲线波动各模式下的实际响应负荷仍存在不确定性，一般认为用户的实际响应负荷 $P_{DR,i}$ 服从期望值为 $l_i P_{F,i}$ 的正态分布，可表示如下：

$$\xi_2 = P_{DR,i} \sim N(l_i P_{F,i}, \sigma_{B,i}^2)$$

式中，$l_i P_{F,i}$ 为用户响应量的期望值；$\sigma_{B,i}^2$ 为正态分布方差，与负荷波动性呈正相关，以用户基线参考日对应响应时段的用电负荷的均方根误差描述，可表示如下：

$$\sigma_{B,i} = \sum_{d \in D_{BSL}} \frac{\sqrt{\sum_{t=t_{st}}^{t_{st}+t_{dly}} \left(P_{d,i,t} - \overline{P}_{d,i}\right)^2 \Big/ t_{dly}}}{\overline{P}_{d,i} \cdot d_{BSL}}$$

式中，$P_{d,i,t}$ 为用户 i 在 d 日、t 时刻的负荷功率，$\overline{P}_{d,i}$ 为用户 i 在 d 日需求响应时段的平均负荷；t_{st} 为响应开始时间，t_{dly} 为响应持续时间；D_{BSL} 为需求响应基线参考日的集合；d_{BSL} 为需求响应基线日的天数。

（2）基于 Pareto 最优的长时间尺度阶梯式 DR 激励系数多目标优化模型

电网公司在确定阶梯式 DR 激励机制的激励区间和各区间的激励额度时，应以所有应邀用户的多场景响应积极性最大和单位响应量付出的激励成本最小为目标，在长时间尺度 DR 下，由于不同负荷缺口下调用的用户范围不同，用户不确定性存在差异，所以构建考虑多种负荷缺口场景的长时间尺度阶梯式 DR 激励系数多目标优化模型，优化变量为各阶梯区间的边界 $\delta_0, \delta_1, \cdots, \delta_k$ 和阶梯激励系数 $y_1, y_2, \cdots, y_k$。

①用户响应积极性最大

以多场景下用户总响应量与总出清量的比例表示用户响应积极性，表示如下：

$$\max f_1 = V_D = \frac{1}{S} \sum_{s=1}^{S} r_s \sum_{i=1}^{I_{clr,s}} \frac{P_{DR,i,s}}{P_{B,i,s}}, \quad \sum_{s=1}^{S} r_s = 1$$

式中，V_D 为用户响应积极性；S 为长时间尺度下典型负荷缺口场景数目；$P_{DR,i,s}$ 和 $P_{B,i,s}$ 分别为用户 i 在场景 s 下的实际响应负荷和出清负荷；$I_{clr,s}$ 为场景 s 下的边际出清用户编号；r_s 为典型场景 s 的场景概率。

②单位激励成本最小

实施阶梯式 DR 激励机制后，为单位响应量付出的激励成本可表示如下：

$$\min f_2 = C_D = \frac{1}{S}\sum_{s=1}^{S}r_s\,\frac{1}{\rho_{\max}}\cdot\frac{\rho_{\mathrm{clr},s}\sum_{i=1}^{I_{\mathrm{clr},s}}\omega_{i,s}P_{\mathrm{DR},i,s}}{\sum_{i=1}^{I_{\mathrm{clr},s}}P_{\mathrm{DR},i,s}}$$

式中，C_D 为 DR 的平均单位激励成本；$\rho_{\mathrm{clr},s}$ 为场景 s 中的出清价格；$\omega_{i,s}$ 为用户 i 在场景 s 下的阶梯激励系数；$\rho_{\max}$ 为用户顶格限价，以 $\rho_{\max}$ 对单位激励成本进行归一化。

Pareto 最优解集是任何一个目标函数的值在不使其他目标函数劣化的条件下已不可能进一步优化的一组解，最优解集在空间上形成的曲面称为 Pareto 前沿。Pareto 前沿中的所有解均可为电网公司提供参考，但在机制运行时其需合理平衡经济成本和响应效果两个目标间的关系，可采用模糊决策技术分别表示每个 Pareto 解中各个目标函数对应的满意度，从而找到满意度最大的最优折衷解。当某个目标函数值大于 f_x^+ 时，电网公司对该值完全满意，若该值小于 f_x^- 则满意度为零，而当目标函数值介于两者之间时，电网公司对该目标函数的满意度可表示为模糊值，这样的模糊隶属度函数可表示如下：

$$u_x = \begin{cases} 1, & f_x \geqslant f_x^+ \\ \dfrac{f_x^+ - f_x}{f_x^+ - f_x^-}, & f_x^- \leqslant f_x < f_x^+ \\ 0, & f_x < f_x^- \end{cases}$$

式中，f_x 为第 x 个目标函数值；f_x^+ 和 f_x^- 分别为最大、最小满意度对应的目标函数值。

对 Pareto 前沿中的每个解求其标准化满意度值，表示如下：

$$u = \frac{1}{N_x}\sum_{x=1}^{N_x}u_x$$

式中，u 为标准化满意度值；N_x 为待优化目标函数的个数。

（3）计及响应达标机会约束的电网公司需求侧资源裕度调用策略模型

由于用户响应行为存在不确定性，日前竞价交易中标用户的总响应量一般会低于总出清量，电网公司可在日前预测负荷缺口的基础上叠加一定裕度确定 DR 调用量。定义调用裕度 α_s 为场景 s 下的 DR 出清量 $P_{\mathrm{clr},s}$ 与日前预测负荷缺口 $P_{\mathrm{gap},s}$ 之比，是电网公司需求响应调用策略中的一个重要指标，表示如下：

$$\alpha_s = \frac{P_{\mathrm{clr},s}}{P_{\mathrm{gap},s}}$$

式中，$P_{\mathrm{clr},s}$ 表示场景 s 的需求响应出清量，$P_{\mathrm{gap},s}$ 为日前预测负荷缺口。

建立电网公司成本最小的需求侧资源裕度调用策略优化模型，决策变量为场景 s 中的 DR 出清量和出清价格，电网公司在负荷缺口场景中总成本包括用户 DR 激励成本、尖峰机组成本和售电收入损失，可表示如下：

$$\min C_s = C_{\mathrm{DR},s} + C_{\mathrm{LS},s} = \sum_{i=1}^{I_{\mathrm{clr},s}} \omega_{i,s} \rho_{\mathrm{clr},s} P_{\mathrm{DR},i,s} + c_{\mathrm{LS}} P_{\mathrm{LS},s}$$

式中，$C_{\mathrm{DR},s}$ 和 $C_{\mathrm{LS},s}$ 分别为场景 s 的 DR 激励成本和失负荷风险成本；$P_{\mathrm{LS},s}$ 为场景 s 的电力系统失负荷，C_{LS} 为单位失负荷损失（value of the lost load，VOLL）。

该模型的约束条件包括功率平衡约束、出清量和出清价格约束、DR 达标机会约束，可分别表示如下。

①功率平衡约束

$$\sum_{i=1}^{I_{\mathrm{clr},s}} P_{\mathrm{DR},i,s} + P_{\mathrm{LS},s} \geqslant P_{\mathrm{gap},s}, P_{\mathrm{LS},s} \geqslant 0$$

式中，$P_{\mathrm{gap},s}$ 为场景 s 电网公司日前预测负荷缺口。

②出清量和出清价格约束

$$\begin{cases} \sum_{i=1}^{I_{\mathrm{clr},s}} P_{\mathrm{B},i,s} \leqslant P_{\mathrm{clr},s} \leqslant \sum_{i=1}^{I_{\mathrm{clr},s+1}} P_{\mathrm{B},i,s} \\ \rho_{\mathrm{clr},s} = \rho_{I_{\mathrm{clr},s},s} \end{cases}$$

$$0 \leqslant \rho_{I_{\mathrm{clr},s},s} \leqslant \rho_{\max}$$

③需求响应达标机会约束

电网公司调用需求侧不确定性资源时，需要保障实际响应负荷能够在一定概率 λ 上填补负荷缺口，即满足 DR 达标机会约束，可表示如下：

$$P_r \left(\sum_{i=1}^{I_{\mathrm{clr},s}} P_{\mathrm{DR},i,s} \geqslant P_{\mathrm{gap},s} \right) \geqslant \lambda$$

采用内点法将机会约束转化为目标函数障碍项[156]，可表示如下：

$$\min\{ u + \mu \frac{1}{[\pi_s - \lambda]^+} \}$$

$$\pi_S = P_r \left(\sum_{i=1}^{I_{\mathrm{clr},s}} P_{\mathrm{DR},i,s} \geq P_{\mathrm{gap},s} \right)$$

式中，μ 为很小的正数，π_s 当接近边界时，障碍项趋向正无穷，其他情况下则使函数取值近似原目标函数。

4.1.4　算例分析

以我国某地区参与邀约负荷响应的 2494 户专变用户 8 月的真实 DR 数据为例进行仿真分析，DR 日前竞价顶格报价为 4 元 / 千瓦时，DR 场景均选择夏季用电高峰时段，结合该地区 2020—2021 年历史 DR 需求设置各负荷缺口场景，如表 4-1 所示。阶梯数 $k=5$，DR 达标机会约束为 95%，单位尖峰机组成本为 2.8 元 / 千瓦时。取用户积极性 V_D 的最大、最小满意度对应函数值分别为 90% 和 40%，单位激励成本 C_D 的最大、最小满意度对应函数值分别为 0.6 和 1。模型基于 MATLAB-2020a 编程和求解，调用 NSGA-Ⅱ算法求解阶梯式 DR 激励系数多目标优化问题。

表 4-1　典型负荷缺口场景

场景	负荷缺口 / 万千瓦	场景权重
1	2.00	0.05
2	10.00	0.2
3	15.00	0.5
4	30.00	0.3
5	60.00	0.05

为研究用户响应不确定程度对最优阶梯 DR 激励系数的影响，基于表 4-2 中的用户数据设置由响应不确定程度较高、适中、较低的用户群体构成的三组算例，在各算例下优化阶梯式 DR 激励机制的阶梯区间和激励系数。

表 4-2 某地区 2020 年 8 月 DR 演练用户统计数据

平均报价 /（元/千瓦时）	用户数量 / 户	平均报量 /（千瓦 / 户）	平均 DR 完成率 /%	$\sigma_{A,i}^2$	$\sigma_{B,i}^2$
0.00 ~ 1.00	22	1204.13	15.44	0.14	100.70
1.01 ~ 1.20	4	182.92	7.25	0.30	16.20
1.21 ~ 1.40	11	789.14	136.18	1.67	140.12
1.41~1.60	7	1462.96	1.52	0.66	32.34
1.61 ~ 1.80	18	1309.48	119.27	7.04	78.83
1.81 ~ 2.00	104	898.99	59.84	0.46	123.30
2.01 ~ 2.20	21	989.17	72.40	1.85	652.06
2.21 ~ 2.40	54	957.97	31.55	2.10	3021.74
2.41 ~ 2.60	75	1360.48	9.00	3.60	1226.23
2.61 ~ 2.80	56	1429.66	50.48	1.93	822.40
2.81 ~ 3.00	166	751.79	16.94	2.16	36.08
3.01 ~ 3.20	55	1614.95	24.46	0.51	43.07
3.21 ~ 3.40	97	1197.22	0.02	9.15	1079.51
3.41 ~ 3.60	49	859.05	0.01	0.78	97.47
3.61 ~ 3.80	303	1144.10	0.27	8.82	573.12
3.81 ~ 4.00	1452	1520.24	30.38	1.90	150.37

算例 1：用户群体不确定程度较高，用户 DR 行为不确定性模型中参数 $\sigma_{A,j}^2$ 扩大为 $3\sigma_{A,j}^2$；

算例 2：用户群体不确定程度适中，用户 DR 行为不确定性模型中参数 $\sigma_{A,j}^2$ 如表 4-2 所示；

算例 3：用户群体不确定程度较低，用户 DR 行为不确定性模型中参数 $\sigma_{A,j}^2$ 减小为 $0.5\sigma_{A,j}^2$。

（1）阶梯 DR 激励系数优化结果

采用 NSGA-Ⅱ 算法求解考虑多种 DR 调用场景的阶梯式 DR 激励机制的最优阶梯区间和激励系数，如表 4-3 所示。最优达标比例为 20%，封顶比例为 230%，有效性判定的范围扩大了，随着阶梯区间接近 100%，激励系数从最低的

0.22 增加到 1.10，对用户参与响应、精准响应均有引导作用。最优折衷解对应的用户积极性为 68.72%，单位激励成本为 3.4 元 / 千瓦时，标准化满意度为 0.47。长时间尺度阶梯式 DR 激励机制系数多目标优化的最优解集如图 4-4 所示，最优折衷解与左侧相邻的 Pareto 解相比，单位激励成本 f_2 的函数值几乎不变，但用户响应积极性 f_1 提高幅度较大，该点是单个目标增长的突变点，当用户响应积极性和单位激励成本的最大、最小满意度对应的函数值在上下 10% 范围内浮动时，最优折衷解均可保持稳定。

表 4-3　阶梯式 DR 激励机制激励系数优化结果

阶梯区间	20%～45%	45%～80%	80%～120%	120%～155%	155%～230%
激励系数	0.22	0.80	1.10	0.80	0.22

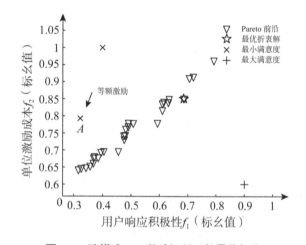

图 4-4　阶梯式 DR 激励机制系数最优解集

图 4-4 中的 Pareto 前沿即模型最优解集，可以看出 Pareto 前沿上用户响应积极性提高的同时必然会带来单位激励成本的升高，平面内右侧的解均比左侧更优越。当电网公司采用等额激励时，当激励范围为 80%～120% 时用户积极性为 32.32%，单位激励成本为 3.16 元 / 千瓦时，标准化满意度为 0.26，即图中 A 点，该点在目标函数空间中分布在 Pareto 前沿的左侧，说明阶梯式激励优于等额激励，当激励成本保持不变时，用户积极性可由 30% 提高至约 60%。

（2）不同负荷缺口场景下的需求侧资源裕度调用策略

在最优阶梯 DR 激励系数下，电网公司可在不同负荷缺口场景中选择不同的需求侧资源裕度调用策略，DR 达标机会约束中的参数 λ 指仅利用 DR 即可完全填补负荷缺口的概率，当 λ 的取值在 95% ～ 55% 变化时，各场景下的需求侧资源裕度调用策略如图 4-5 所示。

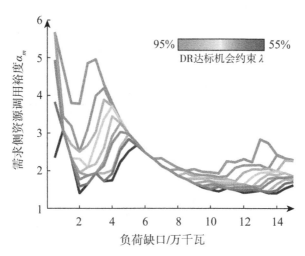

图 4-5 不同机会约束下的需求侧资源裕度调用策略

从图 4-5 可以看出，负荷缺口较小时，电网公司需设置较高的需求侧资源调用裕度，随着负荷缺口的提高，需求侧资源调用裕度可逐渐减小。在 DR 竞价机制下，DR 调用量越多则市场出清价越高，预期响应效用较低的用户即使实际响应量落入激励系数较低的阶梯区间中，其收到的补贴单价也高于其预期响应效用，因此，在负荷缺口较高的场景下，报价较低的用户的响应积极性较高，当出清价格为 2 元 / 千瓦时，报价低于 1.5 元 / 千瓦时的用户的响应积极性为 78.42%，而当出清价格为 3.8 元 / 千瓦时，这部分用户的响应积极性提高至 92.19%，此时，电网公司可采用较低的需求侧资源调用裕度以减少 DR 成本和售电收入损失。

同时，在同一负荷缺口下，随着达标概率要求提高，多数情况下需求侧资源调用裕度增大，当调用用户群体不确定性较低时，调用裕度可保持不变。电网公司在每次调用负荷决策时，可以确定不同的 DR 达标概率，当尖峰机组容量充足时，可适当降低 DR 达标概率，降低调用 DR 负荷的比例，采用源 - 荷协调的方式保障电网供需平衡。负荷缺口在 6 万千瓦以下或 10 万千瓦以上时，随着机会约束的目标概率提高，调用负荷量有显著增加，但负荷缺口在 6 万千瓦～ 10 万千瓦时，机会约束变化对电网公司 DR 调用比例的影响不大。这是由于在不同负荷缺口下调用的用户群体不确定性有差异，当用户不确定性较高时，负荷调用裕度受达标概率的影响较大，负荷缺口在 6 万千瓦～ 10 万千瓦时出清价格为 2 ～ 2.4 元 / 千瓦时，此范围内用户日前响应行为确定性较高，方差的平均值为 1.12，而报价较高（3 ～ 3.8 元 / 千瓦时）的用户方差较大，平均值为 7.19。

（3）用户群体不确定性对最优阶梯激励系数的影响

对 DR 市场初期用户群体响应不确定程度较高、适中、较低的三组算例，分别优化阶梯式 DR 激励机制的阶梯区间和激励系数，优化结果如表 4-4 所示。

表 4-4　三组算例的阶梯区间和激励系数优化结果

算例	响应不确定程度	最优阶梯区间				最优激励系数		
		δ_0	δ_1	δ_2	δ_{max}	y_1	y_2	y_3
1	较高	15%	40%	70%	260%	0.90	0.60	0.15
2	适中	20%	45%	80%	230%	1.10	0.80	0.22
3	较低	25%	40%	95%	220%	1.10	0.70	0.50

从表 4-4 可以看出，随着用户群体不确定性降低，总体上激励范围缩小，中心阶梯(最靠近响应比例 100% 的区间)的范围由(100 ± 30)% 缩小至(100 ± 5)%。同时，激励系数总体上呈上升趋势，中心阶梯的激励系数由 0.90 增至 1.1，最低的激励系数由 0.15 提高至 0.50。随着用户 DR 经验提高，用户群体不确定性将逐渐降低，电网公司应适当提高达标比例、降低封顶比例，并提高各阶梯区间的激励系数，阶梯式 DR 激励机制的调整趋势如图 4-6 所示。在 DR 市场初期建设阶段，参与竞价的用户数目逐年大幅增加，新用户的出现也可能造成用户群体不确定性升高，因此电网公司应基于用户实际响应数据制定合理的阶梯式 DR 激励机制。

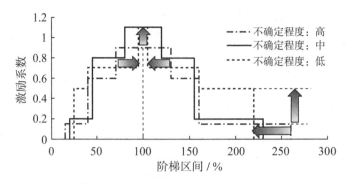

图 4-6　用户群体不确定性降低时的 DR 激励机制调整趋势

为研究阶梯式 DR 激励机制对不同用户的影响，在报量为 1000 千瓦、报价为 2 元 / 千瓦时的用户中选取三个典型用户具体分析，用户 A、B、C 的响应不确定性参数分别为 0.276、1.003、1.753，各用户在上述算例优化的阶梯式 DR 激励机制下的响应量期望值和均方差如图 4-7 所示。

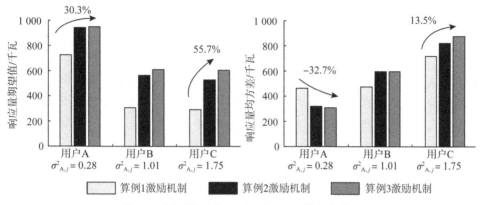

图 4-7　不同阶梯式 DR 激励系数下的用户表现

在同一算例下，不确定程度越低的用户响应量期望值越高、响应量波动更低。阶梯式 DR 激励机制的调整能够使不确定性较低的用户响应更稳定，用户 A 的响应量均方差可降低 32.7%；而对不确定性较高的用户，虽然响应量的波动幅度加大，但响应量期望值提升更加明显，用户 C 的响应量均方差增长 13.5%，同时响应量期望值提高了 55.7%。

本节提出了一种考虑 DR 市场初期用户行为强不确定性的阶梯式 DR 激励机制，在 DR 建设推进过程中，用户群体的日前竞价行为确定性将逐渐提高，电网公司需逐渐减小阶梯式 DR 激励机制的激励范围，同时提高激励额度，调整阶梯式 DR 激励机制以适应用户不确定性变化。本节所提出的阶梯式 DR 激励机制优化模型以最大化用户响应积极性和激励经济性为目标，结合用户在日前竞价式 DR 中切负荷行为和负荷波动的多重不确定性，仿真分析了长时间尺度下的最优阶梯 DR 激励系数和各场景下的需求侧资源裕度调用策略。算例结果表明，该阶梯式 DR 激励机制能够提高用户 DR 积极性、降低激励成本，提高电力系统的 DR 机制实施效果。本节设计并优化日前竞价市场下的 DR 激励机制，团队未来也将结合日内邀约、可中断负荷等多时间尺度 DR 交易，进一步完善我国电力 DR 机制。

4.2　面向空调负荷管理的空调负荷基线辨识方法

在 DR 项目实施过程中，基线负荷是根据用户的历史负荷数据估算得到的一条负荷曲线，体现了用户在未参与 DR 项目时本身的用电需求，是 DR 项目实施机构为用户进行补偿的重要依据。由于基线负荷计算方法要求简便、透明、易于理解，各类以平均值法和回归法为基础的计算方法应用广泛。在众多灵活性 DR 资源中，空调负荷是最具潜力的一类 DR 资源，原因在于：一方面，空调负荷体量较大，约占夏季高峰负荷的 30% ～ 50%；另一方面，由于空调负荷具有空间热储能特性，因而我们可以在几乎不影响用户舒适度的情况下通过改变温度设定值等方式实时调节有功功率。为了充分挖掘空调负荷的可调潜力，引导用户更有效地参与 DR，我们需对用户空调负荷进行准确监测。

考虑到实际中用户电器设备信息难以获取、用户负荷特征库难以准确构建，以及多数用电信息采集设备采样频率较低等，本节提出了基于负荷曲线特征辨识和变分自编码器网络的工商业用户空调负荷辨识方法。首先，提出基于局部加权线性拟合（local weighted linear fitting，LWLF）算法和快速动态时间规整（fast dynamic time warping，FDTW）的负荷曲线相似度度量方法，对用户日负荷曲线进行特征降维并度量负荷曲线之间形态特征的相似性；其次，提出基于点排序的聚类结构辨识（ordering points to identify the clustering structure，OPTICS）算法的日负荷序列特征辨识方法，以实现对日负荷曲线形态特征的辨识和分类；然后，针对同一类型下的用户日负荷序列，提出基于变分自编码器（variational auto encoder，VAE）网络的空调负荷辨识方法，从而将空调负荷功率从总负荷功率曲线中辨识出来；最后，以我国某地区的加工制造业和商业写字楼宇用户负荷数据验证本节所提方法的有效性。

4.2.1　用户基线负荷的基本计算方法

用户基线负荷是指在未实施 DR 措施的情况下，用户在特定时间段内的预期电力负荷。将所预测的用户基线负荷与实时监测到的实际负荷数据进行对比，可得到 DR 中的负荷削减量，如图 4-8 所示。

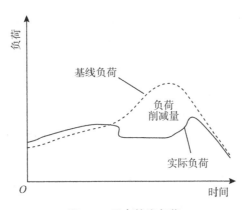

图 4-8　用户基线负荷

目前 DR 机制中的基线计算方法大致可分为两大类：平均值法和回归法。其中，平均值法采用 DR 事件前几天的小时负荷值进行线性拟合，它仅对历史负荷数据进行统计、分析和运算，而没有考虑当前信息对基线负荷的影响，美国 PJM 电力市场、加利福尼亚 ISO（independent system operator，独立系统运营商）、纽约 ISO、新英格兰 ISO 等采用了该方法，但各自采用的相似日选取方法和调整系数不同。回归法则考虑到某些用户日电量曲线与日平均温度曲线的变化趋势和波动特性存在明显的相似性，因此将温度作为回归分析的自变量来预测基线负荷，美国 PJM 电力市场和劳伦斯 – 伯克利国家实验室采用了回归法计算基线负荷[6]，回归系数的计算规模取决于采用的历史数据的规模。

（1）基线计算

我国现阶段实施的 DR 机制一般采用平均法计算基线负荷，例如浙江 DR 方案中规定的基线计算方法具体如下。实施削峰 DR 且响应日为工作日时，选取邀约日的前 5 个正常工作日（剔除有序用电执行日、DR 响应日等）组成基线参考日集合。计算每一参考日在计算时段（7：00—23：00，下同）的平均负荷 $P_{av,i}$，并计算 5 个参考日在计算时段的 P_{av}。若任一个 $P_{av,i} < 0.75 P_{av}$，则将该日从参考日集合中剔除；同时，向前依次递推另选，直到选满符合要求的 5 个参考日。原则上向前递推不超过 45 天，若不能选满 5 天，则选择 4 天作为参考日；若仍不满足，则将最近的节假日或响应日也视为工作日进行计算。选定参考日后，在参考日集合中剔除计算时段平均负荷值最低的参考日，并将剩余参考日的负荷平均后得到基线负荷。当响应日为周六时，选取邀约日的前 3 个周六作为基线计算参考日，基线计算方法与工作日相同；当响应日为周日时，算法同周六；当响应日为法定节假日时，基线与周日基线一致。日前填谷 DR 基线计算的基本原理

同削峰 DR，注意将计算时段修改为 0：00—15：00，参考日的剔除方式修改为 $P_{av,i} > 1.25P_{av}$。节假日填谷 DR 原则上直接选取未参与 DR 的历史同期作为参考日，有增减容变化的用户根据运行容量同比例调整基线。

（2）有效性判定方法

以浙江 DR 机制为例，削峰 DR 用户在响应时段同时满足以下两个条件则认定为有效响应：一是最大负荷小于基线最大负荷；二是平均负荷小于基线平均负荷，且实际负荷响应率不小于 50%。填谷 DR 用户在响应时段同时满足以下两个条件则认定为有效响应：一是最小负荷大于基线最小负荷；二是平均负荷大于基线平均负荷，且实际负荷响应率不小于 50%。并采用了 4.1 节所提的阶梯式 DR 激励机制计算补贴金额，即当实际负荷响应率低于 50% 时，响应无效，不予补贴；当实际负荷响应率在 50% ～ 80%（含 50%，不含 80%）时，按有效响应电量乘出清价格乘 0.8 进行补贴；当实际负荷响应率在 80% ～ 120%（含 80% 和 120%）之间时，按有效响应电量乘出清价格进行补贴；当实际负荷响应率在 120% ～ 150%（含 120% 和 150%）之间时，120% 以内部分按有效响应电量乘以出清价格进行补贴，120% ～ 150% 部分按有效响应电量乘以出清价格乘 0.8 进行补贴。当实际负荷响应率高于 150% 时，120% 以内部分按有效响应电量乘出清价格进行补贴，120% ～ 150%（不含 120%，含 150%）部分按有效响应电量乘以出清价格的 0.8 倍进行补贴；超过 150% 部分不予补贴。其中，实际负荷响应率 =（用户实际平均响应负荷 / 申报响应容量）×100%；用户实际平均响应负荷为用户响应时段内平均负荷与基线平均负荷差值的绝对值。

4.2.2 空调负荷辨识概述

空调负荷辨识旨在对用户总负荷功率序列进行分解，以获得空调用电设备的功率。考虑到空调负荷大小呈现出显著的季节特性，将工商业用户的总负荷分为基础负荷和空调负荷，表示如下：

$$P_\Sigma(k) = A(k) + B(k) = A(k) + \sum_{l \in L_B} u_l(k) P_l(k)$$

式中，$k = 1, 2, \cdots, 96$ 为智能电表的采样点；$P_\Sigma(k)$ 为用户的总负荷功率序列；$A(k)$ 为用户的空调负荷功率序列；$B(k)$ 为用户的基础负荷功率序列，即除空调负荷外其他负荷的总用电功率序列；$u_l(k)$ 为用电设备 l 的开关状态；$P_l(k)$ 为用电

设备 l 的功率；L_B 为除空调以外的其他生产经营用电设备。不同于居民用户，工商业用户的生产经营用电行为与其自身固有的生产经营模式和消费者的购买需求紧密联系，其基础负荷具有显著的行业特征。而空调用电行为则以保证室内人员的舒适度为目的，通常只在高温或严寒天气产生，并在生产经营用电行为的基础上叠加。因此，基础负荷的大小对温度变化不敏感，仅与用户的生产经营计划和用能习惯等因素有关，而空调作为主要的温控设备，空调负荷是夏季和冬季负荷增长的主要成分，可利用基础负荷和空调负荷在温度特性和季节特性上的差异，实现空调负荷的辨识。值得注意的是，工业用户的空调设备可分为工艺型空调和舒适型空调，其中，工艺型空调是为生产过程和生产设备提供必要环境保障的设备，其运行方式具有严格的要求，可调节能力较低，因此将工艺型空调负荷也归入基础负荷的范畴，而主要研究舒适型空调负荷的辨识。

本节提出的方法采用的数据为春（秋）季和夏（冬）季工商业用户的档案信息、智能电表量测信息和气象部门提供的每小时温度记录数据。其中，用户的档案信息包含该用户的终端编号和所属的行业类别。智能电表以 15 分钟为采样周期实时测量用户的总负荷功率大小。在应用本节提出的空调负荷辨识方法前，需先对数据进行预处理以提高辨识的精度，具体步骤如下：

①缺失值补全。采用内插法对用户 i 在第 j 日的负荷序列 $\boldsymbol{P}_{i,j} = [p_{ij,1}, p_{ij,2}, \cdots, p_{ij,96}]$ 进行缺失采样点的补全，可表示如下：

$$\hat{p}_{ij,k} = \begin{cases} p_{ij,k}, & p_{ij,k} \neq \text{NULL} \\ p_{ij,k-\Delta k_1} + \dfrac{p_{ij,k+\Delta k_2} - p_{ij,k-\Delta k_1}}{\Delta k_1 + \Delta k_2} \Delta k_1, & p_{ij,k} = \text{NULL} \end{cases}$$

式中，$\hat{p}_{ij,k}$ 为负荷序列第 k 个采样点的补全值；Δk_1 和 Δk_2 分别是使得 $p_{ij,k-\Delta k_1}$ 和 $p_{ij,k+\Delta k_2}$ 不为空的最小采样间隔。

②基础负荷折算。为减小生产经营计划的季节性变化对基础负荷的影响，对基础负荷进行折算。其中，工业用户的基础负荷按照其生产规模进行折算；商业用户的基础负荷则按照日均人流量进行折算。

③负荷序列标准化。考虑到不同用户的生产经营规模不一致，对负荷序列进行标准化如下：

$$p_{ij,k}^* = \frac{p_{ij,k}}{\max(\boldsymbol{P}_{i,j})}$$

式中，$p_{ij,k}^*$ 为经标准化处理后的负荷功率值。

4.2.3 基于局部加权线性拟合和点排序聚类的负荷曲线特征辨识

由于用电习惯不同，不同用户的日负荷曲线形态特征可能存在较大差异[7]。如果不加以区分地以各用户的日负荷曲线作为训练样本，则空调负荷的辨识结果将因模型难以准确提取负荷序列的特征而产生较大的误差。考虑到工商业用户的用电行为与其生产经营模式紧密相关且具有显著的行业特性，对用户日负荷序列进行分类，辨识负荷序列的用电类型和特征，并以此为基础进行模型训练，对提高空调负荷辨识的准确率具有重要意义。为此，本节提出了基于局部加权线性拟合和 FDTW 距离的负荷曲线相似度度量方法，以实现对负荷曲线形态特征的度量。在此基础上，提出了基于 OPTICS 算法的日负荷序列特征辨识方法，以实现对负荷曲线特征的辨识和分类。

（1）基于 LWLF 算法和 FDTW 距离的负荷曲线相似度度量

为了辨识用电类型并提取行业典型负荷曲线，需要在负荷曲线相似度度量的基础上，采用聚类分析的方法将形态相似的曲线进行聚合。然而，由于原始日负荷序列维度较高（电表采样周期为 15 分钟，日负荷序列为 96 点序列），直接以原始负荷序列进行相似度度量将面临较高的计算复杂度。此外，高维负荷序列中的部分采样点对表征曲线形态特征的作用不显著，且高维特性会放大噪声和随机扰动的影响，使得负荷曲线相似度度量结果存在较大误差。

考虑到局部微小扰动对描述负荷曲线的形态特征没有较大的影响，采用 LWLF 算法对原始日负荷序列进行降维。LWLF 算法可以将负荷序列中波动剧烈的采样点辨识为特征点，并通过特征点对日负荷序列进行分段线性表示。相较于其他降维方法，LWLF 算法具有计算简单、对参数不敏感的优点，因此适用于海量负荷序列的特征降维。对于用户 i 的日负荷序列 $\boldsymbol{P}_{i,j}$，假设第 k 个采样点的拟合值表示如下：

$$f(k) = \sum_{r=0}^{1} a_r k^r = a_0 + a_1 k \qquad (4\text{-}1)$$

式中，a_0 和 a_1 为拟合曲线的参数。为了表征日负荷序列的局部变化，并尽可能地减小拟合误差，当对第 k_0 个采样点进行拟合时，LWLF 算法的目标函数表示如下：

$$\min \sum_{k=1}^{96} \varphi_k(k_0)(p_{ij,k} - a_0 - a_1 k)^2 \qquad (4\text{-}2)$$

式中，$\varphi_k(k_0)$ 为对 p_{ij,k_0} 进行拟合时第 k 项拟合误差的权重系数，其取值遵循与拟合点"近大远小"的原则，采用三立方（tricube）权重函数确定如下：

$$\varphi_k(k_0) = T(u) = T\left(|k_0 - k|/\upsilon\right) \tag{4-3}$$

式中，$T(u)$ 为三次站权重函数，即当 $0 \leqslant u < 1$ 时，$T(u) = (1-u^3)^3$，否则 $T(u) = 0$；υ 为对采样点 k_0 进行局部线性拟合的范围阈值，本节取 $\upsilon = 2$。可以看出，当采样点与拟合点的时间间隔超出 υ 时，该采样点的权重将衰减至 0。因此，LWLF 算法的拟合曲线表征了原始日负荷序列的局部扰动特征，以此为基础可实现日负荷序列的特征降维。基于 LWLF 算法的日负荷序列特征降维的流程如图 4-9 所示，该算法包含以下步骤。

①输入用户 i 的 K 点（初始化 $K = 96$）日负荷序列，初始化 $k = 1$ 并设置拟合误差阈值 ε_0。

②为用户 i 的 K 点负荷序列创建长度为 $\upsilon+1$ 的分析窗口 $\boldsymbol{W}_{ij,k} = [p_{ij,k}, \cdots,$ $p_{ij,k+\upsilon/2}, \cdots, p_{ij,k+\upsilon}]$。

③以 $t_{k+\upsilon/2}$ 时刻的负荷功率值 $p_{ij,k+\upsilon/2}$ 为拟合点，根据式（4-3）确定各项权重系数。

④对 $\boldsymbol{W}_{ij,k}$ 进行局部加权线性拟合，并根据式（4-2）计算拟合误差 $\varepsilon_{ij,k}$。

⑤若 $k + \upsilon < K$，令 $k = k+1$，更新窗口 $\boldsymbol{W}_{ij,k}$ 并重复执行步骤②—④，最后得到拟合误差的最小值 ε_{ij,k^*}，其中 $k^* = \operatorname{argmin}\{\varepsilon_{ij,k}\}$。

⑥若 $\varepsilon_{ij,k^*} < \varepsilon_0$，则将相应分析窗口 $\boldsymbol{W}_{ij,k^*}$ 中各负荷功率数据用首尾两个负荷数据点代替，而将 $\boldsymbol{W}_{ij,k^*}$ 中的其他负荷数据点删除。此时，负荷序列长度变为 $K = K - \upsilon + 1$。

⑦更新日负荷曲线序列，重复执行步骤②—⑥，直到拟合误差的最小值 $\varepsilon_{ij,k^*} > \varepsilon_0$ 或日负荷序列长度 $K \leqslant 2$。最后，输出降维后的日负荷序列。

考虑到经过降维后的低维负荷特征序列可能具有不同的长度，且同一用电行为的起止时刻可能因用户习惯或工作时间的不同而有所偏移，本节采用 FDTW 度量负荷曲线之间的相似度。FDTW 通过对日负荷序列进行延伸和缩短，可度量不同长度的日负荷序列之间的相似度，并能有效应对负荷曲线"时移"问题。此外，FDTW 在其动态规划求解的过程中加入了空间约束，大大降低计算复杂度的同时也避免了日负荷序列在匹配过程中时间轴过度扭曲的问题[7]。以 $D_{\text{FDTW}}(\boldsymbol{P}_{m,j}, \boldsymbol{P}_{n,j})$ 表示日负荷序列 $\boldsymbol{P}_{m,j}$ 和 $\boldsymbol{P}_{n,j}$ 之间的 FDTW 距离。

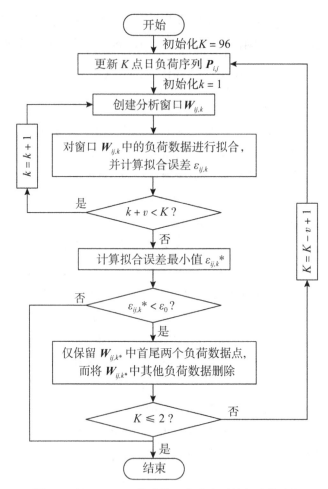

图 4-9　基于 LWLF 算法的日负荷序列特征降维流程

（2）基于 OPTICS 聚类的负荷曲线特征辨识

在相同的用电习惯下，用户日负荷序列间的相似度较高，根据负荷序列相似度聚合得到的负荷曲线簇能够代表用户的用电模式和特征。而如果一个日负荷序列与其他大多数的负荷序列均不相似，那么可以推测用户在该日的用电行为可能偏离其固有的用电习惯。为辨识用户的典型用电模式和特征，采用 OPTICS 算法对日负荷序列进行分类，并辨识形态特征较为相似的日负荷序列。OPTICS 算法是一种基于密度的聚类算法，该聚类算法可以将空间中的日负荷序列按照密度分布进行聚类[8]，其中，密度较高的日负荷序列被辨识为典型用电类型，而密度较低的日负荷序列则被标记为噪声点。此外，相较于其他密度聚类算法，OPTICS 算法通过对负荷序列的密度分布进行排序，可以自适应地选择算法参数从而得到聚类簇结构，因此具有对参数选择不敏感的优点。在使用 OPTICS 算法对行业用户负荷曲线进行聚合前，首先给出以下定义。

①日负荷序列 $\boldsymbol{P}_{m,j}$ 的核心距离 $D_{\rho\text{-core}}(\boldsymbol{P}_{m,j})$，其大小满足以下约束：a. 至少有其他 ρ 个负荷序列满足 $\boldsymbol{P}_{n,j} \in \Omega\backslash\{\boldsymbol{P}_{m,j}\}$ 且 $D_{\text{FDTW}}(\boldsymbol{P}_{m,j},\boldsymbol{P}_{n,j}) \leqslant D_{\rho\text{-core}}(\boldsymbol{P}_{m,j})$；b. 至多有其他 $\rho-1$ 个负荷序列满足 $\boldsymbol{P}_{n,j} \in \Omega\backslash\{\boldsymbol{P}_{m,j}\}$ 且 $D_{\text{FDTW}}(\boldsymbol{P}_{m,j},\boldsymbol{P}_{n,j}) < D_{\rho\text{-core}}(\boldsymbol{P}_{m,j})$。其中，$\Omega$ 为日负荷序列的集合；m 和 n 为电力用户。

②核心负荷序列 $\boldsymbol{\Phi}_{\text{core}}(\zeta)$，定义为邻域半径内存在至少其他 ρ 个日负荷序列：

$$\boldsymbol{\Phi}_{\text{core}}(\zeta) = \left\{\boldsymbol{P}_{m,j} \in \Omega \middle| D_{\rho\text{-core}}(\boldsymbol{P}_{m,j}) \leqslant \zeta\right\}$$

式中，ζ 为邻域半径。

③日负荷序列 $\boldsymbol{P}_{m,j}$ 关于日负荷序列 $\boldsymbol{P}_{n,j}$ 的可达距离 $D_{\text{reach}}(\boldsymbol{P}_{m,j},\boldsymbol{P}_{n,j})$，定义如下：

$$D_{\text{reach}}(\boldsymbol{P}_{m,j},\boldsymbol{P}_{n,j}) = \max\left\{D_{\rho\text{-core}}(\boldsymbol{P}_{n,j}), D_{\text{FDTW}}(\boldsymbol{P}_{m,j},\boldsymbol{P}_{n,j})\right\}$$

④核心负荷序列的密度可达序列 $\boldsymbol{\Phi}_{\text{reach}}(\boldsymbol{P}_{m,j})$。对于 $\boldsymbol{P}_{m,j} \in \boldsymbol{\Phi}_{\text{core}}(\zeta)$，$\boldsymbol{\Phi}_{\text{reach}}(\boldsymbol{P}_{m,j})$ 定义如下：

$$\boldsymbol{\Phi}_{\text{reach}}(\boldsymbol{P}_{m,j}) = \left\{\boldsymbol{P}_{n,j} \in \Omega \middle| D_{\text{FDTW}}(\boldsymbol{P}_{m,j},\boldsymbol{P}_{n,j}) \leqslant D_{\rho\text{-core}}(\boldsymbol{P}_{m,j})\right\}$$

⑤日负荷序列 $\boldsymbol{P}_{m,j}$ 在 ζ 邻域下的密度连通域 $\boldsymbol{\Phi}_{\text{cluster}}(\boldsymbol{P}_{m,j},\zeta)$，表示为 $\boldsymbol{\Phi}_{\text{cluster}}(\boldsymbol{P}_{m,j},\zeta) = (\boldsymbol{P}_{l_1,j}, \boldsymbol{P}_{l_2,j}, \cdots, \boldsymbol{P}_{l_m,j})$，其中 $l_1 \leqslant m \leqslant l_m$，且对于任意的 $l_1 \leqslant l_a \leqslant l_m$，存在 $\boldsymbol{P}_{l_b,j} \in \boldsymbol{\Phi}_{\text{cluster}}(\boldsymbol{P}_{m,j})\backslash\{\boldsymbol{P}_{l_a,j}\}$，满足

$$D_{\text{FDTW}}(\boldsymbol{P}_{l_a,j},\boldsymbol{P}_{l_b,j}) \leqslant \zeta, \boldsymbol{P}_{l_b,j} \in \boldsymbol{\Phi}_{\text{core}}(\zeta)$$

基于 OPTICS 聚类的负荷曲线特征辨识方法分别计算数据集中各日负荷序列样本的密度连通域 $\boldsymbol{\Phi}_{\text{cluster}}(\boldsymbol{P}_{m,j},\zeta)$ 的大小，并将归属于同一密度连通域的负荷序列聚合为同一用电类型，而不归属于任何一类密度连通域的负荷序列则被识别为噪声点。考虑到 $\boldsymbol{\Phi}_{\text{cluster}}(\boldsymbol{P}_{m,j},\zeta)$ 对 ζ 的变化较为敏感，较大的 ζ 值将扩大 $\boldsymbol{\Phi}_{\text{cluster}}(\boldsymbol{P}_{m,j},\zeta)$ 的范围，导致聚类簇数减少（反之亦然），因此，本节提出的方法在聚类前先对核心负荷序列的可达距离进行排序，得到密度从大到小分布的增广簇排序，并以可达距离为纵轴、增广簇排序为横轴构成聚类结构的决策图，由此可获取任意密度的聚类簇结构。以二维数据为例，负荷序列的空间分布和决策图如图 4-10 所示。根据该决策图中可达距离的排序，本节提出的方法可自适应地选择聚类参数 ζ，从而得到负荷序列的分类结果。

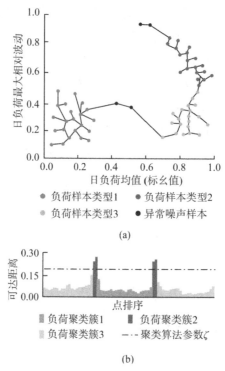

(a)

(b)

图 4-10　基于 OPTICS 聚类的负荷序列特征辨识。（a）电力负荷序列
样本空间分布；（b）基于增广簇排序的聚类决策图

4.2.4　基于变分自编码器网络的空调负荷辨识

在采用 OPTICS 算法对用户春（秋）季的负荷序列进行聚类的基础上，选取其中环境温度在 10～22℃的日负荷曲线，并假定在该气温范围内用户没有开启空调，即此时用户仅存在基础负荷的用电行为。若以春（秋）季无空调开启时的日负荷序列作为参考，用户夏（冬）季空调用电行为导致的负荷可以视为在基础负荷上叠加，其在数值上表现为总负荷功率的"异常增长"。因此，采用变分自编码器网络提取用户春（秋）季基础负荷用电行为的潜在特征，并以该潜在特征对夏（冬）季日负荷序列进行解码重构，实际负荷序列与重构后的负荷序列之间的差值近似估计为空调负荷的功率大小。

变分自编码器（variational auto encoder，VAE）网络[9]是一种基于变分贝叶斯（variational Bayes，VB）推断的无监督学习模型，由编码器和解码器构成。相较传统的自编码器网络以确定的数值描述输入变量的潜在特征空间，VAE 通过变分推理的方式，在编码阶段将输入变量分布映射为潜在特征变量的分布，在解码阶段从该特征分布上采样，将特征变量分布"重构"为输出变量的分布，因此它可以有效表征输入变量的不确定性。本节所提的基于变分自编码器网络的空调负荷辨识模型结构如图 4-11 所示，该模型的输入是聚合为同一簇的日负荷序列矩阵，该矩阵表示如下：

$$
\boldsymbol{x} = \begin{bmatrix}
\boldsymbol{P}_{i_1,j_1} & \boldsymbol{P}_{i_1,j_2} & \cdots & \boldsymbol{P}_{i_1,j_n} \\
\boldsymbol{P}_{i_2,j_1} & \boldsymbol{P}_{i_2,j_2} & \cdots & \boldsymbol{P}_{i_2,j_n} \\
\vdots & \vdots & \ddots & \vdots \\
\boldsymbol{P}_{i_m,j_1} & \boldsymbol{P}_{i_m,j_2} & \cdots & \boldsymbol{P}_{i_m,j_n}
\end{bmatrix}
$$

考虑到 d 维空间中的任意分布均可由一组同维度的正态分布通过一个足够复杂的函数映射得到，因此日负荷序列的潜在特征分布假设为 v 维正态分布，即 $z \sim N(\boldsymbol{\mu}, \boldsymbol{\sigma}^2)$，其中 z 为负荷序列的潜在特征分布，$\boldsymbol{\mu} = [\mu_1, \mu_2, \cdots, \mu_v]$ 为正态分布的均值向量，$\boldsymbol{\sigma}^2 = [\sigma_1^2, \sigma_2^2, \cdots, \sigma_v^2]$ 为正态分布的方差向量。根据负荷序列矩阵 $\boldsymbol{x}$ 的量测值，推测其潜在特征分布 z，则由贝叶斯定理可得

$$
p(z|\boldsymbol{x}) = \frac{p(\boldsymbol{x}|z)\,p(z)}{p(\boldsymbol{x})}
$$

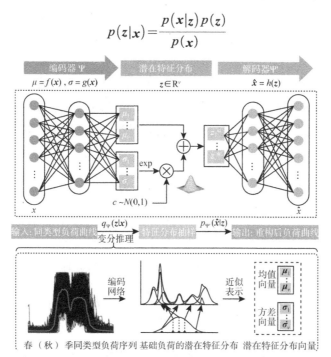

图 4-11 基于变分自编码器网络的空调负荷辨识模型结构

式中，$p(\cdot)$ 为概率分布函数。由于实际中日负荷序列的潜在特征分布 $p(z|x)$ 难以直接求解，因此采用其变分推理 $q(z|x)$ 进行近似求解，近似变分推理 $q(z|x)$ 可表示为

$$q(z|x) \sim N(f(x), g(x)), f \in F, g \in G$$

式中，$f(x)$ 和 $g(x)$ 为日负荷序列潜在特征分布的均值和方差，分别隶属于两个可优化的函数族 F 和 G。VAE 通过最小化变分推理 $q(z|x)$ 和先验分布 $p(z|x)$ 之间的相对熵，可找到函数族 F 和 G 中的最佳近似，如下：

$$
\begin{aligned}
(f^*, g^*) &= \underset{f,g \in F \times G}{\arg\min} D_{\mathrm{KL}}\big[q(z|x), p(z|x)\big] \\
&= \underset{f,g \in F \times G}{\arg\min} \left\{ E_z\big[\log_2 q(z|x)\big] - E_z\left[\log_2 \frac{p(x|z)p(z)}{p(x)}\right] \right\} \\
&= \underset{f,g \in F \times G}{\arg\min} \left\{ D_{\mathrm{KL}}\big[q(z|x), p(z)\big] - E_z\big[\log_2 p(x|z)\big] \right\} \\
&= \underset{f,g \in F \times G}{\arg\max} \left\{ E_z\left[-\frac{\|x - h(z)\|_2}{2\gamma}\right] - D_{\mathrm{KL}}\big[q(z|x), p(z)\big] \right\}
\end{aligned}
$$

式中，$D_{\mathrm{KL}}\big[q(z|x), p(z|x)\big]$ 为日负荷序列潜在特征的变分推理 $q(z|x)$ 和其先验分布 $p(z|x)$ 之间的相对熵；$E_z(\cdot)$ 表示对负荷序列潜在特征分布 $z \sim q(z)$ 的采样值求期望；$h(z)$ 为解码器重构的负荷序列，隶属于可优化的函数族 H；$\gamma > 0$ 为对日负荷序列潜在特征分布进行抽样时的正则化参数。为了对负荷序列的潜在特征分布进行解码，以使得解码器重构负荷序列的分布与输入负荷序列近似，采用重采样技术对潜在特征分布 z 进行采样，则采样值 z^* 可表示如下：

$$z_\tau^* = \mu_\tau + \exp(\sigma_\tau) \times c_\tau, \tau = 1, 2, 3, \cdots, v$$

式中，z_τ^* 为采样值 z^* 的分量；$c_\tau \sim N(0, 1)$ 为对日负荷序列潜在特征分布进行采样时的随机噪声，且服从标准高斯分布。当给定采样值 z^*，解码器映射函数 h 最优近似的目标是使得解码重构负荷序列 $\hat{x} = x$ 的概率最大化，表示如下：

$$
\begin{aligned}
h^* &= \underset{h \in H}{\arg\max} \, E_{z^* \sim q(z^*)}\big[\log_2 p(\hat{x}|z^*)\big] \\
&= \underset{h \in H}{\arg\max} \, E_{z^* \sim q(z^*)}\left[-\frac{\|x - h(z^*)\|_2}{2\gamma}\right]
\end{aligned}
$$

VAE 网络对负荷序列的潜在特征分布 z 进行采样，在保证变分推理的后验分布 $q(z|x)$ 与先验分布 $p(z|x)$ 尽可能地接近的同时，使得解码器重构负荷序列

尽可能地近似于 *x*。采用神经网络对上述依赖于 *f*、*g*、*h* 的概率模型进行训练，所得模型通过平滑连续概率分布（而不是确定的数值）的方式来反映同一类型日负荷序列的潜在特征，因此它可以有效表征用电习惯的不确定性所带来的负荷序列"时移"和随机波动问题。

最后，为验证空调负荷辨识结果的准确性，采用归一化均方误差（normalized mean square error，NMSE）来量化空调负荷辨识结果与实际值的差异，其表达式如下：

$$\eta_{\mathrm{NMSE}} = \frac{\left\| \boldsymbol{P}_{i,j}^{\mathrm{air}} - \hat{\boldsymbol{P}}_{i,j}^{\mathrm{air}} \right\|_2}{\left\| \boldsymbol{P}_{i,j}^{\mathrm{air}} \right\|_2} = \sqrt{\frac{\sum_{k=1}^{96} \left(p_{ij,k}^{\mathrm{air}} - \hat{p}_{ij,k}^{\mathrm{air}} \right)^2}{\sum_{k=1}^{96} \left(p_{ij,k}^{\mathrm{air}} \right)^2}}$$

式中，$\boldsymbol{P}_{i,j}^{\mathrm{air}}$ 和 $\hat{\boldsymbol{P}}_{i,j}^{\mathrm{air}}$ 分别为用户 *i* 在第 *j* 日的实际空调负荷序列和相应的辨识结果；$p_{ij,k}^{\mathrm{air}}$ 和 $\hat{p}_{ij,k}^{\mathrm{air}}$ 分别为该空调负荷序列在第 *k* 个采样点（$k = 1, 2, \cdots, 96$）的采样值和相应的辨识结果。

综上所述，本节提出的基于特征辨识和变分自编码器网络的空调负荷辨识总体流程如图 4-12 所示，该流程分为负荷曲线特征辨识和空调负荷辨识两个阶段。在负荷曲线特征辨识阶段，以春（秋）季同行业用户连续多日负荷曲线为输入，预先完成数据预处理、行业负荷曲线分类以及变分自编码器网络的训练；训练得到的变分自编码器网络通过连续平滑的潜在特征分布表示用户基础负荷分布的特征。空调负荷辨识阶段则以用户夏（冬）季的日负荷序列为输入，首先对输入负荷序列进行与负荷曲线特征辨识阶段相同的数据预处理；然后，计算该负荷序列与各典型负荷曲线的 FDTW 距离，其所属用电类型可确定为与该负荷序列距离最小的典型负荷曲线所对应的类别；最后，采用 VAE 网络对用户空调功率曲线进行辨识，其中 VAE 网络参数由负荷曲线特征辨识阶段中与该负荷序列为同一用电类型的负荷序列聚类簇训练得到。可以看出，本节所提方法在负荷曲线特征辨识阶段已辨识得到基础负荷特征分布的前提下，以相同的网络参数对空调负荷辨识阶段的总负荷序列进行编码和解码，其输出结果为在总负荷序列中分解得到的基础负荷分量（相当于对总负荷序列进行了一次"滤波"），因此，实际总负荷序列与 VAE 网络解码重构序列之差即为空调负荷功率序列。

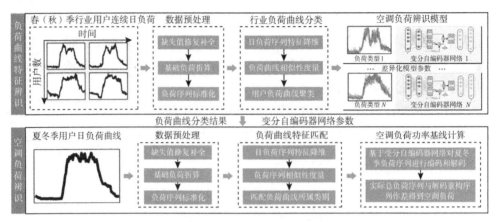

图 4-12　基于特征辨识和变分自编码器网络的空调负荷辨识流程

4.2.5　算例分析

为推动空调负荷辨识的研究，我国某地区的电网公司已在部分工商业用户中试点安装了空调负荷监控设备。该空调负荷监控设备直接与用户空调设备相连接，以 15 分钟为采样周期测量用户空调设备的功率，采集结果通过通信网络传输至计量数据主站。本节以其中的加工制造行业和商业写字楼宇用户为例，选取 100 名电力用户于 2022 年 10 月（秋季）和 12 月（冬季）的电力负荷曲线作为分析样本（共计 6000 余条电力负荷曲线），验证本节所提算法的有效性。根据气象观测站记录的环境气温数据，2022 年 10 月该地环境温度均在 10～22℃，可以假设此时绝大多数用户没有开启空调。

（1）基于局部加权线性拟合和 OPTICS 聚类的负荷曲线特征辨识结果

以某用户某日的负荷序列 P_A 为例，采用 LWLF 算法对该负荷序列进行降维，结果如图 4-13 所示，其中拟合误差阈值 ε_0 取为 0.05。从图 4-13 可以看出，该负荷类型为全天用电型负荷，且白天负荷比夜间负荷略高。本节所提的负荷序列特征降维方法将日负荷序列中波动较大的采样点纳入为特征点，使得负荷序列的维数从 96 降至 40，且特征降维后的负荷序列在形态特征方面与原始负荷序列相近。采用基于 FDTW 距离的负荷序列相似度度量方法，计算原始负荷序列 P_A 与特征降维序列 $P_{A'}$ 之间的 FDTW 距离为 0.0293，这表明特征降维序列 $P_{A'}$ 可以反映原始日负荷序列 P_A 的主要趋势和形态特征，而日负荷序列中存在小扰动的采样点则被剔除。

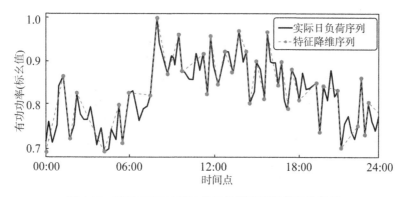

图 4-13 基于 LWLF 算法的日负荷序列特征降维结果

为进一步说明所提负荷序列相似度度量方法的有效性和优越性，选取图 4-14 所示该用户的三条日负荷曲线 P_A、P_B 和 P_C 作为研究对象，分析不同负荷序列相似度度量方法的准确性。其中，日负荷曲线 P_A、P_B 和 P_C 均为全天用电型的负荷，P_A 与 P_B 的形态特征较为接近，但存在一定的时移，而 P_C 则在凌晨 00:00—06:00 时段仍有较高的用电负荷。三者之间的欧氏距离、FDTW 距离以及考虑 LWLF 降维的 FDTW 距离如表 4-5 所示。从结果可以看出，欧氏距离度量的是日负荷序列逐个时间点功率差异的绝对值之和，因此会将日负荷序列 P_A 和 P_B 在位移变化上的差异进一步放大，导致其欧氏距离 $\left[D_{\text{Euclid}}\left(P_A, P_B\right)=4.92\right]$ 大于 P_A 与 P_C 的欧氏距离 $\left[D_{\text{Euclid}}\left(P_A, P_C\right)=4.84\right]$。FDTW 距离考虑了负荷序列在时间轴的偏移，辨识出 P_A 与 P_B 更为相似，而且 P_A 与 P_B 两条负荷序列与 P_C 的 FDTW 距离均显著大于 P 与 P_B 的 FDTW 距离，与图 4-14 所展示的实际情况相符。相较于 FDTW 距离，本节所提的 LWLF 的 FDTW 相似度度量方法通过提取负荷序列的形态特征点，而忽略了负荷序列中的扰动和噪声采样点，使得负荷序列相似性度量结果中 P_A 与 P_B 的距离减小，而 P_A 与 P_C、P_B 与 P_C 间的距离加大，因此其负荷序列相似性度量结果更具有差异性。此外，本节所提方法对负荷序列进行了降维，其所需计算时间相较 FDTW 更短（缩短了约 52.7% 的计算时间），有效降低了负荷序列相似度度量的计算复杂度。值得注意的是，负荷序列相似度的计算次数与日负荷序列数量的平方成正比。表 4-5 中的计算时间实际上是三条负荷曲线之间相似度度量（即进行两次相似度的计算）所需的时间，当负荷序列数量增加时，本节所提方法的计算效率相较于 FDTW 将显著提高。

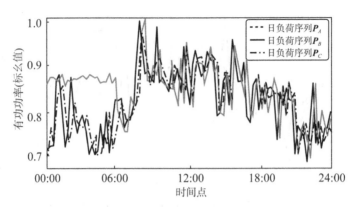

图 4-14　某用户的三条负荷曲线

表 4-5　日负荷序列相似度度量结果

度量方法	P_A-P_B	P_A-P_C	P_B-P_C	计算时间 / 毫秒
欧氏距离	4.92	4.84	6.89	0.99
FDTW 距离	1.58	4.34	3.80	3.98
考虑 LWLF 的 FDTW 距离	0.72	4.43	4.07	1.88

在负荷序列相似度度量的基础上，采用 OPTICS 聚类算法辨识负荷曲线特征，加工制造业和商业写字楼宇用户的典型负荷曲线分别如图 4-15 和图 4-16 所示。加工制造业用户负荷曲线大致可分为四类，其中图 4-15（a）属于日间双峰型负荷，峰荷第一次大约出现在 10:00，第二次大约出现在 14:00，谷荷大约出现在 12:00，且谷荷值较低，这表明该类用户的用电行为集中于白天，且谷荷时段大部分生产机器关停；图 4-15（b）同属日间双峰型负荷，但与图 4-15（a）相比，其谷荷值下降不明显，而夜间仍保持了一定的负荷，这表明该类用户在谷荷期间仍有一定数量的生产机器连续运行，且夜间仍存在小规模的生产经营行为；图 4-15（c）属于全天用电型负荷，全天负荷率基本稳定在较高水平；图 4-15（d）属于夜间型负荷，该类用户的夜间负荷率较高，而白天基本不存在用电行为。商业写字楼宇用户负荷曲线同样也分成四类，其中图 4-16（a）（b）（c）均为日间型负荷，图 4-16（d）为全天用电型负荷；与加工制造业用户负荷曲线相比，商业写字楼宇负荷不存在夜间避峰用电的行为，其用电高峰多集中于白天，且中午期间用电设备基本没有关停，总负荷大小并未明显降低。

从上述结果可以看出，加工制造业和商业写字楼宇用户的用电行为、用电时段均存在显著的特征与规律，且短期内不会发生剧烈变化。本节所提方法可以辨识不同类型的负荷序列形态上的差异，使得分类后的负荷序列簇在日负载率、日峰谷差率、峰平谷时段负载率等方面具有较高的簇内相似性和簇间差异性，从而有效地对行业用户的用电类型进行分类，辨识不同用电类型特征和规律。

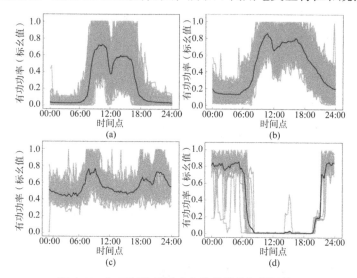

图 4-15　加工制造业用户负荷曲线特征辨识结果

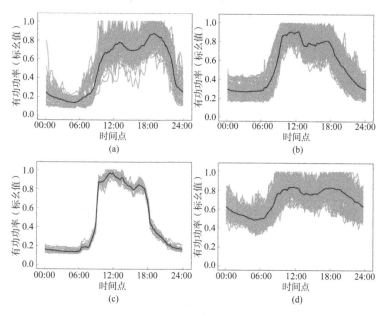

图 4-16　商业写字楼宇用户负荷曲线特征辨识结果

（2）基于 VAE 网络的空调负荷辨识结果及比较

对于上述同一用电类型的负荷序列，采用变分自编码器网络提取秋季用户基础负荷用电行为的潜在特征，并对冬季日负荷序列进行解码重构。仍以该用户为例，其行业类型为商业写字楼宇，且辨识的用电类型为图 4-16（d）中的全天用电型。选取其中 3 日的负荷序列进行分析，VAE 对该用户负荷序列解码的结果如图 4-17 所示。

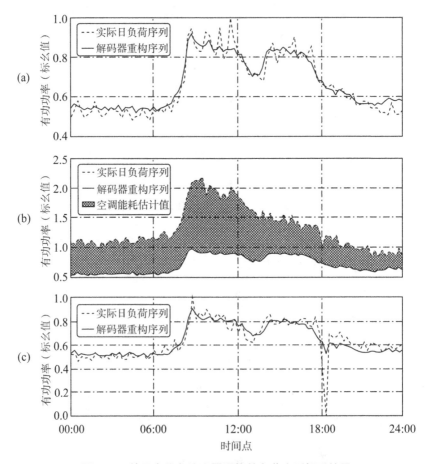

图 4-17　基于变分自编码器网络的负荷序列解码结果

图 4-17（a）为用户当日未开启空调的情况，可以看出解码器重构的负荷序列与实际的日负荷序列较为接近，这表明该用户具有较为规律的用电模式。当不存在空调用电时，该用户总负荷实际上就是与生产经营相关的基础负荷，VAE 网络通过学习秋季用户的基础负荷用电行为和用电模式的潜在特征，可以对冬季

负荷序列进行准确重构，以反映在同一用电类型下的日负荷序列变化规律。

图 4-17（b）为用户当日开启了空调的情况，可以看出全天实际负荷功率均高于解码器重构的负荷序列，且两者的差异在白天负荷率较高的时段（9:00—17:00）更为显著，这是因为 VAE 网络以用户秋季无空调负荷开启时的负荷序列作为训练样本，其潜在特征层表征的是用户基础负荷的用电规律，当以相同的 VAE 网络参数对用户冬季负荷序列进行解码时，VAE 网络仅对基础负荷进行编码和解码，相当于对用户负荷序列进行了"滤波"，其输出结果为相应的基础负荷的功率大小。因此，当用户存在空调用电行为时，解码器输出负荷序列大小与实际负荷序列之间存在差异，而造成这一差异的原因是空调用电行为带来的功率增加，即空调负荷所消耗的功率值，而两者之间所包围的面积即为空调能耗的估计值。

图 4-17（c）中用户实际日负荷序列在 18:00 前后时刻存在异常采样点（采样的负荷功率值约为 0），而 VAE 网络对实际日负荷序列的滤波效果并不受该异常点影响，这表明本节所提方法具有较好的抗扰动能力。

计算商业写字楼宇用户的空调负荷，并与监测设备采集的实际空调负荷进行比较，以验证计算结果的准确性。以用户 A 和用户 B 为例进行分析，两者基础负荷用电模式分别为日间用电型［图 4-16（c）］和全天用电型［图 4-16（d）］，用户 A 和用户 B 的空调负荷辨识的结果如图 4-18 所示。

从图 4-18 可以看出，本节方法辨识的空调负荷大小与监控设备采集的空调功率基本接近，且辨识结果的归一化均方误差 $\eta_{\mathrm{NMSE}} \approx 0.142$，这表明本节方法的辨识结果具有较高的准确率。此外，根据空调负荷的辨识结果，不难发现该用户全天均存在空调用电，8:00—10:00 时段为空调用电高峰期，这是因为该商业写字楼宇的人员流动多集中于白天，且上午的气温较低（约为 $3 \sim 6$℃），人员密集和室内外温差的加剧导致空调用电量的增加。下午气温迅速回暖（最高达 13℃），同时用户关停了部分空调用电设备，空调负荷逐渐降低。而在夜间时段，空调负荷功率仍保持在 40 千瓦左右，说明该用户仍存在较高的空调负荷。考虑到该用户类型为商业写字楼宇，夜间几乎不存在人员流动和生产经营活动，可以推断该用户并未关停所有空调负荷，大楼中央空调等温控设备仍处于工作状态。因此，上述空调负荷的辨识结果可以为用户提供较为准确的空调负荷功率监测曲线，引导用户在不影响舒适度的前提下设定合理的空调温度，提高用户节能意识。对于电网公司而言，空调负荷的辨识结果亦可帮助电网公司在不装设额外的空调监控采集设备的前提下获取用户空调负荷功率大小，降低了硬件成本且不侵犯用户隐私，因而其对量化用户空调负荷可调潜力、引导用户有序用电具有指导意义。

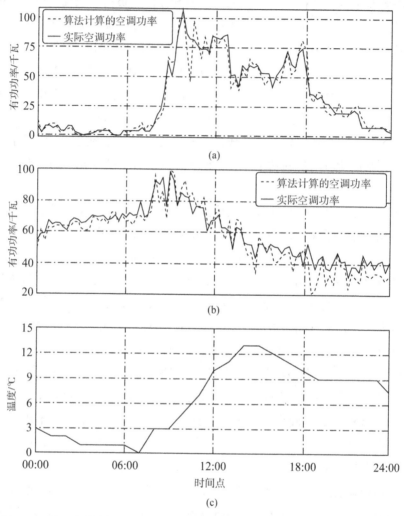

图 4-18 基于变分自编码器网络的空调负荷辨识结果。（a）用户 A 的空调负荷计算结果；（b）用户 B 的空调负荷计算结果；（c）室外温度

采用本节所提方法辨识连续多日的空调负荷功率，计算辨识结果与空调监控设备采集的实际空调负荷功率之间的归一化均方误差，并将本节方法的辨识误差与基准负荷法的辨识误差进行比较，结果如图 4-19 所示。可以看出，相较基准负荷法，本节方法在连续多日的空调负荷辨识上均具有较高的准确度，其辨识的空调负荷与实际空调负荷之间的误差（$\eta_{\mathrm{NMSE}} \leqslant 0.26$）低于基准负荷法的辨识误差。

这是因为基准负荷法辨识的准确率很大程度上取决于基准日的选取，当基准负荷与实际总负荷序列之间的特征差异较大时，空调辨识结果的准确率将会降低。此外，基准负荷法的计算过程实际上是总负荷功率序列的逐点相减，没有考虑实际负荷序列的时移问题，因此其空调负荷辨识结果中存在部分不合理的负数值，使得辨识误差进一步增加。而本节方法在负荷曲线特征辨识阶段通过 VAE 网络对用户基础负荷序列的潜在特征以平滑连续的分布函数进行表达，可以有效反映用户多日用电行为的不确定性；而在空调负荷辨识阶段以基础负荷的潜在特征对用户总负荷序列进行"滤波"，因此辨识得到的空调负荷序列与总负荷序列之间不存在明显的时移问题，具有更高的辨识准确率。

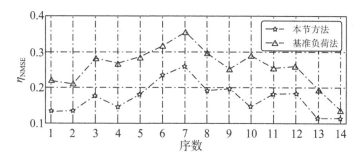

图 4-19 不同空调负荷辨识方法的误差结果比较

综上所述，本节所提方法可以对用户春（秋）季连续多日负荷曲线的形态特征进行辨识和分类，并采用连续平滑的潜在特征分布来表示基础负荷特征。在此基础上，以基础负荷特征对夏（冬）季总负荷序列进行"滤波"，从而实现了空调负荷功率的准确辨识。

4.3 本章小结

本章关注市场环境下 DR 机制的设计和优化，首先，提出考虑用户行为不确定性的阶梯式 DR 激励机制优化方法，该方法不仅能够显著提升用户参与 DR 的积极性，而且还能有效降低激励成本，实现了经济效益与系统响应的双重优化；从 DR 效果的评估和结算机制出发，提出 DR 基线计算方法，以及基于特征辨识和变分自编码器的工商业用户空调负荷基线辨识方法，这种辨识方法能够有效处理高维数据和复杂模式，提高基线辨识的准确性和可靠性。本章旨在为 DR 机制的设计与优化提供理论支持和技术路径，并通过实证研究验证了这些方法在提高需求响应效率、降低系统运营成本方面的有效性。

参考文献

[1] 曾丹，姚建国，杨胜春，等．应对风电消纳中基于安全约束的价格型需求响应优化调度建模 [J]. 中国电机工程学报，2014, 34(31): 5571-5578.

[2] 广州市工业和信息化局．广州市工业和信息化局关于印发《广州市虚拟电厂实施细则》的通知 [EB/OL]. (2021-06-30)[2024-12-01]. http://www.gz.gov.cn/ysgz/tzzc/hddl/ content/post_7391723. html.

[3] 江苏省发展改革委．关于印发江苏省电力需求响应实施细则的通知 [EB/OL]. (2024-06-13) [2024-12-01]. https://www.js.gov.cn/art/2024/7/25/art_64797_11305791.html.

[4] 浙江省发展和改革委员会．省发展改革委 省能源局关于开展 2020 年度电力需求响应工作的通知 [EB/OL]. (2020-07-08) [2024-12-01]. http://fzggw.zj.gov.cn/art/2020/7/8/ art_12291233 67_1046464.html.

[5] 涂夏哲，徐箭，廖思阳，等．考虑过程控制的钢铁工业负荷用能行为分析与功率特性建模 [J]. 电力系统自动化，2018, 42(2): 114-120.

[6] Grimm C. Evaluating baselines for demand response programs[C/OL]//2008 AEIC Load Research Workshop. San Antonio, 2008. http: //publications.aeic.in/lrc/ 12_Evaluating_ Baselines_for_ Demand_Response_Programs_PAPER.pdf.

[7] Chicco G, Ionel O M, Porumb R. Electrical load pattern grouping based on centroid model with ant colony clustering[J]. IEEE Transactions on Power Systems, 2013, 28(2): 1706-1715.

[8] Zhu X, Nie S, Wang C, et al. A noise removal algorithm based on OPTICS for photon-counting LiDAR data[J]. IEEE Geoscience and Remote Sensing Letters, 2021, 18(8): 1471-1475.

[9] Khazeiynasab S R, Zhao J, Batarshe I, et al. Power plant model parameter calibration using conditional variational autoencoder[J]. IEEE Transactions on Power Systems, 2022, 37(2): 1642-1652.

[10] 姜婷玉，鞠平，王冲．考虑用户调节行为随机性的空调负荷聚合功率模型 [J]. 电力系统自动化，2020, 44(3): 105-113.

[11] 唐伟斌，李涛，邹品晶，等．基于皮尔逊相关系数的电网夏季空调负荷预测研究 [J]. 电力需求侧管理，2017, 19(6): 7-13.

[12] 武昕，焦点，高宇辰．基于非侵入式用电数据分解的自适应特征库构建与负荷辨识 [J]. 电力系统自动化，2020, 44(4): 101-109.

[13] 周东国, 张恒, 周洪, 等. 基于状态特征聚类的非侵入式负荷事件检测方法 [J]. 电工技术学报, 2020, 35(21): 4565-4575.

[14] 肖潇, 栾文鹏, 刘博, 等. 基于电器粗糙归类的无监督 NILM 结果自主标注 [J]. 中国电机工程学报, 2022, 42(7): 2462-2474.

[15] 刘嘉蔚, 李奇, 陈维荣, 等. 基于核超限学习机和局部加权回归散点平滑法的 PEMFC 剩余使用寿命预测方法 [J]. 中国电机工程学报, 2019, 39(24): 7272-7279.

[16] 金伟超, 张旭, 刘晟源, 等. 基于剪枝策略和密度峰值聚类的行业典型负荷曲线辨识 [J]. 电力系统自动化, 2021, 45(4): 20-28.

[17] 宋辉, 代杰杰, 张卫东, 等. 基于变分贝叶斯自编码器的局部放电数据匹配方法 [J]. 中国电机工程学报, 2018, 38(19): 5869-5877.

[18] 王韵楚, 张智, 卢峰, 等. 考虑用户行为不确定性的阶梯式需求响应激励机制 [J]. 电力系统自动化, 2022, 46(20): 64-73.

5 考虑用户行为特征的需求响应创新机制

DR 市场建设过程中需平衡政府、电力公司、发电企业、售电公司、电力用户等各参与方的需求及利益，建立多方持续共赢的 DR 机制和商业模式，同时，在现实中用户具有有限理性，其在进行经济决策时将偏离传统经济理论假设的最佳反应，或是即使知道效用最大化的最优解，也有可能因为心理作用、意志力、环境影响等无法做出最优决策。因此，本章关注用户在 DR 中的行为特征并提出一系列创新机制。首先，设计面向居民用户的电力积分 DR 机制，构建面向居民用户主动响应行为的电力积分双层优化模型；然后，提出面向工商业用户主动响应的电力套餐设计，建立了基于套餐效用和多项 logit 模型的用户选择决策行为模型；最后，提出考虑用户有限理性的峰 – 谷组合电力套餐设计，考虑用户从众心理、锚定效应等行为，优化峰 – 谷组合电力套餐机制，引导用户主动进行移峰填谷。这些创新机制代表了 DR 领域的最新趋势，将为不同 DR 主体和用户之间的互动带来更大的灵活性和效益。

5.1 面向居民用户主动响应的电力积分需求响应机制

居民用户现有电价机制主要为峰谷分时电价和阶梯电价，与实时电价、尖峰电价相比，这两种机制时间尺度较长，对系统状态的反应程度尚有不足。由于实时电价对通信、数据处理以及电表功能的要求较高，我国现阶段并不适用，因此可以探索尖峰电价与分时电价相结合的电价机制，通过积分制来实现过渡。探索尖峰电价与分时电价相结合的电价机制，可以现有峰谷电价为基础，在某些时段增加尖峰电价和低谷电价，使得原有峰谷电价转为时间尺度较小的分时电价，以帮助维持电网的实时平衡，同时减小峰谷差[1]。本节面向居民用户提出基于电力积分的 DR 机制，首先设计电力积分的激励和结算机制；然后，基于家用电器使用习惯，构建居民负荷中的可削减负荷、可转移负荷、刚性负荷模型；最后，构建面向用户主动响应行为的电力积分双层优化模型，旨在实现电网公司效益最大化以及居民用户效用最大化。

5.1.1　基于电力积分的需求响应机制设计

居民用户总体数量庞大，而个体负荷较小，与工商业用户相比，对家用电器的侵入式负荷量测经济性不足，该法难以推广，这使得居民用户的响应量难以精准测算，从而难以划定负荷基线，实现单次响应的补偿结算也就较为困难。因此，区别于现有 DR 机制中对用电变化量的测算，电力积分机制针对居民用户的实际用电量进行补偿，形成现有管制电价模式下对居民用户的长期稳定 DR 引导机制。电力积分机制的实现方法如图 5-1 所示。电力公司发布每时段的用电积分，用户根据积分奖惩情况，自主调整用电行为。积分值包含奖励与惩罚，在鼓励用户多用电的时段，积分为正值，即用户在此时段用电可以得到正积分奖励；在鼓励用户减少用电的时段，积分为负值，即用户在此时段用电积分值会减少。由图 5-1 可知，0:00—7:00 和 20:00—23:00 为正积分时段，即鼓励用户在此时段用电，用户会根据用电量得到积分奖励；8:00—20:00 为负积分时段，即不鼓励用户在此时段用电，根据用电量的多少，用户会受到积分惩罚。积分值可以依据一定比例转变为费用的变化，即正积分对应费用的奖励，负积分对应费用的惩罚，该费用奖惩与原有峰谷电价叠加可以等效为电价的变动。因此，积分机制的本质即在现有峰谷电价规则的基础上，实现更多时段的变动电价。

在基于电力积分的 DR 方案中，电力积分的兑换问题需要解决。银行业、信用卡服务、航空业、电商等行业实施的积分机制一般采用积分商城的方式[2]，用户通过积累积分兑换或折扣购买商品，企业为了保留忠诚客户，还会为总积分数较高的用户提供特定产品或服务。用户可下载应用查看企业发布的积分信息、查询历史积分、使用积分等[3]。借鉴上述经验，售电公司在基于电力积分的 DR 方案中，可采用以下方式进行电力积分结算。

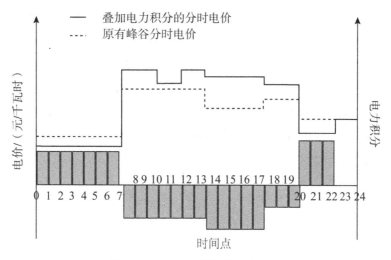

图 5-1　面向 DR 的电力积分机制

①积分商城。用户在售电公司建设的积分商城中兑换奖励，100 积分可兑换 1 元电费或 1 元等值商品，则售电公司电力积分机制的补偿成本可表示如下：

$$C_{sco}=\rho_{sco}\sum_{i=1}^{N}S_i$$

式中，ρ_{sco} 为积分贴现值；S_i 为用户 i 所获积分；N 为用户数量。

②电力增值服务。为提高用户黏性，引导用户持续参与 DR 机制，售电公司可根据累计总积分授予用户级别称号，针对较高级别的用户，可根据自身业务提供增值服务，如家庭能耗数据分析服务、智能家居服务、电动汽车相关服务和综合能源套餐服务等。

③积分排名。例如对小区用户的月度及年度总积分进行排名，排名较高的用户将获得一定的额外积分，且予以公示表彰。

积分制度实施初期，为培育市场、鼓励用户积极参与 DR，售电公司可以适当提高积分兑换现金、商品的比例；在机制实施中后期，可逐步调整降低积分的使用价值，从而保证市场稳定运行。

5.1.2　居民用户多类型负荷特性建模

基于家用电器使用习惯，居民生活负荷可分为可削减负荷、可转移负荷和刚性负荷，居民用户在电力积分机制下对不同负荷的 DR 行为不同，因此我们需要分析各类负荷的运行特性，对不同负荷分别构建居民用户 DR 行为模型。

（1）可削减负荷

可削减负荷是指在响应时段用户可以切除或削减但不能转移到其他用电时间的负荷，如照明、空调负荷等。其中，空调负荷响应容量较大，本节以空调负荷为主构建可削减负荷模型。用户对空调负荷的使用感受主要受室内温度影响，空调负荷的用电满意度可近似表达为分段函数[4]，如图 5-2 所示。t 时刻的用电满意度 C_t 及每次 DR 持续时段内温控负荷的平均满意度可表示如下：

$$C^{ac} = \frac{\sum\limits_{t=t_{st}}^{t_{st}+t_{dly}} C_t}{t_{dly}}$$

$$C_t = \begin{cases} 1.0, & \left| T_{in}^t - (T_{com} + \sigma \Delta T) \right| \leqslant \dfrac{\Delta T}{3} \\ 0.8, & \dfrac{\Delta T}{3} < \left| T_{in}^t - (T_{com} + \sigma \Delta T) \right| \leqslant \dfrac{2\Delta T}{3} \\ 0.5, & \dfrac{2\Delta T}{3} < \left| T_{in}^t - (T_{com} + \sigma \Delta T) \right| \leqslant \Delta T \\ 0, & \Delta T < \left| T_{in}^t - (T_{com} + \sigma \Delta T) \right| \end{cases}$$

$$\sigma = \begin{cases} 0.2, & 冬季 \\ 0, & 春季、秋季 \\ -0.2, & 夏季 \end{cases}$$

式中，C_t 为 t 时段的温控负荷满意度；T_{in}^t 为 t 时段室内平均温度；T_{com} 为最适温度；σ 为舒适度偏移系数；ΔT 为最大可承受温差；C^{ac} 为每次需求响应持续时段内温控负荷的平均舒适度。

家庭用户的空调机组可以采用一阶等效热参数（equivalent thermal parameters，ETP）模型[5]来表示其热动力学原理，室内温度表示如下：

$$T_{in}^{t_c} = T_{out}^{t_c} - Q_{t_c} R \Delta t_c - \left(T_{out}^{t_c} - T_{in}^{t_c-1} - Q_{t_c} R \Delta t_c \right) \exp\left(= \frac{\Delta t_c}{RC} \right)$$

式中，$T_{in}^{t_c}$、$T_{in}^{t_c-1}$ 分别为 t_c、t_c-1 时刻的室内温度；$T_{out}^{t_c}$ 为 t_c 时刻的室外温度；R 为等效热阻；C 为等效热容；Δt_c 为空调控制周期。

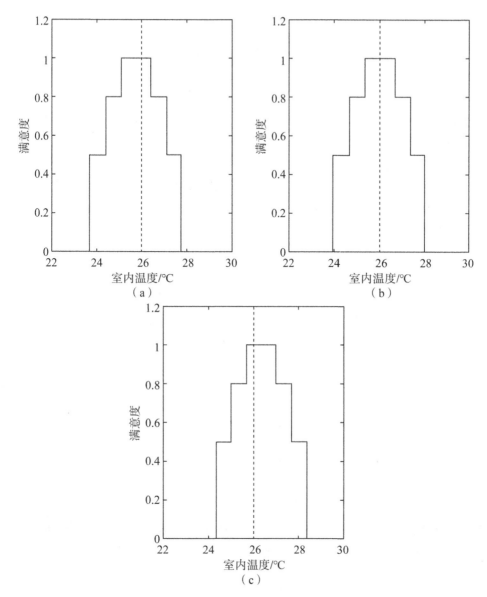

图 5-2　用电满意度与室内温度关系曲线

　　居民用户可采用多种方式调节空调负荷功率，各调节方式构建模型如下。

　　①温度设置。考虑了定频空调和变频空调的差异性。对定频空调采用恒定的压缩机功率，仅有停止工作和额定功率两种工作状态，通过压缩机间歇启停将室内温度控制在一定范围内。一般当室内温度与设置温度差异在 1℃ 以内时，压缩机停止工作，此时空调功率很小，空调功率和制冷 / 制热量可表示如下：

$$P_t = \begin{cases} P_{\mathrm{N}}, |T_{\mathrm{in}} - T_{\mathrm{set}}| \geqslant \Delta T \\ P_{\mathrm{F}}, |T_{\mathrm{in}} - T_{\mathrm{set}}| < \Delta T \end{cases}$$

$$Q_t = \eta P_t$$

式中，P_t 为 t 时刻的空调功率；Q_t 为 t 时刻的制冷 / 制热量；η 为空调能效比；P_{N} 为空调额定功率，即压缩机运行功率；P_{F} 为空调送风功率，即压缩机停止工作时的空调功率。

变频空调采用变频压缩机，压缩机频率自动跟随室内温度变化而变化，从而改变空调功率和制冷量，使室内温度维持在恒定值。其中，制冷 / 制热量、功率、能效比的关系如图 5-3 所示。

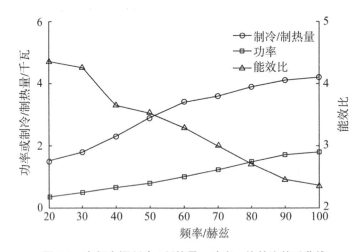

图 5-3　变频空调制冷 / 制热量、功率、能效比关系曲线

对经验曲线频率 – 功率、频率 – 制冷 / 制热量进行拟合，可以建立空调频率 f、功率 P、制冷量 Q 之间的函数关系如下：

$$P = a_1 f + a_2$$

$$Q = b_1 f^2 + b_2 f + b_3$$

式中，a_1，a_2，b_1，b_2，b_3 为一次或二次函数常系数，其取值与变频空调特性有关。变频空调的工作频率与室温和设定温度的温差有关，其工作频率变化特性表示如下：

$$f_t = \begin{cases} f_{\min}, & T_{set} - T_{in} \geqslant \Delta T \\ f_{t-1} - k(T_{set} - T_{in}), & |T_{set} - T_{in}| < \Delta T \\ f_{\max}, & T_{set} - T_{in} \leqslant -\Delta T \end{cases}$$

式中，f_t 和 f_{t-1} 分别为 t 和 $t-1$ 时刻空调的工作频率；$f_{\min}$ 和 $f_{\max}$ 分别为空调运行的最小和最大频率；k 为常数。

②风速设置。调节风速即调节空调内风扇电机转速，一般认为风扇电机的功率与转速的三次方呈正比，相对于压缩机功率，风扇电机功率较小，不会对空调功率造成直接影响。但风速影响空调送风量，而空调热参数模型中的等效热阻与送风量近似呈反比，表示如下：

$$R_k = \frac{a}{V_k + v}$$

$$V_k = v_k S \Delta t_c$$

式中，R_k 为 k 档风速时房间的等效热阻；v_k 为 k 档风速时单位控制时间的送风量；S 为空调送风口面积；v_k 为 k 档风速；v 为房间自然流通送风量；a 为反比例函数常系数。调节风速时会间接影响室内温度，从而改变空调运行功率。

③启停控制。当 DR 持续时间较短时，用户可采用直接关停空调的方式削减空调负荷，在此状态下室温变化也遵循等效热参数模型，空调送风量为零、空调功率为零，如此可大幅削减空调负荷，但对用户舒适度的影响较大。

④模式设置。空调除制冷、制热模式外，一般还有送风、除湿和电辅热等模式，由于运行原理不同其功率也存在差异。

空调在送风模式运行时，只有空调室内机的电机在运转，压缩机、室外风机均不运转，因此空调不具有降温功能，只有通风作用，人在这种环境中皮肤表面水分蒸发加快、热量散失加快，该模式有一定解暑效果。此时空调运行功率几乎为零，与定频空调的低功率运行状态相似，该模式可以较大程度削减负荷，同时对室温也存在较大影响。送风模式的空调参数可表示如下：

$$\begin{cases} Q_t = \eta P_F \\ R = \dfrac{a}{v_H S \Delta t_c + v} \end{cases}$$

式中，v_H 为送风模式风速。空调在除湿模式运行时，为了便于空气中的水汽凝结成液体，室内机的电机运转很慢，导致送风量减少，同时为了防止冷凝器上的凝露再度蒸发，压缩机间断工作，平均功率降低。除湿模式的空调参数可表示如下：

$$\begin{cases} Q_t = 0.5\eta P_N \\ R = \dfrac{a}{v_L S \Delta t_c + v} \end{cases}$$

式中，v_L 为除湿模式风速。空调在电辅热模式运行时，制热量由两部分组成：一部分为压缩机制热，另一部分为辅热电阻或半导体发热陶瓷制热。压缩机制热的能效比一般在 3 ~ 5，但辅热部分的能效比小于 1，相当于以极低的能效比提高空调的制热量。因此用户既可关闭电辅热模式削减空调负荷，也可通过打开电辅热模式进行填谷 DR。电辅热模式的空调参数可表示如下：

$$Q_t = \eta P_N + \eta_r P_r$$

式中，P_r 为辅热电阻功率，η_r 为辅热部分能效比，$\eta_r < 1$。

以夏季为例，不同调控方式的负荷削减以及对室温和舒适度的影响如表 5-1 所示。

表 5-1　调控方式的负荷削减和对室温和舒适度的影响

调控方式		持续时间 / 时	负荷削减 /%	室温影响 /℃
温度设置	升高 1℃	1	25	+0.86
		2	33	+1.42
		3	33	+1.25
	升高 2℃	1	54	+1.86
	升高 3℃	1	90	+3.12
风速设置	中速档	1	7	+0.26
		2	21	+0.82
		3	21	+0.82
	低速档	1	18	+0.33
启停控制	停机	1	100	+3.44
		2	100	+4.06
		3	100	+4.08

续表

调控方式		持续时间 / 时	负荷削减 /%	室温影响 /℃
模式设置	除湿	1	50	+1.72
	送风	1	95	+3.27
	关闭辅热（冬季）	1	50	-3.39

（2）可转移负荷

可转移负荷是指一旦运行则必须持续工作至任务完成，不可中断但能整体提前或延迟工作时段的家庭负荷，如洗衣机、洗碗机等家用电器负荷。对于具有可转移特性的设备 a，假定其运行时功率恒定，则其运行需满足如下约束：

$$\sum_{t=\alpha_a}^{\beta_a} w_a x_a(t) = E_a$$

$$x_a(t) = 0, \ t \notin [\alpha_a, \beta_a]$$

$$\sum_{t=t}^{t+M_a-1} x_a(t) \geqslant M_a[x_a(t) - x_a(t-1)], t \in [\alpha_a, \beta_a]$$

式中，$x_a(t)$ 为 0/1 变量，表示设备 a 在 t 时段是否运行，$x_a(t) = 1$ 即设备 a 在 t 时段运行；w_a 为设备 a 的额定功率；E_a 为设备 a 的日消耗电量；α_a 和 β_a 分别为设备 a 的允许开启 / 停止运行时间点；M_a 表示设备 a 的每日使用时间。

居民用户的用电舒适度调整量用 S 表示，优化前后各个可控电器的使用时段改变越小，S 的值越小，用户也就对优化后的用电策略更加满意。具体来说，用户自愿选择的原用电计划是基准，如果优化后用电计划与原计划相同，则用户的用电习惯不会被改变，用电舒适度调整量为 0；如果优化后用电计划与原计划完全不同，则会完全改变用户的用电习惯，对生活造成极大的不便，此时，用电舒适度调整量最大，即舒适度最差。可转移负荷的用电舒适度模型表示如下：

$$S = \sum_{a=1}^{n} \lambda_a w_a \cdot \frac{1}{2} \sum_{t=1}^{N} |x_a^0(t) - x_a(t)|$$

式中，$x_a^0(t)$ 为可控设备 a 在 t 时段的原始开停计划；$x_a(t)$ 为可控设备 a 在 t 时段优化后的开停计划；$\lambda_a w_a \cdot \frac{1}{2} \sum_{t=1}^{N} |x_a^0(t) - x_a(t)|$ 为可控设备 a 在优化前后改变

的电量；λ_a 为可控设备 a 的不可调度系数，$\lambda_a \in [0,1]$，反映居民用户对于不同用电设备的依赖程度，$\lambda_a=0$ 表示该可控设备的使用时段可随意改变，$\lambda_a=1$ 表示该可控设备的使用时段改变会极大影响用电舒适度，尽量不做改变。可控设备 a 的不可调度系数 λ_a 可由模糊层次分析法确定。

（3）基本负荷

居民用户的基本负荷又称刚性负荷，是指使用时间和功率比较固定，不可进行调度的负荷。基本负荷对居民用户生活影响较大，须时时满足用户用电需求，例如冰箱、路由器等。其总功率 E_b 通常用历史数据预测给出，可表示如下：

$$\sum_{i=1}^{k} w_{b,i}(t) x_{b,i}(t) = E_b$$

式中，k 为基本负荷的个数；$w_{b,i}(t)$ 为 t 时段基本负荷 i 的额定功率；$x_{b,i}(t)$ 为 0/1 变量，表示基本负荷 i 在 t 时段是否运行，$x_{b,i}(t)=1$ 即基本负荷 i 在 t 时段运行。

5.1.3 面向用户主动响应行为的电力积分双层优化模型

（1）上层模型：电网公司效益最大化模型

上层模型为以电网公司利润最大化为目标的电力积分机制优化模型，决策变量为全天各时段的积分值。实施电力积分机制后，电网公司在用电较多的时段给予用户积分惩罚，在用电较少的时段给予用户积分奖励。电网侧的效益主要包括短期内降低备用容量和削峰的效益，长期内延迟建设输配电线路的效益，以及整个电网的可靠性和稳定性提高所带来的效益，包含可免电量成本、可免容量成本、系统可靠性效益。总体效益可表示如下：

$$B_p = A_f \frac{\Delta Q}{1-k_2} + A_p \frac{1+k_1}{1-k_2} \Delta P + (A_{VOLL} - A_{MC}) p_{LOLP} \frac{\Delta Q}{1-k_2}$$

式中，ΔQ 为实施电力积分机制降低的峰时段负荷总电量；ΔP 为实施电力积分机制潜在的负荷削减量；k_1 为规划备用容量百分比；k_2 为输配电网损耗系数；A_f 为每千瓦时峰谷荷购电成本之差；A_p 为输电线路、变电站及配套设施的单位平均造价；A_{VOLL} 为电力失负荷价值；A_{MC} 为电力边际成本；p_{LOLP} 为系统失负荷概率。

电网公司的经济损失主要源于三方面：①用户改变原有用电行为后，用电高峰向用电平谷时段转移造成的电网公司售电收入减少；②电网公司为激励用户参与 DR，付出电力积分所需费用；③电网公司推出电力积分机制后用于管理维护与宣传的费用。

因此，电网公司最大化利润的模型即上层模型可表示如下：

$$\max B_p - \sum_{t=1}^{T} \frac{m_t}{M} \cdot q_t - \sum_{t=1}^{T} p_t^0 (q_t^0 - q_t) - C_m$$

式中，$\sum_{t=1}^{T} p_t^0 (q_t^0 - q_t)$ 为电力积分机制实施前后电网公司售电收入的损失；$\sum_{t=1}^{T} \frac{m_t}{M} \cdot q_t$ 为电网公司付出电力积分所需的费用；C_m 为电网公司推出电力积分机制后用于管理维护与宣传的费用。

上层模型的约束条件包括以下几项。

①电价非负约束。若谷时段正积分对应的奖励金额高于此时段的原有电价，两者叠加后等效的电价将为负值，即用户用电不需要付电费，反而获得电网公司的费用奖励。为防止用户在负荷低谷故意耗电骗取积分盈利，设置的正积分对应的奖金额应恒小于此时段的电费。电价非负约束可表示如下：

$$\min p_t \geqslant 0$$

式中，p_t 为实施电力积分机制后 t 时段折算后的电价。

②成本 – 效益约束。以益本比（benefit cost ratio，BCR）作为成本效益综合评价指标，其含义为从全社会角度来看，实施电力积分机制带来的总效益与投入总成本的比值。总效益包含电网侧效益、环境侧效益和发电侧效益三部分，总成本包含电费优惠支出和积分机制管理宣传费用两部分。其中，环境侧效益指实施电力积分机制后，电能消费降低，化石燃料使用减少从而使得温室气体减排对环境所产生的收益，可表示如下：

$$B_e = r_{\Sigma} \Delta Q_d + \Delta \xi b_g \varphi r_{\Sigma} Q_d$$

式中，r_{Σ} 为每降低单位发电量而减排的温室气体总价值；Q_d 和 ΔQ_d 分别为实施 SIDR 后的总发电量和减少的发电量；$\Delta \xi$ 为实施电力积分制后负荷率提升的百分数；b_g 为燃煤机组的供电煤耗；φ 为负荷率提升 1 个百分点对应燃煤机组单位煤耗下降量。

发电侧效益包含可免新增发电容量成本和可免高成本机组发电成本，表示如下：

$$B_f = A_T \frac{1+k_1}{(1-k_2)(1-k_3)} \Delta P + A_g \frac{1}{(1-k_2)(1-k_3)} \Delta Q$$

式中，A_T 为每千瓦容量的可免成本；A_g 为高成本机组的单位发电成本；k_3 为厂用电率。

当益本比大于 1 时，表示效益大于投入成本，电力积分机制具有可行性，表示如下：

$$R = \frac{B_p + B_e + B_f}{C_d + C_m} \geq 1$$

$$C_d = \sum_{t=1}^{T} (p_t q_t - p_t^0 q_t^0)$$

式中，R 为实施电力积分机制的益本比，C_d 为电费优惠支出；C_m 为电力积分机制产生的管理与宣传费用。

③电价波动约束。在电力积分机制的实施下，等效电价的波动需满足政府对电价波动极限的约束，避免电价过高，以保证居民正常生活。电价约束可表示如下：

$$\begin{cases} \alpha_1 p^p < p_t^p \leq \beta_1 p^p \\ \alpha_2 p^f < p_t^f \leq \beta_2 p^f \\ \alpha_3 p^v < p_t^v \leq \beta_3 p^v \end{cases}$$

式中，p^p、p^f 和 p^v 分别为原有的峰、平、谷时段电价；p_t^p、p_t^f 和 p_t^v 分别为实施电力积分机制后 t 时段的等效电价；α_1、α_2 和 α_3 分别为电价波动的下约束比例；β_1、β_2 和 β_3 分别为电价波动的上约束比例。

④峰时段负荷约束。为保证电力系统安全稳定运行，达到削峰填谷的效果，实施电力积分机制后应避免居民用户过度响应而产生新的用电高峰，即满足约束如下：

$$\max q_t \leq \gamma \max q_t^0$$

式中，γ 为负荷峰值约束比例。

（2）下层模型：居民用户效用最大化模型

下层模型为以用户效用最大化为目标的居民用户用电行为优化模型，决策变量为用户在电力积分机制下的用电负荷。在电力积分机制的激励下，用户的效用主要包含用电成本和用电舒适度调整量两方面。用户用电成本的降低有两部分来源：一是用户参与 DR 获得的积分兑换收益；二是用户改变原有用电行为，转移用电负荷至等效电价较低的时段所减少的购电费用。用户用电舒适度调整量为改变各类负荷用电时段对用户生活满意度产生的影响。下层模型的目标函数可表示如下：

$$\max \sum_{t=1}^{T} \frac{m_t}{M} \cdot q_t + \sum_{t=1}^{T} p_t^0 (q_t^0 - q_t) - \zeta S$$

式中，$\sum_{t=1}^{T} \frac{m_t}{M} \cdot q_t$ 为用户获得的积分收益；$\sum_{t=1}^{T} p_t^0 (q_t^0 - q_t)$ 为用户改变原有用电行为所减少的购电费用；ζ 为用户舒适度比例系数，S 为用户的用电舒适度。

下层模型的约束条件包括以下几项。

①需求侧获利约束。电力用户只有在新的电价政策中受益，才会积极参与 DR，改变自己的用电行为，从而实现削峰填谷。为保证电力用户的利益，实施电力积分机制后的单位购电成本不高于实施前的单位购电成本，需求侧获利约束可表示如下：

$$\frac{\sum_{t=1}^{T} p_t q_t}{\sum_{t=1}^{T} q_t} \leqslant \frac{\sum_{t=1}^{T} p_t^0 q_t^0}{\sum_{t=1}^{T} q_t^0}$$

式中，p_t^0 和 q_t^0 分别为实施电力积分机制前时段 t 的用电量和电价；p_t 和 q_t 分别为实施电力积分机制后时段 t 的用电量和折算后的电价。

②总电量约束。为保证居民用户的正常生活，实施电力积分机制前后用户的全天用电总量不变，即满足约束如下：

$$\sum_{t=1}^{T} q_t^0 = \sum_{t=1}^{T} q_t$$

5.1.4 算例分析

本节以我国某城市某区域的用户为研究对象进行算例分析，电网公司将一天分为 24 个时段，以 1 小时为时间间隔进行优化。假设 700 积分对应奖励金或惩罚金 1 元。居民用户的原始负荷如图 5-4 所示。算例仿真平台为 MATLAB-2014a，应用 YALMIP/CPLEX 进行模型建立并求解。

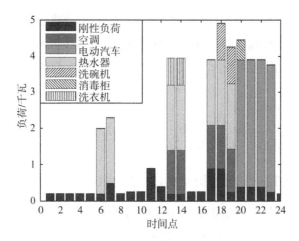

图 5-4　居民用户原始负荷

对电力积分机制双层优化模型进行仿真求解。优化所得积分以 700 积分兑换 1 元的比例折合为电价的奖励或惩罚，并与原始分时电价相叠加，结果如图 5-5 所示。

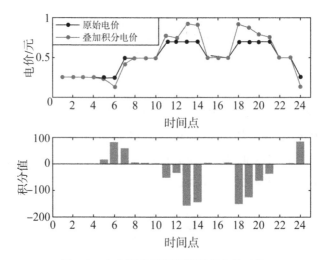

图 5-5　电力积分机制实施前后电价对比

在电力积分机制的激励下，居民用户计及用电成本和用电舒适度，进行用电负荷的调整，得到优化后的居民用户日用电负荷曲线，并将其与原始日负荷曲线进行对比，如图 5-6 所示。实行电力积分机制后，居民用户在午高峰时段（11:00—15:00）的负荷峰值由 3.95 千瓦降至 3.2 千瓦，降幅为 18.99%，晚高峰时段（18:00—22:00）的负荷峰值由 4.9 千瓦降至 3.9 千瓦，降幅为 20.41%，削峰效果较为明显。

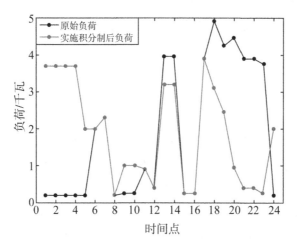

图 5-6 电力积分机制实施前后负荷对比

实施电力积分机制后电网公司一天的效益如表 5-2 所示。实施电力积分机制后电网公司总利润由 27.02 元增长到 30.82 元，较实施前增长了 14.06%。

表 5-2 电力积分机制实施效益

情形	实施前	实施后
售电收入 / 元	27.02	18.01
电网侧效益 / 元	0	19.70
积分费用 / 元	0	1.86
管理宣传费用 / 元	0	5
总利润 / 元	27.02	30.82

实施电力积分机制前后电网公司售电收入由 27.02 元降至 18.01 元。虽然实施后电网公司的售电收入有所减少，且需要额外承担电力积分费用以及积分机制产生的管理维护与宣传费等费用，但由于居民用户对原有用电负荷进行了调整，使得电力系统峰谷差降低，从而提高了系统可靠性，减少了备用容量需求，长期来看可延缓电网配套设施建设，可使电网公司获得电网侧效益 19.70 元，使得总利润依旧增长。因此，电网公司具有实施电力积分机制的动力。

5.2　面向需求侧主动响应的工商业用户电力套餐优化设计

电力供应的季节性紧缺和时段性紧缺导致供需矛盾加大，甚至会给电网的安全稳定运行造成严重威胁。由 2.2 节可知，DR 激励机制通常可分为价格型和激励型，它作为电力系统的一种重要的调峰手段，可以改善电网的经济运行效率，促进资源的合理配置。考虑到电力套餐能够为不同用能特性的电力用户提供具有针对性的用能方案，因此其作为价格型或激励型 DR 激励机制的载体，对调动多样化需求侧资源主动参与 DR 具有重要作用。

我国当前没有真正意义上的竞争性电力零售市场，只有云南省推出了居民用户电力套餐。国内外目前已有关于电力套餐的研究，多围绕电价套餐的零售电价优化展开。总体来看，电力套餐设计的相关研究大都集中于电价套餐的优化设计，很少有关于套餐定量优化或面向差异化用能特性用户的套餐设计方法研究。

我国营销电价种类繁多，但用户往往不知道如何选择，现行的峰谷电价机制比较粗放，没有区分不同用户类型对系统峰谷差的贡献，不利于提升用户参与削峰填谷的积极性。同样的问题在国外也很普遍，例如英国的电力套餐结构不清晰、特征不明显，使得更换供电商和电力套餐的用户占比较低。此外，我国工商业用户用电量占全社会用电量的比重较大，且其具有响应容量大、负荷稳定和自动化水平高等特点，因此该类用户为电力系统中最重要的需求响应资源。

对此，本节借鉴通信套餐的设计思想，针对电力系统峰谷差大、负荷率低的现状，提出了一种面向工商业用户的用电曲线－电费折扣型电力套餐。该套餐的设计考虑了用户行为改变对系统削峰填谷的作用，以及对其自身的影响，属于价格与激励相结合的 DR 措施。首先，根据用户的用电形态特征，对用户类型进行特征辨识，为用户根据自身历史用电数据选择套餐并为售电公司进行套餐设计提供参考；其次，综合考虑用户的用电舒适度和经济性，建立了基于用户效用和多项 logit 模型（multinomial logit model，MNL）的电力套餐选择决策行为模型；最后，构建了基于成本－效益分析的电力套餐评估模型，并在此基础上，建立了面向 DR 工商业用户电力套餐设计的优化模型，具体如下。

5.2.1　针对工商业用户的负荷特征辨识

对工商业用户进行负荷特征辨识的主要目的在于提取用户的典型负荷模式，对市场进行细分，为电网公司科学合理地制订针对不同类型用户的电力套餐提供参考。本节提出的工商业用户电力套餐旨在削减高峰负荷、减小系统峰谷差，重点关注用户负荷形态的差异。受限于当前实时电力曲线的测量并未普及，通常可将全天分为 T 个时段，各地对时段的划分各不相同，假定 $T=3$，即将全天分为峰、平、谷时段，其中峰时段为 09:00—17:00，平时段为 08:00—09:00 和 17:00—00:00，谷时段为 00:00—08:00。随着测量水平的提升，可增加时段数。对用户负荷特征，可以以其负荷率来表征其日负荷分布的整体不均衡性，以日峰谷差率来表征电网所需的调峰能力，以峰时段负载率、平时段负载率和谷时段负载率来分别表征峰、平、谷时段的负荷变化情况。因此我们可通过这五个指标实现日负荷曲线的降维，采用基于特性指标降维的日负荷曲线聚类方法提取工商业用户的负荷模式，为后续电力套餐的制订提供参考依据。

聚类分析是一个无监督模式识别过程，一般聚类算法都需要预先指定聚类数目。Milligan 等分析比较了 30 种聚类有效性指标，提出卡林斯基–哈拉巴斯（Calinski–Harabasz，CH）指标性能最优[6]。因此，采用 CH 指标选取恰当的聚类数目。CH 指标通过类内离差矩阵描述紧密度，类间离差矩阵描述分离度，其值越大，表明类内数据联系越紧密、类间区别越大，即聚类结果更优。设 N 个工商业用户的典型日负荷曲线经数据降维后得到的样本集为 $\{x_1, x_2, \cdots, x_n, \cdots, x_N\}$，其中 x_n 是由五个特性指标组成的列向量。所有用户被划分为 I 类，第 i 类用户群记为 $\omega_i = \{x_k^{(i)}, k=1, 2, \cdots, N_i\}$，其中 $x_k^{(i)}$ 表示用户群 i 中的第 k 个用户的特性指标向量，N_i 为用户群 i 中的用户数目。则 CH 指标值的计算方法可表示如下：

$$W_{\text{CH}}(I) = \frac{\text{tr} S_{\text{B}}(I) / (I-1)}{\text{tr} S_{\text{W}}(I) / (N-I)}$$

$$S_{\text{B}} = \sum_{i=1}^{I} P_i (m_i - m)(m_i - m)^{\text{T}}$$

$$S_{\text{W}} = \sum_{i=1}^{I} P_i \frac{1}{N_i} \sum_{k=1}^{N_i} (x_k^{(i)} - m_i)(x_k^{(i)} - m_i)^{\text{T}}$$

式中，$W_{\text{CH}}(I)$ 表示 CH 指标的值；$\text{tr} S_{\text{B}}(I)$ 表示不同电力用户群间离差矩阵 S_{B} 的迹，$\text{tr} S_{\text{W}}(I)$ 表示电力用户群内离差矩阵 S_{W} 的迹；P_i 和 m_i 分别为第 i 类用户群的先验概率和均值向量；m 为所有用户的总体均值向量。

5.2.2 基于用户效用和多项 logit 模型的电力套餐选择决策行为模型

削峰填谷是实施电力套餐的主要目的，类似于依据功率因数调整电费（依据用户功率因数水平的高低来减收或增收电费），电力套餐根据用户实际用电的峰谷差大小给予适当鼓励。然而，实时电力曲线的测量并未普及，因此采用某个时段内的电量来考核用户更为可行。定义月度峰谷电量系数来衡量用户的峰谷差，表示如下：

$$a = \frac{Q_{\mathrm{P}}}{Q_{\mathrm{V}}}$$

式中，a 为月度峰谷电量系数；Q_{P}、Q_{V} 分别为月度峰、谷时段累计用电量。

电网公司推出 K 个可选电力套餐，套餐 j 中规定月度峰谷电量系数标准值为 a_j，电价折扣为 b_j。选择某一套餐的用户，当其月度峰谷电量系数小于该套餐的标准值时，该用户当月的电量电费在结算时可享受套餐中规定的折扣；当其月度峰谷电量系数高于套餐标准值时，则失去优惠的权利。若选择的套餐规定的月度峰谷电量系数标准值高于其原始值，则用户不需要调整用电方式。

在电力套餐的设计过程中，分析用户对套餐的选择决策行为是至关重要的一个环节。基于效用最大化理论的离散选择模型（discrete choice model，DCM）适用于分析决策者的选择行为，在交通需求、教育及职业的选择和消费者商品需求等方面广泛应用[7]。采用 DCM 中应用最广泛的 MNL 来预测工商业用户选用某一电力套餐的概率。效用是经济学中的概念，用来衡量消费者对商品或服务的偏好，表示消费者从消费既定商品组合中获得的满足程度，它通常包括两部分：可观测部分和不可观测部分。用户 i 通过选用套餐 j 获得的效用如下：

$$V_{ij} = U_{ij} + \varepsilon_{ij}$$

式中，V_{ij} 为套餐 j 对用户 i 的总效用；U_{ij} 为能够被研究者所观测的效用部分，如用户通过电力套餐获得的电费节省和产生的用电方式的变化，是效用的系统项；ε_{ij} 为无法被观测到的效用部分，如用户的心理状态、个人偏好和观测误差等，是效用的随机项。MNL 模型基于以下假设[8]：①理性的用户会选择对其效用最大的选项；②效用的随机项相互独立且服从耿贝尔（Gumbel）分布。根据 MNL 模型，用户选择某一套餐的概率可通过其效用的系统项来确定，完全理性的典型用户 i 选择套餐 j 的概率如下：

$$p_{ij} = \frac{\mathrm{e}^{\beta U_{ij}}}{\sum\limits_{j=1}^{K} \mathrm{e}^{\beta U_{ij}}}$$

式中，β 是比例参数，为效用函数的随机项因素，其取值可以通过对用户进行市场调研和回归分析来确定；β 越大则该模型越接近确定性选择模型，β 越小则近似于均匀分布。

为衡量电力套餐的效用的系统项（以下简称效用），提出一种计及用户满意度的电力套餐效用评估模型，从电费支出和用电方式这两部分来考虑[9]。

电力套餐以电价折扣的方式吸引用户主动参与 DR，其折扣越大，对用户的吸引力越大。用户对不同电力套餐的偏好在很大程度上依赖初始电费与选择套餐后电费支出的差值，这个差值越大，用户选择该套餐的倾向就越强烈。用户电费支出的降低一部分来自负荷转移导致的高峰电量消耗减少，另一部分是选择并严格执行电力套餐获得的电费折扣奖励。因此，用户电费支出满意度可表示如下：

$$U_{ij}^{1} = 1 + \frac{B_{ui}^{'} - B_{uij}}{B_{ui}^{'}} = 1 + \frac{B_{ui}^{'} - \sum\limits_{t=1}^{T} b_{j} f^{t} \eta_{ij}^{t} Q_{i}}{B_{ui}^{'}}$$

式中，U_{ij}^{1} 为典型用户 i 选择套餐 j 时的电费支出满意度；$B_{ui}^{'}$ 和 B_{uij} 分别为典型用户 i 的每月的初始电费和选择套餐 j 后每月的电费支出；Q_{i} 为典型用户 i 的月度用电量；f^{t} 为 t 时段的电价；η_{ij}^{t} 为典型用户 i 选择套餐 j 后每月在 t 时段的用电量占月度总用电量的比例。

一般而言，在电价相对稳定的情况下，用户会按照舒适度最大的方式用电，因此可以假定在未实行电力套餐时，用户对典型日负荷曲线下的用电方式满意度最高[10]。用户选定电力套餐后，根据套餐合同规定进行负荷转移，其负荷曲线与典型日负荷曲线有一定的偏移，同时满意度下降，因此可用该偏移衡量用电方式满意度，表达式如下：

$$U_{ij}^{2} = 1 - r_{i} \left(\sum_{t=1}^{T} \left| \eta_{ij}^{t} - \eta_{i}^{t} \right| \right)^{q_{i}}$$

式中，U_{ij}^{2} 为典型用户 i 选择套餐 j 的用电方式满意度；η_{i}^{t} 为典型用户 i 每月在 t 时段的初始用电量比例；r_{i} 和 q_{i} 为与用电方式满意度相关的参数，其数值大小与用户类型有关，实际中可通过调整 r_{i} 和 q_{i} 的取值来模拟不同用户的用电方式满意度。

因此，计及用户满意度的套餐效用模型定义如下：

$$U_{ij}=\alpha_i U_{ij}^1+(1-\alpha_i)U_{ij}^2, \ \alpha_i \in [0,1]$$

式中，α_i 为典型用户 i 对电费支出满意度赋予的权重，即不同类型的用户对电费支出和用电方式的重视程度不同，如对电价变化敏感程度较高的用户，其 α_i 的取值较大，而对负载调整敏感程度较高的用户，其 α_i 的取值较小。

考虑到用户也可以不选用任何电力套餐而保持原有的电费计价方式，根据效用模型，用户不选用套餐时其效用为 1，因此，典型用户 i 选择套餐 j 的概率表达如下：

$$p_{ij}=\frac{\exp\left(\beta\left\{\alpha_i\left(1-\dfrac{B_{ui}'-\sum\limits_{t=1}^{T}b_j f^t \eta_{ij}^t Q_i}{B_{ui}'}\right)+(1-\alpha_i)\left[1-r_i\left(\sum\limits_{t=1}^{T}\left|\eta_{ij}^t-\eta_i^{'t}\right|\right)^{q_i}\right]\right\}\right)}{\exp(\beta)+\sum\limits_{j=1}^{K}\exp\left(\beta\left\{\alpha_i\left(1-\dfrac{B_{ui}'-\sum\limits_{t=1}^{T}b_j f^t \eta_{ij}^t Q_i}{B_{ui}'}\right)+(1-\alpha_i)\left[1-r_i\left(\sum\limits_{t=1}^{T}\left|\eta_{ij}^t-\eta_i^{'t}\right|\right)^{q_i}\right]\right\}\right)}$$

5.2.3 基于成本–效益分析的电力套餐评估模型

面向需求侧主动响应的电力套餐设计以电网公司为售电主体，相比一般售电公司，电网公司作为公共事业部门，需要承担社会责任，因此这里设定电力套餐制订的目标为最大化社会效益。本节提出的基于成本–效益分析的电力套餐评估模型，综合考虑了实施电力套餐需投入的总成本，以及量化套餐给各市场参与者带来的不同效益。

DR 项目的实施成本一般包括推广费用、投资建设费用、运行维护费用和用户补贴费用等。电力套餐的实施只需要收集工商业用户峰谷电表的计量数据，不要求新设备的投入，可节省高额的设备成本和运行维护成本。因此，电力套餐的成本主要包括电费优惠支出和套餐的营销与管理支出。

①电费优惠支出是指电力套餐实施后电网公司减少的售电收入。售电收入的减少的原因一方面是用户负荷转移导致高峰电量消耗减少，另一方面是需向选择电力套餐并严格执行合同内容的用户支付电费折扣奖励。因此，电费优惠支出可表示如下：

$$C_{u} = \sum_{i=1}^{I}(B_{ui}^{\Sigma'} - B_{ui}^{\Sigma}) = \sum_{i=1}^{I}(B_{ui}^{\Sigma'} - \sum_{j=1}^{K}\sum_{t=1}^{T}b_{j}f'\eta_{ij}^{t}p_{ij}Q_{i}^{\Sigma})$$

式中，$B_{ui}^{\Sigma'}$ 和 B_{ui}^{Σ} 分别表示第 i 类用户群每月的初始总电费和实行电力套餐后的总电费；Q_{i}^{Σ} 为第 i 类用户群的月度总用电量。

②电力套餐的营销和管理支出是指电网公司推出电力套餐后用于宣传推广和管理维护电力套餐的各项费用，可表示如下：

$$C_{m} = \rho K$$

式中，ρ 为每个套餐的营销与管理产生的平均费用；K 为推出的电力套餐总数。

站在不同的市场参与者角度来看实施电力套餐产生的效益是不同的。针对我国电力市场开放程度不高，电价不能充分反映边际成本，发电、输电、配电的成本信息缺失的现状，本节在参考国内外 DR 成本效益测算模型的基础上，从发电侧、电网侧和环境三个角度来量化电力套餐的实施效益[11]。

①发电侧效益。主要包括可避免新增发电容量成本、可避免高成本机组发电成本和可避免机组非正常启停成本。可避免新增发电容量成本是指由于实施电力套餐而减少的为满足高峰负荷需求而新增的装机及其配套设施的投资费用，是电力套餐效益中最为显著的部分。可避免高成本机组发电成本是指实施电力套餐后发电侧减少高成本机组运行时间而节省的成本。可避免机组非正常启停成本是指实施电力套餐后节省的因机组超负荷运行导致的非正常启停费用。综上，发电侧效益可表示如下：

$$B_{g} = A_{T}\frac{1+k_{1}}{(1-k_{2})(1-k_{3})}\Delta P + A_{g}\frac{1}{(1-k_{2})(1-k_{3})}\Delta Q + A_{s}n_{s}$$

式中，A_{T} 为每千瓦容量的可避免成本；A_{g} 为高成本机组的单位发电成本；A_{s} 为每次非正常启停费用；n_{s} 为减少的非正常启停次数；k_{1} 为规划备用容量百分比；k_{2} 为输配电网损耗系数；k_{3} 为厂用电率；ΔP 为电力套餐潜在的峰荷削减量；ΔQ 为实施电力套餐降低的峰时段工商业负荷总用电量。

②电网侧效益。主要包括可避免电网投资成本、系统可靠性效益和可避免电量成本。可避免电网投资成本是指高峰负荷需求下降后电网公司少建或缓建输配电线路、变电站及其配套设施而节省的费用。系统可靠性效益是指通过实施电力套餐来降低停电概率、提高系统可靠性从而减少的系统备用容量需求。避免电量成本是指由于高峰负荷削减或者负荷转移而减少的购电费用。综上，电网侧效益

可表示如下：

$$B_p = A_p \frac{1+k_1}{1-k_2} \Delta P + (A_{VOLL} - A_{SMP}) p_{LOLP} \frac{1}{1-k_2} \Delta Q + A_f \frac{1}{1-k_2} \Delta Q$$

式中，A_p 为输电线路、变电站及其配套设施的单位平均造价；A_f 为每千瓦时峰荷和谷荷购电成本的差价；A_{VOLL} 为示电力失负荷价值；A_{SMP} 为电力边际成本；p_{LOLP} 为电力系统失负荷概率。

③环境效益。指通过避免热力发电实现温室气体减排而产生的价值。实施电力套餐后，一方面以热力发电为主的发电侧发电量减少，另一方面负荷率提高、发电机组启停次数减少，两者都会导致 CO_2、SO_2、NO_x 等温室气体或污染物气体排放量降低。综上，环境效益可表示如下：

$$\begin{aligned} B_e &= (\sigma_{CO_2} V_{CO_2} + \sigma_{SO_2} V_{SO_2} + \sigma_{NO_x} V_{NO_x}) \Delta Q_A \\ &\quad + \Delta \xi c_g \varphi (\sigma_{CO_2} V_{CO_2} + \sigma_{SO_2} V_{SO_2} + \sigma_{NO_x} V_{NO_x}) Q_A \\ &= r_\Sigma \Delta Q_A + \Delta \xi c_g \varphi r_\Sigma Q_A \end{aligned}$$

式中，Q_A、ΔQ_A 分别为套餐实施后的总发电量和减少的发电量；σ_{CO_2}、σ_{SO_2}、σ_{NO_x}、V_{CO_2}、V_{SO_2}、V_{NO_x} 分别为 CO_2、SO_2、NO_x 的减排系数和减排价值；$\Delta \xi$ 为实施电力套餐后负荷率提升的百分点；c_g 为燃煤机组的供电煤耗；φ 为负荷率上升1个百分点对应的燃煤机组单位煤耗下降率；为简化表达式，用 r_Σ 为每降低单位发电量而减排的温室气体或污染物气体的总价值。

在电力套餐成本 – 效益分析的基础上，以益本比作为电力套餐的综合评价指标，定义为实施电力套餐带来的总效益与需投入的总成本的比值。只有当益本比大于1时，电力套餐才具有可行性。益本比越大，电力套餐的成本效益性越高，因此电网公司在电力套餐方案的制订过程中应考虑益本比较高的方案。

$$R_{BC} = \frac{B_g + B_p + B_e}{C_u + C_m}$$

式中，R_{BC} 为实施电力套餐的益本比。

5.2.4　面向需求响应的工商业用户电力套餐设计的优化模型

根据本节建立的电力套餐评估模型，电力套餐优化设计的目标为最大化益本比，故工商业用户电力套餐设计的优化模型决策变量为各电力套餐的月度峰谷电量系数标准值和电价折扣，目标函数可表示如下：

$$
\max_{a,b} R_{BC}
$$

$$
= \max_{a,b} \left\{ \frac{A_T \Delta P \dfrac{1+k_1}{(1-k_2)(1-k_3)} + A_g \Delta Q \dfrac{1}{(1-k_2)(1-k_3)} + A_s n_s}{\displaystyle\sum_{i=1}^{I}\left(B_{ui}^{\Sigma'} - \sum_{j=1}^{K}\sum_{t=1}^{T} b_j f^t \eta_{ij}^t p_{ij} Q_i^{\Sigma}\right) + \rho K} \right.
$$

$$
+ \frac{A_p \dfrac{1+k_1}{1-k_2}\displaystyle\sum_{i=1}^{N}\Delta P_i \sigma + (A_{VOLL} - A_{SMP}) p_{LOLP} \dfrac{1}{1-k_2}\sum_{i=1}^{N}\Delta Q_i + A_f \dfrac{1}{1-k_2}\Delta Q}{\displaystyle\sum_{i=1}^{I}\left(B_{ui}^{\Sigma'} - \sum_{j=1}^{K}\sum_{t=1}^{T} b_j f^t \eta_{ij}^t p_{ij} Q_i^{\Sigma}\right) + \rho K}
$$

$$
\left. + \frac{Q \dfrac{1}{(1-k_2)(1-k_3)}\Delta \xi c_g \varphi r_{\Sigma}}{\displaystyle\sum_{i=1}^{I}\left(B_{ui}^{\Sigma'} - \sum_{j=1}^{K}\sum_{T=1}^{3} b_{ij} f^T \eta_{ij}^T p_{ij} Q_i^{\Sigma}\right) + \rho K} \right\}
$$

式中，*a* 为月度峰谷电量系数标准值向量；*b* 为电价折扣向量。约束条件包括以下几个方面。

（1）峰荷削减量和峰时段用电量下降量约束

$$
\Delta P = \sum_{i=1}^{I}\Delta P_i^{\Sigma}\sigma = \sum_{i=1}^{I}\sum_{j=1}^{K} p_{ij}\Delta P_{ij}^{\Sigma}\sigma
$$

$$
\Delta P_{ij}^{\Sigma} =
\begin{cases}
P_i^{\Sigma}\left(1-\dfrac{\eta_{ij}^1}{\eta_i^{1'}}\right), & a_j < a_i' \\
0, & a_j \geqslant a_i'
\end{cases}
$$

$$
\Delta Q = \sum_{i=1}^{I}\Delta Q_i^{\Sigma} = \sum_{i=1}^{I}\sum_{j=1}^{K} p_{ij}\Delta Q_{ij}^{\Sigma}
$$

$$
\Delta Q_{ij}^{\Sigma} =
\begin{cases}
Q_i^{\Sigma}\left(1-\dfrac{\eta_{ij}^1}{\eta_i^{1'}}\right), & a_j < a_i' \\
0, & a_j \geqslant a_i'
\end{cases}
$$

式中，ΔP_i^{Σ}、ΔQ_i^{Σ} 分别为第 *i* 类用户群的总峰荷削减量和总峰时段用电量下降量；ΔP_{ij}^{Σ}、ΔQ_{ij}^{Σ} 分别为第 *i* 类用户群中所有用户都选择套餐 *j* 时的潜在高峰负荷削减量和峰时段用电量下降量；P_i^{Σ}、Q_i^{Σ} 分别为第 *i* 类用户群的总负荷峰值和峰时段总用电量；σ 为负荷同时率；a'_i 为典型用户 i 的初始月度峰谷电量系数。

（2）各时段用电量比例约束

假设用户选择某一月度峰谷电量系数标准值低于其原始值的电力套餐后，为获得套餐的折扣优惠将按照套餐的规定调整其用电方式，在各时段之间进行负荷转移，λ_{ij} 为第 i 类用户群选择套餐 j 后的电量转移矩阵，表示如下：

$$\lambda_{ij} = \begin{bmatrix} \lambda_{ij}^{11} & \lambda_{ij}^{12} & \lambda_{ij}^{13} \\ \lambda_{ij}^{21} & \lambda_{ij}^{22} & \lambda_{ij}^{23} \\ \lambda_{ij}^{31} & \lambda_{ij}^{32} & \lambda_{ij}^{33} \end{bmatrix}$$

由于用户选用电力套餐前后用电需求量基本一致，可假设其月度总用电量不变，表示如下：

$$\sum_{i=1}^{I}\sum_{j=1}^{K}\sum_{l=1}^{T}\sum_{m=1}^{T}\lambda_{ij}^{lm} = 0$$

式中，λ_{ij}^{lm} 为第 i 类用户群选择套餐 j 后的由 l 时段转移到 m 时段的电量比例。

鉴于峰时段负荷直接向谷时段转移的难度较大，为简化模型，假设用户将其峰时段部分负荷向平时段转移，平时段部分负荷向谷时段转移，这样来使其月度峰谷电量系数符合套餐要求，即改变用电行为后的月度峰谷电量系数可表示如下：

$$\frac{\eta_{ij}^{1}}{\eta_{ij}^{3}} = a_j$$

$$\lambda_{ij} = \begin{bmatrix} 0 & \dfrac{(\eta_i^{'1} - a_j\eta_i^{'3})\theta_i}{a_j + \theta_i} & 0 \\ -\dfrac{(\eta_i^{'1} - a_j\eta_i^{'3})\theta_i}{a_j + \theta_i} & 0 & \dfrac{\eta_i^{'1} - a_j\eta_i^{'3}}{a_j + \theta_i} \\ 0 & -\dfrac{\eta_i^{'1} - a_j\eta_i^{'3}}{a_j + \theta_i} & 0 \end{bmatrix}$$

式中，θ_i 表征用户的负荷转移偏好，是与用户类型有关的参数，其含义为从最终效果来看，用户 i 从峰时段转移至平时段再由平时段转移至谷时段的电量占全部谷时段增加电量的比例。

显然，当用户的原始峰谷电量系数低于其所选套餐标准值或用户未选择任何套餐时，用户不需要进行负荷转移，故可假定其用电行为不发生变化，即

$$\lambda_{ij}=0$$

在此基础上，用户的峰、谷、平时段的电量比例可表示如下：

$$\eta_{ij}^1 = \eta_i^{'1} + \lambda_{21} + \lambda_{31}$$

$$\eta_{ij}^2 = \eta_i^{'2} + \lambda_{12} + \lambda_{32}$$

$$\eta_{ij}^3 = \eta_i^{'3} + \lambda_{13} + \lambda_{23}$$

$$\sum_{t=1}^{T} \eta_{ij}^t = 1$$

（3）月度峰谷电量系数标准值和电价折扣约束

根据套餐设计的区隔性原则，不同套餐应侧重不同的用户群体，套餐内容应有针对性，满足以下约束：

$$a_j < a_{i_j}^{'}$$

$$a_j > a_{j+1}, \quad j=1,2,\cdots,K-1$$

$$b_j > b_{j+1}, \quad j=1,2,\cdots,K-1$$

$$a_j > 0, \quad j=1,2,\cdots,K$$

$$1 > b_j > 0, \quad j=1,2,\cdots,K$$

式中，$a_{i_j}^{'}$为套餐j的目标用户群i_j的初始月度峰谷电量系数。每一套餐的月度峰谷电量系数标准值应低于目标用户群的月度峰谷电量系数，且低于上一套餐的标准值；每一套餐的电价折扣系数应低于上一套餐的折扣系数；任一套餐的月度峰谷电量系数标准值大于0，电价折扣系数的取值在0～1。

（4）用户效用值约束

为了充分挖掘用户削峰填谷的潜力，应尽量使每一典型用户都能选择月度峰谷电量系数标准值低于其初始值的套餐。此外，为吸引用户选择电力套餐，应保证每一用户群体的对应套餐的效用值比维持现状的效用值大。故应满足以下约束：

$$U_{ij_i} > U_{ij}, \quad j \neq j_i$$

$$U_{ij_i} > 1, \quad i=1,2,\cdots,I$$

式中，U_{ij_i} 为用户群 i 选择其对应套餐 j_i 的效用值。用户群选择其对应套餐时获得的效用值最高，目标套餐的效用值大于 1。

值得说明的是，由于电力套餐还未试点实施，暂时无法得到实施后的实际数据，因此通过仿真来模拟电力套餐的实施，以检验套餐实施后的效果。实际中，可以通过实施后的具体效果来反馈拟合参数以调整电力套餐的设计。

5.2.5 算例分析

以我国某城市的某综合区域内的 2653 个工商业用户为研究对象。假设每千瓦容量的可避免成本为 728 元 / 年，规划备用容量百分比为 15%，输配电网损耗系数为 6.68%，高成本机组的单位发电成本为 0.845 元 / 千瓦时，每千瓦输电线路、变电站及其配套设施的单位平均造价为 312 元 / 年，该地区的失负荷概率为 0.5 天 / 年，峰、平、谷时段的电价分别为 1.014 元 / 千瓦时、0.697 元 / 千瓦时、0.232 元 / 千瓦时，电力失负荷价值为 24.371 元 / 千瓦时，电力边际成本取 0.697 元 / 千瓦时，负荷同时率为 0.817，燃煤机组的供电煤耗为 326 克 / 千瓦时，负荷率上升 1% 对应的燃煤机组单位煤耗下降率为 4.5%，每个套餐的营销与管理费用为 15 万元 / 年，主要的温室气体或污染物气体排放系数和减排效益如表 5-3 所示。为了简化计算，基本算例假设所有用户将电费支出和用电方式满意度视为同等重要，即 α_i 取值为 0.5，假定 MNL 模型中的效用随机项参数 β 取 15，所有用户的用电方式满意度中的类型参数 r_i 和 q_i 分别取 5 和 2.2，用户负荷转移偏好系数 θ_i 取 0.7。

表 5-3 温室气体或污染物气体的减排系数和减排价值

气体	减排系数 / (吨 / 千瓦时)	减排价值 / (元 / 吨)
CO_2	0.00033572	160
SO_2	0.00000803	20000
NO_x	0.0000069	631.6

对各工商业用户的日负荷曲线进行聚类的 CH 指标值如图 5-7 所示。当聚类数（用户类型）为 4 时，簇内数据联系紧密，簇间分散性大，聚类效果最优。将同一用户群内所有用户的日负荷曲线叠加取平均，得到如图 5-8 所示相应类的典型负荷曲线。

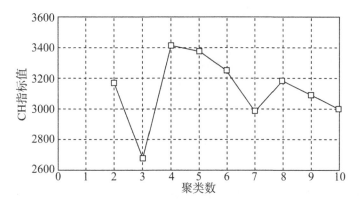

图 5-7　不同聚类数下的 CH 指标

从图 5-8 可以看出，该区域工商业用户可被分为四类：双峰型、峰平型、平滑型和避峰型。双峰型负荷主要来自大型制造工业用户，中午由于员工休息负荷明显下降；峰平型负荷来自制衣厂等，其工作时间固定且规律；平滑性负荷全天负荷波动不大，负荷率较高，多来自三班制生产方式，如高温炼炉负荷、大容量高压电机负荷；避峰型负荷比较特殊，其用电高峰时段正好处于系统的低谷时段。各用户群的比例如图 5-9 所示。

从图 5-9 可以看出，双峰型和峰平型负荷占比较高，避峰型负荷占比较低。从需求侧的角度看，双峰型和峰平型负荷应是 DR 项目实施的主要对象，可以带来较大的削峰填谷效益。同时也应进一步挖掘平滑型和避峰型用户参与 DR 项目的潜力，以完成整个系统削峰填谷的目标，缓解短期内系统容量短缺，降低发电成本，延缓电网升级。

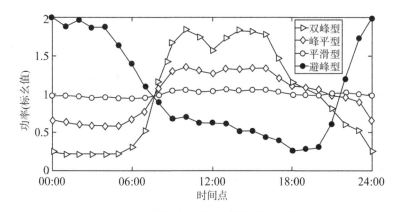

图 5-8　四种用户群的典型日负荷曲线

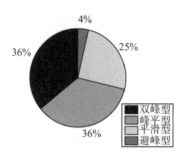

图 5-9 四种用户群的比例

本节提出的优化模型属于复杂的带约束非线性规划问题，难以依靠传统的解析方法求解，由于遗传算法具有全局性和鲁棒性好等特点，采用遗传算法进行优化求解。四种不同类型的用户群体得到的最优电力套餐方案如表 5-4 所示。

表 5-4 四种不同类型的用户群体得到的最优电力套餐

电力套餐	月度峰谷电量系数标准值	电价折扣系数
套餐 A	3.153	0.972
套餐 B	1.374	0.963
套餐 C	0.746	0.942
套餐 D	0.143	0.891

在给定上述电力套餐背景下，表 5-5 展示了各电力套餐（以及维持现状）对不同类型用户的效用值和各电力套餐的市场份额。从表 5-4 和表 5-5 可以看出，尽管套餐 C 和套餐 D 的折扣系数低于套餐 A，但双峰型用户选择两者的效用值明显小于 1，原因在于套餐 C 和 D 规定的月度峰谷电量系数标准值明显低于双峰型用户原始月度峰谷电量系数，故其需转移较多负载才能符合套餐要求，用电方式满意度的下降大于电费支出满意度的提高。四种套餐对避峰型用户的效用值均大于 1，故避峰型用户选择任何一种套餐都可获得收益，电力套餐的实施对原始峰谷电量系数较低的客户更加有利。

表 5-5 各套餐对不同类型用户的效用值及其市场份额

电力套餐	效用				市场份额
	双峰型	峰平型	平滑型	避峰型	
套餐 A	1.010	1.014	1.014	1.014	37.40%
套餐 B	0.740	1.024	1.019	1.019	21.00%

续表

电力套餐	效用				市场份额
	双峰型	峰平型	平滑型	避峰型	
套餐 C	0.098	0.858	1.029	1.029	9.46%
套餐 D	−3.161	−0.837	0.041	1.040	0.96%
维持现状	1.000	1.000	1.000	1.000	31.18%

不同类型用户选择其对应套餐的概率最大,均大于维持现状的概率。套餐 A 和 B 在四种典型用户群体中均占有一定的市场份额,双峰型、峰平型、平滑型用户选择套餐 D 的概率接近于零,套餐 D 仅在避峰型用户中拥有一定的市场份额。由于避峰型用户在用户总体中占的比例远小于其他典型用户,故套餐 D 的市场份额仅为 0.96%。实施电力套餐后,仍有 31.18% 的用户不愿意变更现在的电费计价方式,没有选择任何套餐,这可能是用户的心理因素、个人偏好等不可观测的随机效用因素以及可观测的效用误差导致的。

根据本节建立的基于成本 - 效益分析的电力套餐评估模型对最优套餐进行评估,以验证电力套餐的经济性和可行性。考虑各类型用户选择各套餐(包括维持现状)的概率,将所有用户的负荷曲线叠加,可得到实施电力套餐后工商业用户的总日负荷曲线,并将其与原始负荷曲线对比,如图 5-10 所示。从图 5-10 可以看出,实施电力套餐后,工商业用户的总日负荷曲线趋于平滑,峰谷差明显减小,削峰填谷效果较为明显。

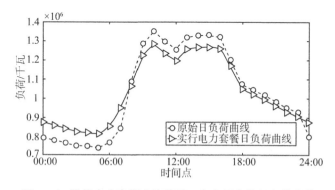

图 5-10　最优电力套餐实施前后工商业用户总日负荷曲线

表 5-6 给出了实施电力套餐前后工商业用户总负荷特征。从表 5-6 可以看出,实施电力套餐后,负荷峰值的下降量为 63 兆瓦,为原始工商业总负荷峰值

的 4.67%，系统日峰谷差率为 36.73%，相比原始数据下降了 8.25 个百分点。实施最优电力套餐需投入的总成本为 8348 万元 / 年，给多元主体带来的总效益为 13169 万元 / 年，益本比为 1.578。

表 5-6　最优电力套餐实行前后工商业用户总负荷特征

情况	最大负荷 / 兆瓦	峰谷差率 /%	负荷率
实行前	1349.552	45.25%	0.770
实行后	1286.513	36.73%	0.807

通过改变电费支出满意度权重的取值，运用电力套餐的优化设计模型计算最优套餐下的成本与效益，得到益本比随电费支出满意度权重的变化情况如图 5-11 所示。从图 5-11 可以看出，最优电力套餐的益本比随电费支出满意度权重的增加而上升，原因是当用户对电费支付满意度更重视时，其有更大的意愿去改变用电方式，选用电力套餐获得的电费折扣对套餐效用的提升作用大于负荷转移带来不便导致的套餐效用下降，因此这时用户达到同样的负荷转移所需成本更小，益本比更大。

当电费支出满意度权重超过 0.7 时，随着权重的增加，益本比基本不变，此时用户选用套餐的意向主要取决于套餐折扣的大小，而折扣的增大必然导致电力套餐成本上升，故益本比趋于一个恒定值（3.107）。经测算，确保益本比不小于 1 的临界权重为 0.345，只要用户对电费支出满意度赋予的权重超过临界值，电力套餐的实施就具有经济性和可行性。

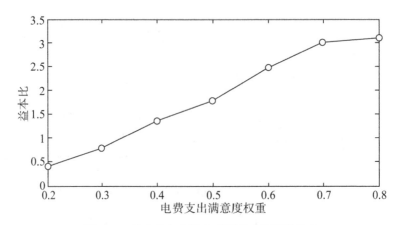

图 5-11　益本比与电费支出满意度权重的关系

日峰谷差率下降量随电费支出满意度权重的变化情况如图 5-12 所示。由图 5-12 可见，随着电费支出满意度权重的增加，系统日峰谷差率下降量持续增大，日峰谷差率不断下降。因此，电力套餐的实施能有效实现削峰填谷，促进资源的合理配置。

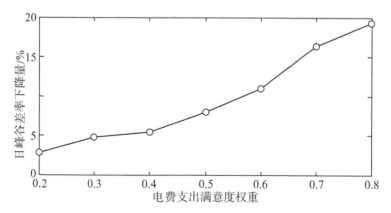

图 5-12　日峰谷差率下降量与电费支出满意度权重的关系

根据以上算例分析可以得出以下结论。

①当用户对电费支出满意度和用电方式满意度同等重视时，通过实施最优电力套餐，68.82% 的用户选择了相应的电力套餐，工商业总负荷峰值下降的比例达 4.67%，削峰填谷效果明显。优化得到的电力套餐方案的益本比为 1.783，这表明电力套餐产生的效益远大于投入的成本，面向工商业用户的电力套餐具有一定的实际应用价值。

②随着电费支出满意度权重的增加，由优化设计模型求得的最优电力套餐的益本比不断上升，最终趋于一个稳定值，系统日峰谷差率不断下降。在电力套餐实施的初期，由于用户对电力套餐不够了解，往往对用电方式满意度赋予更高的权重，而随着电力套餐在工商业用户中的推广，用户有更大的意愿改变用电行为，对电费支出更加重视，电力套餐实施的益本比会不断增大，削峰填谷效果更佳。因此，工商业用户电力套餐能有效调动需求侧资源的主动性和互动性，提高电网的经济运行水平和可靠性。

整体来看，本节提出了 DR 背景下工商业用户电力套餐设计的优化模型，采用基于特性指标降维的负荷聚类方法提取了工商业用户典型负荷模式，为电力套餐的设计进行了市场细分，基于 MNL 构建了用户对电力套餐的选择行为模型，同时考虑用电费支出满意度和用电方式满意度分析了不同套餐对用户的效用；为衡量电力套餐的经济价值，构建了有效的成本效益分析模型，在此基础上提出了电力套餐的综合评价指标；构建了以最大化益本比为目标的电力套餐优化设计模型，通过有效调动需求侧资源的主动性和互动性，提升电网的经济运行水平和可靠性，该模型具有良好的经济性和实际应用价值，能够为电网公司及配售电企业投资和推广电力套餐提供科学依据。

5.3 考虑用户有限理性的售电公司峰 – 谷组合电力套餐设计

相较大型工商业用户，小型工商业及居民用户更注重长时间周期内的电量消费，对日内负荷曲线的认知较少，其负荷具有随机性小、季节性明显等特点，故需要针对居民用户设计出合适的电力零售套餐。面向居民用户的电力零售套餐通常表现为多样化的电量计费方式。例如，美国德州售电公司为用户提供固定费率、可变费率和阶梯电价等计费方式；法国售电公司提出两部制电费结算机制，用户可根据自身用电情况选择合适套餐；澳大利亚售电公司为用户提供分季节、分时段的零售电价套餐以及太阳能电力套餐、绿色能源套餐等；国内北京、上海等城市则实行阶梯电价与峰谷分时电价相结合的电费收费标准。

随着能源互联网的发展和智能用电设备的广泛接入，电力用户对电能消费水平的认识和控制能力不断提高，以可中断负荷合同、电力积分或优惠券等形式出现的 DR 业务也可列入广义的电力套餐范畴。售电公司可通过 DR 调整用户用电行为，降低其在电力市场中的购电成本，从而提高购售电收益。在能源互联网下，以电力套餐为载体向终端用户提供售电服务正成为售电公司应对市场竞争的主流发展趋势。依托电力物联网和大数据分析手段，售电公司在深度挖掘用户用电行为习惯的基础上，制定有针对性的电力零售套餐已成为一种技术可能。然而，对售电公司来说设计合理的电力套餐还需要解决一些关键问题。一方面，电力套餐作为一种长期的电力零售方案，常以提供电费优惠的方式吸引用户，如澳大利亚 AGLD Energy 公司指出其为用户提供的电力套餐能够降低用户21% 的电费支出。对此，售电公司在设计电力套餐时应考虑套餐在提高销售收入、降低购电成本等方面的能力，以弥补其为用户提供电费优惠导致的收益损失。另一方面，作为电力套餐的目标主体，用户在套餐选择和用电响应过程中的有限理性行为对电力套餐参数的优化设计具有重要影响，而现有文献则对此鲜有研究。

针对上述问题，本节提出了一种售电公司峰 – 谷组合电力套餐，并给出了考虑用户有限理性决策的电力套餐优化设计方法，旨在通过峰－谷组合电力套餐激励用户提高用电水平、引导用户错峰用电，进而提高售电公司的购售电收益。

5.3.1 售电公司峰－谷组合电力套餐

作为零售市场中的常见营销方式，电力套餐在设计时要遵循一些基本原则，包括双赢、有效区隔和注重品牌等[12]，其设计常采用市场调研—用户聚类—属性优化的流程，最终得到面向不同目标用户的分档套餐。然而，电力零售市场中居民和中小型工商业用户的负荷离散性较大且随天气、季节等因素变化，售电公司难以有效确定套餐的分档数量，固定分档的电力套餐也难以灵活地满足用户在不同时期的差异化用电需求。为此，本节提出峰、谷时段的电量组合型套餐。

峰－谷组合电力套餐由峰、谷分时电量模块（即套餐使用周期内的峰、谷时段可用电量额度）、套餐折扣和超额用电资费等属性构成，属于给定用电额度的最低消费型电力套餐。用户可根据自身用电情况和行为偏好，事先选择不同数量的峰、谷分时电量模块组合定制套餐，获得套餐对应电费折扣，并在套餐使用周期结束后为套餐外的超额用电量支付附加电费。图 5-13 展示了电力用户选购不同峰－谷组合电力套餐时的预期用电电费情况。其中，当用户选购套餐 A 时，其需支付的电费包括计及套餐 A 折扣的 11 个峰时段模块和 6 个谷时段模块的总模块电费；当选购套餐 B 或套餐 C 时，用户除需支付对应数量峰、谷时段模块电费外，还需支付峰、谷时段的超额电费。

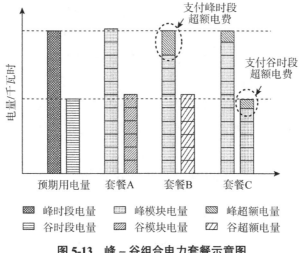

图 5-13　峰－谷组合电力套餐示意图

在峰－谷组合电力套餐模式下，选购 n_H 个峰模块和 n_L 个谷模块的用户的总电费可表示如下：

$$C_{i,n_H,n_L} = \lambda_{n_H,n_L}\left(n_H q_H p_t^H + n_L q_L p_t^L\right) + D_{i,n_H,n_L}$$

$$D_{i,n_H,n_L} = p_{D,H} d_{i,H} + p_{D,L} d_{i,L}$$

$$d_{i,H} = \max\left\{\sum_{t \in T_H} q_{i,t}^{re} - n_H q_H, 0\right\}$$

$$d_{i,L} = \max\left\{\sum_{t \in T_L} q_{i,t}^{re} - n_L q_L, 0\right\}$$

$$\lambda_{n_H,n_L} = \begin{cases} \lambda_0, & \varphi \leqslant \varphi_D \\ \dfrac{1-\lambda_0}{\varphi_S - \varphi_D}\varphi + \lambda_0, & \varphi_D < \varphi < \varphi_S \\ 1, & \varphi \geqslant \varphi_S \end{cases}$$

$$\varphi = \frac{n_H q_H}{n_L q_L}$$

式中，C_{i,n_H,n_L} 为电力用户 i 在选购 n_H 个峰模块和 n_L 个谷模块下的总电费；λ_{n_H,n_L} 为峰－谷组合电力套餐的电费折扣系数；p_t^H 和 p_t^L 分别为峰、谷时段分时电价；q_H 和 q_L 分别为峰、谷模块电量；D_{i,n_H,n_L} 为用户 i 的超额电费；$p_{D,H}$、$p_{D,L}$、$d_{i,H}$ 和 $d_{i,L}$ 分别为用户 i 在峰、谷时段的超额用电单价和超额用电量；$q_{i,t}^{re}$ 为 t 时段用户 i 购买套餐后的用电负荷；T_H 和 T_L 分别为峰、谷时段集合。售电公司为选购电力套餐的用户按峰、谷模块选购数量提供电费折扣，鼓励用户主动进行错峰用电。当用户的套餐峰谷电量额度比高于优惠区间上限 φ_S 时，用户将按原价支付套餐电费；当其低于优惠区间下限 φ_D 时，用户能够获得最优电费折扣 λ_0。售电公司峰－谷组合电力套餐设计即是以购售电收益最大化为目标，对峰、谷模块电量，超额用电单价，套餐优惠区间以及最优电费折扣等参数进行优化。

5.3.2 考虑用户有限理性的电力套餐效用评估

（1）行为经济学与有限理性用户

行为经济学作为实用的经济学，将行为分析理论与经济运行规律、心理学与经济科学有机结合起来，以发现现今经济学模型中的错误或遗漏，进而修正主流经济学关于人的理性、自利、完全信息、效用最大化及偏好一致基本假设的不足。前景理论（prospect theory）是行为经济学中一个重要理论，其描述和预测了人们在面临风险决策过程中表现出的与传统期望值理论和期望效用理论不一致的行为，发现人们在面对得失时的风险偏好行为不一致，在面对损失时表现为风险追求，而面对收益时却表现为风险规避；参照点的设立和变化影响人们的得失感受，并进而影响人们的决策；涉及确定效应（certainty effect）、损失厌恶（loss aversion）、参照依赖（reference dependence）等诸多概念。

根据行为经济学理论，现实中用户具有有限理性，在进行经济决策时将偏离传统经济理论所假设的最佳反应，或是即使知道效用最大化的最优解，也有可能因为心理作用、意志力和环境影响等无法做出最优决策。近年来，行为经济学理论在 DR、微电网电能交易和住宅节能等领域得到了广泛应用。电力用户的市场反馈对电力套餐设计具有重要影响，考虑用户在套餐选购和 DR 中的有限理性行为对售电公司峰 – 谷组合电力套餐的优化设计具有重要意义。

（2）计及裕度电量价值的电力套餐效用评估

电费是用户在进行峰 – 谷组合电力套餐选购决策时重要的影响因素之一。当前，我国需求侧多采用峰谷分时电价机制，即对不同时段的用电量按对应峰、谷分时价格结算。相比于峰谷分时电价，若用户选购电力套餐后支付的电费较低，则其具有选购套餐的动机；电费下降得越多，用户对该套餐的满意度越高，选购套餐的倾向性也越大。

以效用函数作为衡量用户消费行为满意度的指标，参照峰谷分时电价下用户历史平均负荷，将用户 i 选购 n_H 个峰模块和 n_L 个谷模块构成的电力套餐记为套餐 (n_H, n_L)，用户所获得的效用可定义为峰谷分时电费与套餐电费的差值，表示如下：

$$U_{i,n_H,n_L} = C^0_{i,\text{TOU}} - C^0_{i,n_H,n_L}$$

$$C^0_{i,\text{TOU}} = \sum_{t \in T} q_{i,t} p_t$$

式中，U_{i,n_H,n_L} 为用户 i 选购峰 – 谷组合电力套餐 (n_H, n_L) 时获得的购电效用；$q_{i,t}$ 为 t 时段用户 i 的历史平均负荷；$C^0_{i,\text{TOU}}$ 和 C^0_{i,n_H,n_L} 分别为用户 i 在历史平均用电负荷下的峰谷分时电费和购买套餐后所需支付的预期电费；p_t 为 t 时段的峰谷分时电价；T 为全天时段集合。

在峰 – 谷组合电力套餐模式下，用户选购的套餐峰、谷时段额度电量将为对应时段模块电量的整数倍，额度电量与用户用电负荷间的偏差难以避免。定义裕度电量为套餐峰、谷时段用电额度与预期用电负荷间的正偏差。有限理性用户在选购给定用电额度的电量型套餐时，除关注电费差异外还注重套餐裕度电量的价值，主要表现为以下两部分。

①考虑用户峰-谷负荷转移成本的电量替代价值。当用户选购的电力套餐在谷时段具有裕度电量而峰时段少于预期用电量时，用户可通过峰-谷时段的负荷转移实现谷时段对峰时段用电额度的替代，从而降低峰时段超额用电电费，反之亦然。用户峰-谷负荷转移实质上属于 DR 行为，售电公司常通过价格激励的方式补偿用户负荷转移成本，引导用户参与 DR。考虑用户峰-谷负荷转移成本，套餐裕度电量的电量替代价值可表示如下：

$$U_{i,n_{\mathrm{H}},n_{\mathrm{L}}}^{\mathrm{tr}} = \begin{cases} \beta_i \min\left\{\left|\Delta q_{i,\mathrm{H}}\right|, \left|\Delta q_{i,\mathrm{L}}\right|\right\} p_{\mathrm{D,H}}, & \Delta q_{i,\mathrm{H}} \leqslant 0, \Delta q_{i,\mathrm{L}} \geqslant 0 \\ \beta_i \min\left\{\left|\Delta q_{i,\mathrm{H}}\right|, \left|\Delta q_{i,\mathrm{L}}\right|\right\} p_{\mathrm{D,H}}, & \Delta q_{i,\mathrm{H}} \geqslant 0, \Delta q_{i,\mathrm{L}} \leqslant 0 \end{cases}$$

$$\Delta q_{i,\mathrm{H}} = n_{\mathrm{H}} q_{\mathrm{H}} - \sum_{t \in T_{\mathrm{H}}} q_{i,t}$$

$$\Delta q_{i,\mathrm{L}} = n_{\mathrm{L}} q_{\mathrm{L}} - \sum_{t \in T_{\mathrm{L}}} q_{i,t}$$

式中，$U_{i,n_{\mathrm{H}},n_{\mathrm{L}}}^{\mathrm{tr}}$ 为套餐裕度电量的电量替代价值；$\Delta q_{i,\mathrm{H}}$ 和 $\Delta q_{i,\mathrm{L}}$ 分别为峰、谷时段套餐额度电量与用户预期用电量的偏差；用户 i 的峰-谷负荷转移成本暂以系数 β_i 的形式加入到电量替代价值评估中，$0 \leqslant \beta_i \leqslant 1$ 且 β_i 越小则用户的负荷转移成本越高。

②计及用户损失厌恶心理的电量增用价值。购买电力套餐后，套餐额度实质上成为用户购买的用电权益；套餐使用周期结束后若套餐额度留有余量，则用户将在损失厌恶心理驱动下提高用电量以降低用电权益的流失。在计及电量替代价值基础上，以峰谷分时电价为参照，考虑用户负荷提升难度随用电量增大而提高，则峰、谷时段内增用电量 q^{ov} 的边际价值可分别表示如下：

$$p_{i,\mathrm{H}}^{\mathrm{ov}}\left(q^{\mathrm{ov}}\right) = \begin{cases} -p_t^{\mathrm{H}}\left(\dfrac{q^{\mathrm{ov}}}{q_{i,\mathrm{H,max}}^{\mathrm{ov}}}\right)^2 + p_t^{\mathrm{H}}, & 0 \leqslant q^{\mathrm{ov}} \leqslant q_{i,\mathrm{H,max}}^{\mathrm{ov}} \\ 0, & q^{\mathrm{ov}} < q_{i,\mathrm{H,max}}^{\mathrm{ov}} \end{cases}$$

$$p_{i,L}^{ov}\left(q^{ov}\right)=\begin{cases}-p_t^L\left(\dfrac{q^{ov}}{q_{i,L,max}^{ov}}\right)^2+p_t^L, & 0\leqslant q^{ov}\leqslant q_{i,L,max}^{ov}\\[4mm]0, & q^{ov}>q_{i,L,max}^{ov}\end{cases}$$

式中，$p_{i,H}^{ov}$ 和 $p_{i,L}^{ov}$ 分别为用户峰、谷时段增用电量的边际价值；$q_{i,H,max}^{ov}$ 和 $q_{i,L,max}^{ov}$ 分别为用户 i 在峰、谷时段的最大增用电量。

用户 i 在峰、谷时段内的可行增用电量 $q_{i,H}^{ov}$ 和 $q_{i,L}^{ov}$ 可分别表示如下：

$$q_{i,H}^{ov}=\begin{cases}\Delta q_{i,H}, & \Delta q_{i,H}\geqslant0,\Delta q_{i,L}\geqslant0\\ \max\left(\Delta q_{i,H}+\Delta q_{i,L},0\right), & \Delta q_{i,H}\geqslant0,\Delta q_{i,L}<0\\ 0, & \Delta q_{i,H}<0\end{cases}$$

$$q_{i,L}^{ov}=\begin{cases}\Delta q_{i,L}, & \Delta q_{i,H}\geqslant0,\Delta q_{i,L}\geqslant0\\ \max\left(\Delta q_{i,H}+\Delta q_{i,L},0\right), & \Delta q_{i,H}<0,\Delta q_{i,L}\geqslant0\\ 0, & \Delta q_{i,L}<0\end{cases}$$

在此基础上，套餐裕度电量的电量增用价值可表示如下：

$$U_{i,n_H,n_L}^{ov}=\int_0^{q_{i,H}^{ov}}p_{i,H}^{ov}\mathrm{d}q^{ov}+\int_0^{q_{i,L}^{ov}}p_{i,L}^{ov}\mathrm{d}q^{ov}$$

式中，U_{i,n_H,n_L}^{ov} 为用户 i 选购套餐（n_H,n_L）时套餐裕度电量的电量增用价值。综上，计及峰谷组合电力套餐的裕度电量价值，用户 i 选购套餐（n_H,n_L）所获得的综合购电效用可表示如下：

$$F_{i,n_H,n_L}=U_{i,n_H,n_L}+U_{i,n_H,n_L}^{tr}+U_{i,n_H,n_L}^{ov}$$

式中，F_{i,n_H,n_L} 为电力用户 i 选购峰-谷组合电力套餐所获得的综合购电效用。

（3）考虑用户从众心理的峰-谷组合电力套餐选择

除评估自身消费获得的效用外，现实中用户在做购买决策时通常也表现出从众倾向。在从众心理（herd mentality）作用下，有限理性电力用户在选购套餐时将参考具有相似用电习惯的其他用户的套餐购买决策，这将改变其对峰-谷组合电力套餐的原有效用评估结果，如图 5-14 所示。

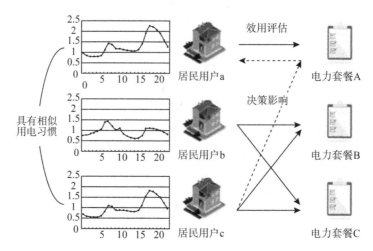

图 5-14　从众心理对电力用户套餐购买决策的影响

历史负荷曲线、用电量分布和电费支出等信息反映了电力用户的用电习惯。综合考虑用户的负荷水平及用电行为，以用户历史负荷曲线间的欧氏距离作为用户用电相似性评价指标，建立电力用户相似关系矩阵 S，表示如下：

$$S=\begin{bmatrix} u_{11} & u_{12} & \cdots & u_{1n} \\ u_{21} & u_{22} & \cdots & u_{2n} \\ \vdots & \vdots & \ddots & \vdots \\ u_{n1} & u_{n2} & \cdots & u_{nn} \end{bmatrix}$$

$$u_{ij}=\frac{\max\limits_{j=1}^{n} d_{ij} - d_{ij}}{\max\limits_{j=1}^{n} d_{ij} - \min\limits_{j=1}^{n} d_{ij}}$$

$$d_{ij}=\sqrt{\sum_{t\in T}\left(q_{i,t}-q_{j,t}\right)^2}$$

式中，$u_{ij}\in[0,1]$ 用于衡量电力用户 i 和 j 的用电相似性，u_{ij} 越接近于 1，表明用户与用户 j 的用电习惯相似性越高；d_{ij} 为用户 i 和用户 j 负荷曲线间的欧氏距离。考虑用电相似性较高的 k 个其他用户对用户 i 套餐购买决策的影响，用户 i 对套餐（$n_{\mathrm{H}},n_{\mathrm{L}}$）的购电效用评估结果可进一步修正如下：

$$F_{i,n_{\mathrm{H}},n_{\mathrm{L}}}^{\mathrm{re}}=F_{i,n_{\mathrm{H}},n_{\mathrm{L}}}+\frac{1}{k}h_i\sum_{j\in S(i,k)}u_{ij}F_{j,n_{\mathrm{H}},n_{\mathrm{L}}}$$

式中，$F_{i,n_{\mathrm{H}},n_{\mathrm{L}}}^{\mathrm{re}}$ 为用户购买套餐获得的修正综合购电效用；系数 h_i 用于衡量用户的

从众心理程度，h_i 越大，用户越容易受到其他用户决策的影响[13]；$S(i,k)$ 为与用户 i 用电行为最相似的 k 个用户的集合。

5.3.3 基于锚定效应的用户用电行为调整

售电公司需模拟目标用户的用电响应行为以优化电力套餐参数设计。现有研究多采用需求 – 价格弹性或负荷转移率对用户在差异性电价激励下的用电响应行为进行建模，同时考虑价格弹性存在的饱和激励[14]和响应的不确定性[15]等问题。然而，峰 – 谷组合电力套餐在分时电价基础上进一步引入了套餐电费折扣和模块化的用电额度对用户用电行为加以引导，因此难以直接应用弹性系数对用户用电响应行为进行建模。对此，采用锚定效应（anchoring effect）[16]描述有限理性用户选购电力套餐后的用电行为。

锚定效应是指现实中有限理性用户在做定量判断与决策时会受到最先给定的数值信息即初始锚的影响，这使其定量决策结果偏向该锚的一种判断或决策偏差现象。根据锚定效应，选购电力套餐的用户在套餐使用周期内将以套餐峰、谷时段额度电量为初始锚，在潜意识中调整自身用电习惯，当套餐额度电量高于历史平均用电量时进行调增响应，相反则进行调减响应。

此外，考虑用户在峰、谷时段的用电量调增 / 调减主要通过负荷中断、转移或提高电器功率、调整使用时长等方式实现，不同时段电量具有替代作用，因此用户在峰 / 谷时段的用电量调整还受到其他时段额度电量的影响。若用户在谷时段进行调增响应，则将在一定程度上促使其在峰时段的用电量发生调减，反之亦然；用户在峰 / 谷时段的用电量调整是该时段套餐额度锚定效果与另一时段套餐额度锚定效果的叠加。参照电力价格 – 需求的弹性系数的定义，引入锚定系数衡量用户用电响应锚定效应的严重程度[17]，则计及锚定效应与峰 – 谷负荷转移时，选购峰 – 谷组合电力套餐的用户 i 在峰、谷时段的用电响应量可表示如下：

$$\begin{bmatrix} \Delta q_{i,\mathrm{H}}^{\mathrm{re}} \\ \Delta q_{i,\mathrm{L}}^{\mathrm{re}} \end{bmatrix} = \begin{bmatrix} \eta_{\mathrm{H}} & \eta_{\mathrm{L\text{-}H}}(1-\eta_{\mathrm{L}}) \\ \eta_{\mathrm{H\text{-}L}}(1-\eta_{\mathrm{H}}) & \eta_{\mathrm{L}} \end{bmatrix} \begin{bmatrix} \Delta q_{i,\mathrm{H}} \\ \Delta q_{i,\mathrm{L}} \end{bmatrix}$$

$$\begin{cases} \eta_{\mathrm{H}} + \eta_{\mathrm{H\text{-}L}}(1-\eta_{\mathrm{H}}) \geqslant 0 \\ \eta_{\mathrm{L}} + \eta_{\mathrm{L\text{-}H}}(1-\eta_{\mathrm{L}}) \geqslant 0 \end{cases}$$

式中，$\Delta q_{i,H}^{\mathrm{re}}$ 和 $\Delta q_{i,L}^{\mathrm{re}}$ 分别为用户 i 在峰、谷时段的用电响应量；η_{H} 和 η_{L} 分别

为有限理性用户在峰、谷时段的自锚定系数，$0 \leq \eta_{\mathrm{H}}$，$\eta_{\mathrm{L}} \leq 1$；$\eta_{\mathrm{H\text{-}L}}$ 和 $\eta_{\mathrm{L\text{-}H}}$ 分别为峰、谷时段互锚定系数，$-1 \leq \eta_{\mathrm{H\text{-}L}}$，$\eta_{\mathrm{L\text{-}H}} \leq 0$ 且暂时规定套餐额度电量对用户用电行为的锚定效应不会产生反激励作用。

图 5-15 展示了不同锚定系数下用户峰时段负荷调减、谷时段负荷调增时的用电曲线。从图 5-15 可以看出，自锚定系数越大，用户用电响应的锚定效应越严重，负荷削峰填谷效果越明显；当自锚定系数为 1.0 时，用户用电量将完全锚定于套餐额度。

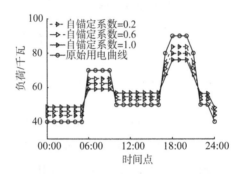

图 5-15　不同锚定系数下的用户用电负荷

在此基础上进一步考虑用户各时段的负荷调节，认为用户负荷调增响应更易发生于低负荷时段，负荷调减响应更易发生于高负荷时段，则选购套餐后用户 i 在 t 时段的用电负荷可表示如下：

$$q_{i,t}^{\mathrm{re}} = \begin{cases} q_{i,t} + \dfrac{q_{i,t}}{\sum\limits_{t \in T_{\mathrm{H}}} q_{i,t}} \Delta q_{i,\mathrm{H}}^{\mathrm{re}}, & t \in T_{\mathrm{H}}, \Delta q_{i,\mathrm{H}}^{\mathrm{re}} \leq 0 \\[4mm] q_{i,t} + \dfrac{1}{q_{i,t} \sum\limits_{t \in T_{\mathrm{H}}} \dfrac{1}{q_{i,t}}} \Delta q_{i,\mathrm{H}}^{\mathrm{re}}, & t \in T_{\mathrm{H}}, \Delta q_{i,\mathrm{H}}^{\mathrm{re}} > 0 \\[4mm] q_{i,t} + \dfrac{q_{i,t}}{\sum\limits_{t \in T_{\mathrm{L}}} q_{i,t}} \Delta q_{i,\mathrm{L}}^{\mathrm{re}}, & t \in T_{\mathrm{L}}, \Delta q_{i,\mathrm{L}}^{\mathrm{re}} \leq 0 \\[4mm] q_{i,t} + \dfrac{1}{q_{i,t} \sum\limits_{t \in T_{\mathrm{L}}} \dfrac{1}{q_{i,t}}} \Delta q_{i,\mathrm{L}}^{\mathrm{re}}, & t \in T_{\mathrm{L}}, \Delta q_{i,\mathrm{L}}^{\mathrm{re}} > 0 \end{cases}$$

5.3.4 峰－谷组合电力套餐设计双层优化模型

考虑到售电公司与电力用户在峰－谷电量套餐设计和选购过程中的博弈关系，搭建了售电公司电力套餐设计双层优化模型，如图 5-16 所示。其中，下层模型为有限理性用户套餐选择和用电响应模型，用户在给定套餐参数下以修正的套餐购电效用最大化为目标，按历史平均用电量选购峰－谷组合电力套餐并以响应后的实际用电量结算电费；用户套餐选购结果和用电响应信息被反馈至上层模型，售电公司根据用户套餐选购结果和用电响应曲线优化峰－谷组合电力套餐参数并调整其在电力市场中的购电策略，以实现购售电总收益最大化。

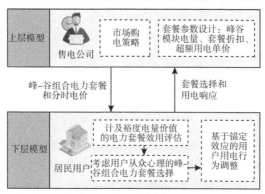

图 5-16 售电公司电力套餐设计双层优化模型

（1）下层模型：电力用户购用电效用最大化

电力用户根据历史用电情况和售电公司给定的电力套餐参数，以最大化修正的综合购电效用为目标定制峰谷组合电力套餐，目标函数表示如下：

$$(n_{i,\mathrm{H}}, n_{i,\mathrm{L}}) = \mathrm{argmax} F^{\mathrm{re}}_{i, n_{\mathrm{H}}, n_{\mathrm{L}}}$$

式中，$n_{i,\mathrm{H}}$、$n_{i,\mathrm{L}}$ 分别为用户 i 获取最大修正综合效用时选购的电力套餐峰、谷时段模块数量。当 $F^{\mathrm{re}}_{i, n_{\mathrm{H}}, n_{\mathrm{L}}} \geqslant 0$ 时，认为电力用户将选购该峰－谷组合电力套餐并在套餐额度电量锚定效应下产生用电行为调整；当 $F^{\mathrm{re}}_{i, n_{\mathrm{H}}, n_{\mathrm{L}}} \leqslant 0$ 时，用户将选择按分时电价结算电费，用电量与历史同期数据基本相同。

（2）上层模型：售电公司购售电总收益最大化

考虑到当前我国大部分省份尚未建立电力现货市场，售电公司主要通过与发电企业签订双边交易物理合同的方式购电，当售电公司代理用户的实际总用电量与合同电量出现偏差时，偏差电量按惩罚电价结算，超用电量支付购电费用，少用电量获得售电收入。

假定售电公司与发电公司签订的双边交易合同采用负荷分段模式：考虑发电机组出力持续时间的成本差异及发电公司参与预挂牌平衡等辅助服务交易的机会成本，对双边合同电量按照负荷持续时间进行分段，不同起止和持续时间的负荷段具有不同的价格，负荷段内各小时的分解电量相等。售电公司通过负荷段电量组合的方式拟合代理用户的总负荷曲线，降低购电及偏差惩罚成本，其双边合同购电策略可等效为电力中长期市场中的子负荷段合同电量最优分配问题。

以售电公司购售电收益最大化为目标，建立峰 – 谷组合电力套餐参数设计和双边交易购电决策优化模型，表示如下：

$$\max \sum_{i\in R} C_{i,n_H,n_L} + \sum_{i\in C_U R} C_{i,\text{TOU}} - \sum_{l\in L} q_l^{\text{FC}} p_l^{\text{FC}} - C_D$$

$$\text{受约束于} \sum_{i\in U} q_{i,n}^{\text{re}} = \sum_{l\in L} q_l^{\text{FC}} \omega_{l,i} + q_t^{D}, \ \forall t\in T$$

$$C_D = \sum_{t\in T} q_t^{D} \left(u_1 p_+^{D} + u_2 p_-^{D} \right)$$

式中，R 为售电公司代理电力用户 U 中选择峰 – 谷组合电力套餐的用户构成的集合，$C_U R$ 为集合 U 的补集，表示仍选择按分时电价结算的用户所构成的集合；C_{i,n_H,n_L} 为电力用户 i 在套餐（$n_{i,H}, n_{i,L}$）下的总电费；L 为分段双边合同集合，q_l^{FC} 和 p_l^{FC} 分别为分段双边合同 l 的合同电量和单位电量电价；$\omega_{l,i}$ 表示合同 l 在 t 时段的电量分解比例；C_D 为售电公司偏差电量电费；q_t^{D} 为售电公司在 t 时段的偏差电量；p_+^{D} 和 p_-^{D} 分别为售电公司的正、负偏差电量结算价格；u_1、u_2 为 0/1 变量，当偏差电量为正偏差时 $u_1=1$，$u_2=0$，反之则 $u_1=0$，$u_2=1$。

5.3.5 算例分析

以某市小区 100 户居民用户历史负荷数据进行仿真分析，用户分时电价如表 5-7 所示，双边购电合同各时段定义及电价如表 5-8 所示。居民用户负荷转移成本系数 $\beta=0.65$，峰、谷时段最大增用电量取历史平均用电量的 20%；用户从众心理系数 $h=0.5$，考虑 $k=10$ 个相似用户对套餐定制决策的影响；用户峰、谷时段自锚定系数取 0.6，互锚定系数取 –0.5。

表 5-7　居民用户分时价格表

时段	起止时间	电价标准 /（元 / 千瓦时）
峰时段	6:00—10:00，17:00—22:00	0.88
谷时段	10:00—17:00，22:00—次日 6:00	0.46

表 5-8　售电公司双边购电合同各时段定义及电价

时段	起止时间	电价 /（元 / 千瓦时）	时段	起止时间	电价 /（元 / 千瓦时）
24h_a	0:00—24:00	0.43	4h_b	2:00—6:00	0.40
8h_a	0:00—8:00	0.35	4h_c	6:00—10:00	0.60
8h_b	8:00—16:00	0.45	4h_d	10:00—14:00	0.50
8h_c	16:00—24:00	0.50	4h_e	14:00—18:00	0.55
4h_a	22:00—2:00	0.45	4h_f	18:00—22:00	0.70

（1）峰 - 谷组合电力套餐优化结果

调用 MATLAB 遗传算法工具箱求解售电公司峰 - 谷组合电力套餐设计双层优化模型，得到峰 - 谷组合电力套餐参数设计如表 5-9 所示。

表 5-9　峰 - 谷组合电力套餐优化结果

套餐属性	属性分类	套餐参数
模块电量	峰模块	100 千瓦时
	谷模块	100 千瓦时
套餐折扣	峰谷比优惠上限	1.3
	峰谷比优惠下限	0.5
	最优折扣	0.95
峰 - 谷超额用电单价	峰时段	1.76 元 / 千瓦时
	谷时段	0.92 元 / 千瓦时

实行该峰 - 谷组合电力套餐后，100 户居民用户中有 99 户选择由分时电价结算转为购买电力套餐，其中 48 户居民在峰、谷时段均选购超量套餐，49 户居民购买谷时段超量套餐，其余用户购买峰时段超量套餐。在峰 - 谷组合电力套餐激励下，用户能够挖掘其谷时段用电潜力，提高谷时段用电量或实现峰 - 谷时段的电量转移。整体来看，用户原有双峰型负荷曲线呈现削峰填谷变化，负荷峰谷差降低 11.6%，如图 5-17 所示；用户峰时段用电量由 54.9 兆瓦时降低至 53.7 兆瓦时，谷时段用电量由 55.6 兆瓦时提高至 59.4 兆瓦时，总用电量提高 2.3%。

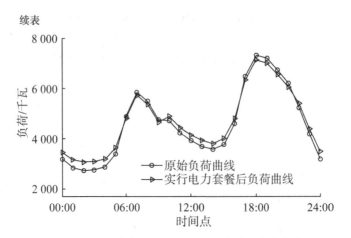

图 5-17　电力套餐实施前后电力用户的总负荷曲线

对售电公司而言，当仅实行峰谷分时电价时其月度购售电收益为 2.00 万元；在此基础上实行峰 – 谷组合电力套餐，售电公司月度购售电收益达 2.08 万元，提高 4.0%。一方面，推出峰 – 谷组合电力套餐后用户总用电量提高，使售电公司购售电收益提高；另一方面，受代理用户用电行为调整影响，售电公司购电组合决策发生改变，平均购电成本下降。如图 5-18 所示，推出峰 – 谷组合电力套餐后，售电公司购买 24 小时长负荷段低价电量合同比例由原始用户用电负荷下的 69% 提高至 74%，8 小时、4 小时等短负荷段高价电量合同比例下降约 1 ～ 3 个百分点。

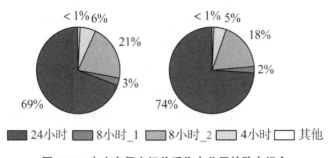

图 5-18　电力套餐实行前后售电公司的购电组合

（2）用户从众心理作用对电力套餐选择结果的影响

图 5-19 展示了电力用户的峰 – 谷组合电力套餐选购结果。总体来看，该小区用户按峰、谷时段用电量可初步划分为三种不同负荷水平的用户类型，对应套

餐组合分别为（4，4）（6，6）和（10，14），即售电公司可通过代理用户的套餐自主选择行为实现对用户的有效分类。当考虑用户从众心理作用且系数 h 提高时，负荷水平相近用户的套餐选购结果将趋于相同。由此可见，即使售电公司通过峰－谷组合电力套餐赋予了用户定制套餐的权利，用户的套餐选购结果也仅表现为少数几种模块组合，售电公司的零售套餐管理经营压力不会显著提高。

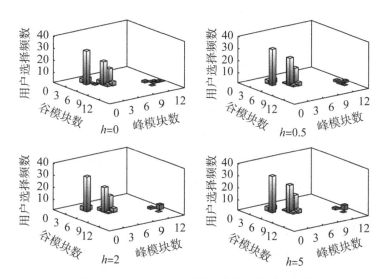

图 5-19 不同从众心理系数下的套餐选购结果

（3）用户裕度电量价值评估对电力套餐市场表现的影响

峰－谷组合电力套餐的裕度电量替代价值受到用户峰－谷负荷转移成本的影响，当给定如表 5-9 所示的峰－谷组合电力套餐时，不同用户峰谷负荷转移成本系数下的套餐市场占有率及售电公司购售电收益变化如图 5-20 所示。由图 5-20 可知，当有限理性用户的峰－谷负荷转移系数增大，即用户负荷转移成本下降、转移意愿增强时，套餐市场占有率提高，售电公司的购售电收益提高比例逐步下降。究其原因，当用户有意通过负荷转移降低套餐超额电费时，其将更倾向于购买峰－谷电量比例较低的套餐组合来获取更大的电费折扣；相反，当用户无意于负荷转移时，由于套餐超额用电电费的存在，用户将选购用电额度更大的套餐组合或不选购套餐来规避超额电费。此时，尽管峰－谷组合电力套餐的市场占有率有所下降，但售电公司可通过锚定效应提高选购套餐用户的用电量，且用户套餐剩余额度可为售电公司提供无成本利润，从而使其购售电收益获得提高。

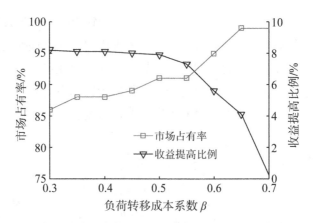

图 5-20　不同负荷转移成本系数下的套餐市场占有率及售电公司收益

（4）用户锚定响应对售电公司购售电收益的影响

进一步分析套餐锚定效应对售电公司购售电收益的影响，不同用户用电响应锚定系数下售电公司的购售电收益如图 5-21 所示。

由图 5-21 可以看出，考虑用户用电响应的锚定效应时，售电公司购售电收益主要受到用户峰、谷时段自锚定效应的影响，且与自锚定系数成反比。自锚定系数越高，用户实际用电量与所购买的套餐额度越相近，售电公司一方面需承担其为用户提供套餐电费折扣导致的利润损失，另一方面需承担通过用户套餐剩余用电额度获取的无成本收益降低，这两者使其购售电总收益下降。在给定的模型参数下，当有限理性用户自锚定系数高于 0.85 时，售电公司实行峰 – 谷组合电力套餐的收益将低于峰谷分时电价下的购售电收益（2.0 万元），此时不应为该小区居民用户提供峰 – 谷组合电力套餐。

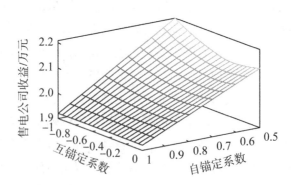

图 5-21　不同锚定系数下的售电公司收益

整体来看，本节提出了峰 – 谷组合电力套餐的新型电力零售形式，并以最大化售电公司购售电收益为目标建立了电力套餐设计双层优化模型，以帮助售电公司向用户提供具有竞争力的电力套餐，保障其在零售市场中的持续盈利能力。具体来看，考虑到现实中电力用户在选购电力套餐时的有限理性决策，提出了计及裕度电量价值和用户从众心理影响的电力套餐效用评估模型，并根据心理学锚定效应模拟了用户对峰 – 谷组合电力套餐的用电响应行为。仿真结果表明，在分时电价基础上，售电公司可通过峰 – 谷组合电力套餐激励用户主动调整用电行为，在保障其市场竞争力的同时提高购售电收益，本节成果能够为售电公司设计和推广电力套餐提供理论依据。

5.4　本章小结

为提高用户主动参与 DR 的积极性，本章重点关注 DR 创新机制的设计和优化，首先提出了面向居民用户主动响应的电力积分 DR 机制，该机制能够激励居民用户参与 DR 的同时提高电网公司售电收入；其次，提出了面向需求侧主动响应的工商业用户电力套餐优化设计方法，该方法能有效调动需求侧资源的主动性和互动性，并为电网公司及配售电企业投资和推广电力套餐提供科学依据；最后，提出考虑用户有限理性的售电公司峰 – 谷组合电力套餐设计方法，帮助售电公司向用户提供具有竞争力的电力套餐。DR 创新机制优化有利于激励用户主动调整用电行为，提高电网公司和售电公司的购售电收益。

参考文献

[1] 陈璐，杨永标，徐石明，等 . 基于响应负荷配额的电力积分交易模式设计 [J]. 电器与能效管理技术，2016(2): 59-64.

[2] 王正 . 零售业顾客忠诚计划（以会员积分制为例）的效果研究 [D]. 上海：复旦大学 .

[3] Muhammed Z H, Habiba K, Saraj F. Do customer loyalty programs really work in airlines business? - A study on Air Berlin[J]. Journal of Service Science and Management, 2017, 10: 360-375.

[4] 曹彬 . 气候与建筑环境对人体热适应性的影响研究 [D]. 北京：清华大学，2012.

[5] 黄海涛，王岱锋，朱丰泽，等 . 考虑热舒适度的变频空调响应调控策略 [J]. 电力建设，2018,

39(9): 9-17.

[6] Milligan G W, Cooper M C. An examination of procedures for determining the number of clusters in a data set [J]. Psychometrika, 1985, 50(2): 159-179.

[7] 聂冲, 贾生华. 离散选择模型的基本原理及其发展演进评介 [J]. 数量经济技术经济研究, 2005, 22(11): 151-159.

[8] Bourguignon F, Fournier M, Gurgand M. Selection bias corrections based on the multinomial logit model: Monte Carlo comparisons[J]. Journal of Economic Surveys, 2007, 21(1): 174-205.

[9] 王刚, 董亦华, 王珂, 等. 计及网络约束的发用电一体化综合优化调度模型 [J]. 电力系统自动化, 2017, 41(14): 105-111.

[10] 曲朝阳, 韩晶, 曲楠, 等. 考虑家电关联与舒适性相结合的用电行为多目标优化模型 [J]. 电力系统自动化, 2018, 42(2): 50-57.

[11] 沈运帷, 李扬, 焦系泽, 等. 新电改背景下需求响应成本效益分析及其融资渠道 [J]. 电力自动化设备, 2017, 37(9): 124-130, 138.

[12] 李萍, 齐佳音, 舒华英. 移动通信业务套餐设计原则探讨 [J]. 世界电信, 2004(7): 18-21.

[13] Huo L, Guo H, Cheng Y, et al. A new model for supply chain risk propagation considering herd mentality and risk preference under warning information on multiplex networks[J]. Physica A: Statistical Mechanics and Its Applications, 2020(545): 123506.

[14] 阮文骏, 王蓓蓓, 李扬, 等. 峰谷分时电价下的用户响应行为研究 [J]. 电网技术, 2012, 36(7): 86-93.

[15] 罗纯坚, 李姚旺, 许汉平, 等. 需求响应不确定性对日前优化调度的影响分析 [J]. 电力系统自动化, 2017, 41(5): 22-29.

[16] Liu J, Gao W, Li D, et al. An incentive mechanism combined with anchoring effect and loss aversion to stimulate data offloading in IoT[J]. IEEE Internet of Things Journal, 2019, 6(3): 4491-4511.

[17] 陈芝, 李萍, 刘小红, 等. 考虑损失厌恶和锚定效应的零售商订货研究 [J]. 工业技术经济, 2019, 38(5): 3-11.

[18] Wang Y, Zhang Z, Liu X, et al. A demand response mechanism for residential consumers based on power-score incentive[C]//2020 International Conference on Smart Grids and Energy Systems (SGES), Perth, 2020.

[19] 侯佳萱, 林振智, 杨莉, 等. 面向需求侧主动响应的工商业用户电力套餐优化设计 [J]. 电力系统自动化, 2018, 42(24): 11-19.

[20] 张智, 卢峰, 林振智, 等. 考虑用户有限理性的售电公司峰谷组合电力套餐设计 [J]. 电力系统自动化, 2021, 45(16): 114-123.

6 区块链背景下的需求响应交易

随着电力市场化改革的进一步深入，DR 将朝着多元化主体、高频次互动和多类型交易的方向发展，但这也给数据库可信可靠、补贴资金高效核发和电力市场交易有效监管带来了更大压力。区块链技术作为一项新兴技术，以可追溯性、分布性和不可伪造性等特点受到了各行各业的广泛关注，其应用也逐步成为能源电力行业改革的全新方向。在此背景下，本章从区块链基本概念入手，分析其在 DR 交易中的潜在应用场景，并进一步探讨需求侧可调节负荷资源通过区块链技术实现自我监督和自我管理的可行性。

6.1 区块链概述

6.1.1 区块链概念和分类

根据中国人民银行印发的《区块链技术金融应用评估规则》，区块链是"一种由多方共同维护，使用密码学保证传输和访问安全，能够实现数据一致存储、防篡改、防抵赖的技术体系"。从实现方式来看，区块链采用一种链式的数据结构，遵循时间顺序连接，并结合密码学以保证数据的不可篡改性[1]。如图 6-1 所示，区块主要由区块头和区块体组成。其中，区块头包含了前一个区块的哈希值，该值作为哈希指针用于连接前一个区块，从而形成从创世区块到当前区块的一条最长主链。时间戳记录的是区块数据写入的时间，对应的是每一次交易记录的认证，它为区块链中的数据增加了时间维度，为将区块链应用于公证、知识产权注册等时间敏感的领域奠定了基础。区块链的链式结构记录了数据的完整历史，提供了区块链数据的溯源和定位功能，对任意数据都可以通过此链式结构顺藤摸瓜、追本溯源，故其在审计和产品的追踪溯源等应用场景具备天然的技术优势。

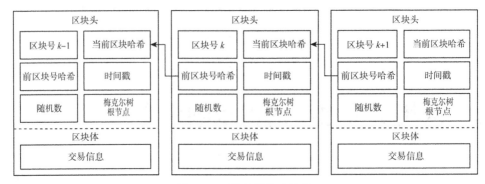

图 6-1　区块链的基本结构

根据区块链的部署方式和开放对象，可以将其划分为公有链、联盟链和私有链三种[2]。

公有链是对所有人开放的，任何互联网用户都能够随时加入并任意读取数据，能够发送交易和参与区块的共识过程。比特币和以太坊等虚拟货币系统就是典型的公有链系统。

联盟链是仅对特定的组织团体开放的区块链系统，在结构上用"部分去中心化"的方式，将节点运行在组成联盟共同体的有限数量的机构中。联盟链常用于银行、保险、证券、商业协会和集团企业。典型的联盟链系统有超级账本和 R3 Corda 分布式账本系统。

私有链是指区块记账权限由某个组织或机构控制的区块链，其读取权限不对外开放或具有某种程度的限制。私有链通常采用具有可信中心的部分去中心化结构，不需要复杂的共识机制，因此其记账效率要远高于公有链和联盟链系统。

表 6-1 对比了不同类型区块链的技术特性。

表 6-1　不同类型区块链的技术特性对比

	公有链	联盟链	私有链
网络结构	完全去中心化	部分去中心化	有可信中心的部分去中心化
节点规模	无控制	规模适中，可控制数量	节点数量较少
加入机制	任意加入	特定群体或有限第三方	机构内部节点
记账方	任意参与节点	选定节点	机构内部节点

续表

	公有链	联盟链	私有链
数据读取	任意读取	授权读取	授权读取
共识机制	新型拜占庭算法，如 PoW 机制、PoS 机制	传统拜占庭算法或崩溃容错算法，如 PBFT 算法、Raft	崩溃容错算法，如 Paxos、Raft
激励机制	需要代币激励	无需代币激励	无需代币激励
代码开发	完全开源	部分或定向开源	不开源

注：PoW（proof of work，工作证明）；PoS（proof of stake，股权证明）；PBFT（practical Byzantine fault tolerance，拜占庭容错）。

6.1.2　区块链关键技术

区块链作为一种分布式系统，其关键技术包括分布式账本、密码学技术、共识机制和智能合约等，这些技术赋予了区块链去中心化、集体维护、数据不可篡改、可追溯和建立信任等特性。区块链基本技术与其功能特征的对应关系如图 6-2 所示[3]。

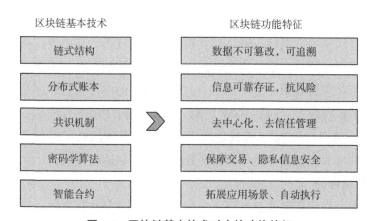

图 6-2　区块链基本技术对应的功能特征

（1）分布式账本

通俗地讲，分布式账本是一个可以在多个站点、不同地理位置或者多个机构组成的网络里进行分享的资产数据库。每一个参与者都可以获得一个真实账本的副本，通过公钥、私钥以及签名进行访问并进行维护。账本可以由一个、一些或者是所有参与者根据网络共识规则共同进行更新，而不需要第三方仲裁机构（比如金融机构或票据交换所）的参与。

（2）密码学技术

区块链技术本身采用的密码学技术并不高深复杂，主要为哈希函数和数字签名等经典的密码学算法。然而，为了应对愈加复杂的应用场景和隐私保护需求，零知识证明和同态加密等密码学工具与区块链的联系也越发紧密。

①哈希算法。将任意长度的二进制值映射为较短的固定长度的二进制值，这个小的二进制值称为哈希值。在哈希算法中如果输入数据有变化，则哈希值也会发生变化，并且要找到哈希值相同而输入值不同的字符串在计算上是不可能的，因此哈希值可以检验数据的完整性，包括身份验证和数字签名等。区块链系统常用的哈希算法是 SHA 256 和 RIPEMD 160。

②非对称加密算法。加密算法一般分为对称加密和非对称加密，后者在加密和解密过程中使用两个非对称的密码，分别称为公钥和私钥，其具有两个特点：一是当用其中一个密钥（公钥或私钥）加密信息后，只有另一个对应的密钥才能解密；二是公钥可向其他人公开，私钥则保密，其他人无法通过该公钥推算出相应的私钥。非对称加密技术在区块链的应用场景主要包括信息加密、数字签名和登录认证等。比特币交易的加密即属于此场景。

（3）共识机制

在区块链网络中，点对点网络存在较高的网络延迟，各个节点所观察到的事件先后顺序不可能完全一致。因此，需要设计一种机制对在差不多时间内发生的事件的先后顺序形成共识。这种对一个时间窗口内的事件先后顺序达成共识的算法被称为"共识机制"，包括 PoW 机制、PoS 机制、PBFT 算法等，分别适用于不同的区块链类型，如 PoW 机制是适用于比特币系统的共识机制，通过设计与引入分布式网络节点的算力竞争，保证数据一致性和达成共识。

（4）智能合约

智能合约有许多非形式化的定义，如智能合约就是执行合约条款的可计算交易协议。狭义上，智能合约是涉及相关商业逻辑和算法的程序代码，把人、法律协议和网络之间的复杂关系程序化；广义上，智能合约是一种计算机协议，一旦部署就能实现自我执行和自我验证，它已经不仅仅局限于金融领域，在分布式计算、物联网和项目管理等领域都有广阔的应用前景。

从技术架构来看，区块链平台整体上可划分为数据层、网络层、共识层、智能合约层和应用层五个层次[4]，如图 6-3 所示。数据层采用合适的数据结构和数据库对交易、区块进行组织和存储管理；网络层采用 P2P（peer to peer，点对点）协议完成节点间交易、区块数据的传输；共识层采用算法和激励机制，支持 PBFT 算法和解决分布式一致性问题；智能合约层通过构建合适的智能合约编译和运行服务框架，使得开发者能够发起交易及创建、存储和调用合约；应用层提供用户可编程接口，允许用户自定义、发起和执行合约。

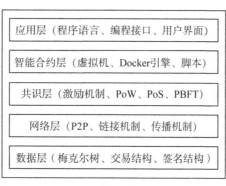

图 6-3　区块链的技术架构

6.1.3　区块链在能源电力领域的应用案例

（1）美国纽约布鲁克林 Tansactive Grid 项目

美国纽约布鲁克林社区的 Tansactive Grid 项目是世界上最早投入实践的能源区块链项目。该项目由美国新创能源公司 LO3 与区块链技术研发商 ConsenSys 共同开发，其结构如图 6-4 所示。该项目共有 10 个家庭参与。其中，5 家安装了屋顶光伏发电系统，为供电家庭；另外 5 家为购电家庭。整个项目采用 P2P 的直接能源交易，不需要经过第三方的电力系统运营商。家庭智能电表底层应用集成了基于以太坊区块链智能合约功能，可对用户的发电、用电以及交易电量等信息进行采集，并将数据同步上传至公共区块链网络平台上。智能电表记录的发电量数据，可以为区块链技术平台创建代币，代表供电家庭屋顶光伏的剩余电量，代币可通过区块链智能钱包进行交易[5]。

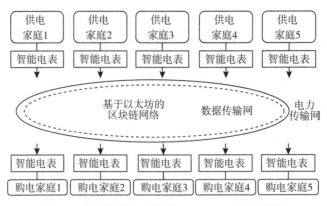

图 6-4　美国纽约布鲁克林 Tansactive Grid 项目

（2）德国电动汽车 Share&Charge 项目

德国 Share&Charge 项目是将区块链技术应用在共享充电桩领域的项目之一，其结构如图 6-5 所示。私人和商业充电站可以在 Share&Charge 平台上将充电桩进行共享出租，并可以设置充电价格、费率等信息。当电动汽车需要充电时，车主通过手机软件搜索附近的共享充电桩并查看相关电价信息；充电时，车主通过智能插座与共享充电桩进行连接并使用手机进行确认，同时可查看充电数据、交易记录等信息。该项目的基本工作原理是通过区块链技术的分布式记账实现交易双方的计费透明化，增进交易双方信任，从而激励充电桩共享，增加充电桩的使用率，解决电动汽车充电难的问题。

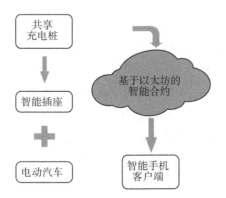

图 6-5　德国电动汽车共享充电桩 Share&Charge 项目

6.2 区块链在需求响应领域的适用性分析

国内的 DR 交易从其组织方式及流程来看仍是一种中心化的 DR 资源交易方式。DR 年度协议管理、用户 DR 指标分配、数据采集以及补贴核算发放均由电网公司主导，同时采用中心化的数据库进行数据存储，如图 6-6 所示。

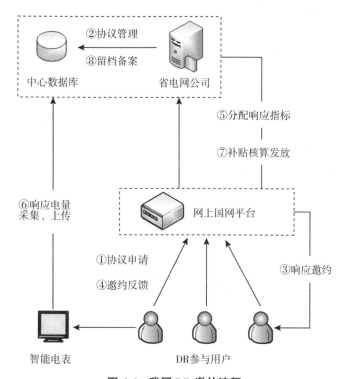

图 6-6 我国 DR 邀约流程

随着能源互联网和电力市场交易体系日趋完善，海量需求侧响应资源将被唤醒，参与 DR 交易的主体数量、类型逐步增多。在 DR 交易大规模实施时，若仍采用中心化的管控手段，则难以实现低成本、大规模参与用户的交互[6]，而 DR 交易在数据可信、交易效率和市场监管等方面的问题也将越发突出。具体表现如下。

（1）响应采集数据可信度及安全问题。任何经过中心化数据库的数据均有失真的可能。首先，用户用电数据由电网公司的采集设备采集后上传到数据库，然后提供给交易平台，而电网公司又是 DR 市场的利益相关方，参与者可能对自身响应有效性存在异议，电网公司难以自证清白；其次，传统中心化模式下电量计量不够透明，数据可信度难以保障；此外，电网公司数据中心故障或异常也会直接导致用户数据的丢失或损坏。

（2）响应补贴结算时滞问题。补贴结算需要根据用户响应结果开展。响应数据读取和有效性计算所需步骤繁多，且当涉及资金结算问题时，需要银行、用户、交易中心、电网等多方对账，补贴结算流程复杂，存在工作量大、效率低、成本高等问题，也进而影响了用户参与 DR 交易的积极性。

（3）电力市场监管及信任问题。以省能源局为代表的监管部门为了对 DR 交易进行有效监管，可能要求访问电网公司内部中心化数据库，获得电网公司内部系统较高的权限，但其在获得权限后可能会对市场行为进行干预，从而使得电力用户对 DR 交易市场的权威性产生怀疑。

区块链技术凭借去中心、去信任、不可篡改、可回溯和智能化等特点近年来在微电网交易、电动汽车充放电、绿证交易和碳税交易等方面获得了广泛的探索应用[7]。在 DR 交易方面，区块链技术的应用有利于解决传统中心化 DR 业务痛点，具体表现为以下几个方面。

（1）实现 DR 交易数据可信管理和存证。区块链分布式账本和共识机制为 DR 合同管理和响应计量数据存证提供了去中心化的解决方案。可通过将区块链与物联网的融合，在 DR 终端增加区块链网关，将用户响应数据通过区块链广播的方式提供给电网公司、交易中心和用户等相关方；用户或监管机构可作为区块链节点参与信息管理，与电网公司共同维护 DR 业务数据安全，这从根本上解决了 DR 数据采集和传输过程中的信任问题，提高了电网公司与需求侧用户间的互动水平以及用户参与 DR 的满意度。

（2）维护用户的隐私安全。区块链借助哈希加密、非对称加密和同态加密等加密算法，能够实现一定程度的匿名性，可对重要数据进行加密以保障用户的信息安全，避免人为因素导致的隐私数据泄露。

（3）提升补贴清结算效率。可通过事先部署于区块链上且获得 DR 利益相关方共同认可的智能合约自动完成 DR 有效性判定和补贴清结算，简化了 DR 业务流程，实现了补贴资金自动划转，缩短了用户获取 DR 补贴的时间，进而提高用户参与 DR 的积极性。

（4）降低 DR 业务管理成本。智能合约可在 DR 业务中自动触发、执行，在不考虑区块链部署成本的情况下，这将有效降低人力成本的损耗，且账本信息由所有链上节点共同维护，这能有效降低组织方等中心化机构独立维护数据中心的高昂成本。

（5）完善 DR 市场监管体系。区块链具有的数据不可篡改、可追溯特点能够为 DR 市场监管提供必要的数据保障；监管部门可作为区块链节点参与共识机制获取所需数据，不必向电力公司索要内部系统数据权限，这将减少其对电力市场的不必要干预，提高电力用户对 DR 及电力市场交易的认可度。

此外，常规的日前 DR 逐步发展成为日内实时自动 DR 并与现货市场形成有效衔接，这对响应资源的配置方式和优化方法提出了更高的要求。对此，李彬等从工作量证明机制、互联共识、智能合约和信息安全等方面剖析了区块链在自动 DR 系统中的关键问题，针对现有的技术水平分析了区块链目前应用于自动 DR 系统存在的问题，并提出了相应的解决方案[8]。

6.3 区块链技术支撑下的需求响应交易

基于区块链技术的 DR 框架由需求侧响应平台（业务层）、区块链技术应用（技术层）以及需求侧的软硬件设备（用户层）三部分组成，如图 6-7 所示。

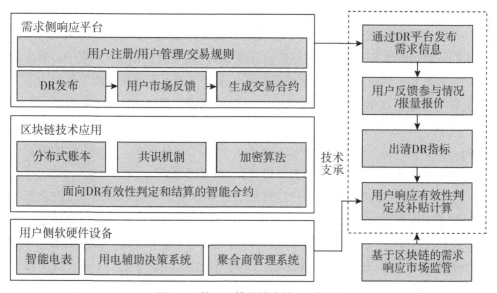

图 6-7 基于区块链技术的 DR 框架

（1）用户层。由电力物联网中的物理输配电网络，以及需求侧终端智能量测表计、服务器存储设备和网络通信设备构成。可通过区块链与物联网的融合，在需求响应数据采集处增加区块链网关，将数据存储于链上。以区块链的方式将数据从采集处提供给电网公司和用户等利益相关方和监管部门，确保了不同主体的数据一致性，保障了数据安全可信和用户隐私，解决了数据安全共享问题，如图 6-8 所示。需求侧的软硬件设备则作为 DR 的终端设备，用于用户响应有效性判定以及补贴的计算。

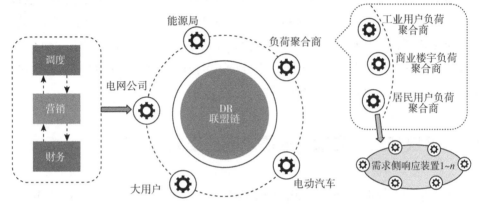

图 6-8　面向 DR 的区块链架构

（2）技术层。包含区块链的信息网络、数据结构以及区块链平台分布式账本、智能合约和加密算法等技术。考虑到需求侧响应业务参与主体的交互需求，可采用联盟链的形式，在电网三区搭建省级 DR 内部联盟链，包含调度中心节点、交易中心节点、营销部节点、财务部节点、发展部节点和互联网部节点；为了实现交易平台数据在更大范围内的共享，可在外网搭建省级 DR 外部联盟链，包含用户节点、政府相关部门节点、电网节点和金融机构节点等，实现 DR 业务及数据的上链管理。这一方面简化了交易流程，提高了交易效率，另一方面增强了全流程数据开放性、可信性和真实性，提升了 DR 服务品质。

（3）业务层。主要用于用户的注册、管理以及交易规则的发布。需求侧通过响应平台发布需求信息，用户市场对需求信息进行反馈，最终形成交易合约。

整体来看，用户层为技术层提供硬件基础并与之信息交互，技术层为业务层提供关键技术支撑以实现其具体功能。电网公司在区块链平台上不需要深度参与DR 交易管理，只需发布需求，区块链平台的相关竞价、出清、指标分配、结算等功能，减轻了电网公司的集中计算负担，增强了 DR 机制的安全性和透明性。

6.3.1　面向需求响应可信竞价交易的区块链解决方案

现阶段，我国 DR 的实施过程可视作电网公司为单一需求主体的需求侧可调节资源采购，其竞价交易一方面要保障用户响应数据的可信计量，另一方面则要格外关注市场主体的隐私数据安全和竞价出清公平性。相较能量市场交易中电力调度、交易机构作为"中间人"（市场运营者）的情况，DR 交易中电网公司作为利益主体，难以自证交易的公平性和公正性；此外，用户报价信息和隐私数据安全也成为实行 DR 交易的主要阻碍。

采用去中心化的区块链分布式账本技术，通过多方共识完成数据存证，同时采用事先部署、多方认可的智能合约完成市场出清运算，能够提高用户对 DR 交易数据的信任感和市场公平竞价的认可度。在竞价交易时，区块链上用户的隐私信息存储在区块上，用户在发起交易时报价信息也是完全公开的，区块链上的验证节点会对用户报价等隐私信息进行数学判断，从而验证交易的合法性。但这种方式在实现了区块链去中心化、信息不可篡改的基本功能外，也将用户的账户隐私完全暴露在区块链的所有节点上，导致报价信息泄露，这是市场用户无法接受的。

DR 竞价投标的隐私信息安全问题实质上是 DR 交易去中心化程度的问题。在 DR 交易中，若电网公司同时扮演"资源需求方"和"市场运营方"角色时，可采用数字签名机制和公钥密码算法，用户采用电网公司公钥加密投标信息上链，由电网公司采用私钥解密后根据用户报价信息进行市场统一出清。当去中心化程度要求较高时，电网公司仅作为"资源需求方"，则从区块链技术特点和相关现有研究总结可知，基于区块链的市场主体投标隐私信息安全解决方案可采用以下两种方式：①基于同态加密的 DR 竞价机制；②基于哈希加密与二次报价的 DR 竞价机制。

（1）基于同态加密的 DR 竞价机制

同态加密是一种在不访问数据本身的情况下处理数据的方法。简单地说，就是一种可以让用户使用特殊的代数方法对密文进行计算的加密形式，其计算结果与使用明文代数计算操作后再加密的执行结果相一致。该技术允许用户对加密数据进行操作并得到无误的结果，而不用在过程中执行对数据进行解密的敏感操作[9]。

基于同态加密的 DR 竞价机制采用同态加密技术对用户报价密文直接操作，从而保障交易过程中用户报价信息不被泄露。然而，同态加密的一个局限是它只能处理相对一个密钥的加密数据。在 DR 竞价交易时多个需求侧主体的密钥各不相同，DR 交易系统应能够聚合这些数据并进行出清，支持这种处理的同态方案称为多密钥同态。采用多密钥同态加密算法时，可将 DR 竞价交易按时间顺序大致划分为三个阶段，即发布交易、报价出清和交易核算，并分别设计发布交易函数、报价出清函数和交易结算函数三个主要功能函数，如图 6-9 所示。

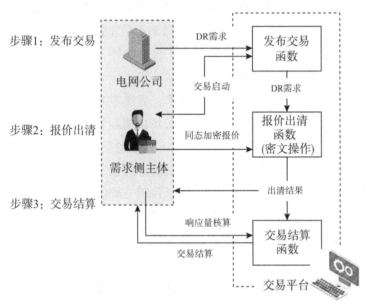

图 6-9　基于同态加密的 DR 竞价交易流程

①发布交易函数。DR 竞价交易的唯一发布者为电网公司。在发布交易阶段，电网公司需在交易平台上提交 DR 响应量需求，并可通过交纳保证金的方式避免出现虚假请求。智能合约记录电网公司 DR 响应量需求并向联盟链发出交易启动信号，同时公布当次竞价出清算法的同态加密算法。

②报价出清函数。需求侧主体（负荷聚合商、终端用户）接收到 DR 竞价交易启动信号后，将真实报价信息进行同态加密后提交；DR 竞价报价截止后，智能合约根据用户提交的报价信息密文进行市场出清运算，得到市场出清结果并上链存证。

③交易结算函数。在规定的 DR 时段内，需求侧主体调整用电计划，智能电表将向平台反馈用户实际用电情况，并根据事前计算得到的基准负荷曲线、DR 指标和市场出清结果进行结算。

当采用同态加密算法处理需求侧主体竞价投标信息时，链上业务均是对密文进行操作，因此需求侧主体的报价信息和隐私数据安全能够得到保证。然而，基于同态加密的 DR 竞价机制难点在于：①同态加密过程需要与其他加密技术相结合，从而使需求侧主体上链共识的报价密文具有不可逆推的性质；②需要根据同态加密函数求取统一竞价边际出清函数的对应函数，且对求解后的密文操作后应得到市场边际出清价格及各主体竞得的 DR 指标。此外，基于同态加密的 DR 竞价机制还受到同态加密算法本身编码效率、计算成本和系统开发成本的限制，可能难以作为有效的 DR 竞价隐私保护解决方案。

（2）基于哈希加密与二次报价的 DR 竞价机制

基于哈希加密与二次报价的 DR 竞价机制是指通过不可逆向求解的哈希函数加密用户 DR 投标信息，并采用重复报价的方式（即第一次报价采用密封报价，投标截止后启动第二次报价且用户提供不加密的真实报价），借助区块链不可篡改的特性进行两次报价的一致性检验，防止用户投标信息泄露和恶意竞标情况的发生，流程如图 6-10 所示。

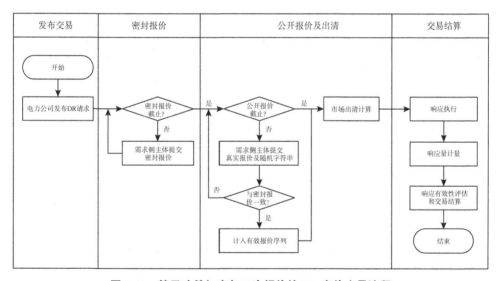

图 6-10 基于哈希加密与二次报价的 DR 竞价交易流程

从实施角度，该竞价机制是将报价出清过程拆分为密封报价和公开报价过程并分别设计对应函数。其中，密封报价阶段可以视为基于数据失真和数据加密的隐私保护技术的综合应用，而公开报价阶段则主要应用公钥密码数字签名技术，具体如下。

①密封报价函数。联盟链中需求侧主体发送至交易平台的报价信息对联盟节点可见，而在电网公司作为 DR 单一需求方时，去中心化的 DR 竞价交易出清过程要求密封报价，即需求侧主体提交报价时不能知晓其余市场主体的报价信息。

因此，将投标过程分为密封报价与公开密封报价两个步骤。在密封报价阶段，参与 DR 竞价的需求侧主体利用不可逆向求解、易于校验的哈希函数，将自己的真实报价 v 与一串自定义的随机字符串 s 相连，再进行哈希加密作为密封报价 $H=S(v,s)$，在密封报价阶段提交，从而使得密封报价既包含了不可篡改的真实报价信息，又不致提早泄露给其余投标者。

②公开报价及出清函数。密封报价阶段截止后，进入公开报价阶段。该阶段需求侧主体应向交易平台提交自己的公开报价 v_1 及自定义的随机字符串 s，智能合约将验证公开报价 $H_1=S(v_1,s)$ 与密封报价 H 是否一致。若不一致，该报价将被视为无效报价。智能合约在公开报价截止后，根据获取的有效报价执行经过全体成员预先认可的出清函数，计算市场边际出清价格及各主体竞得的 DR 指标。

在基于区块链的 DR 竞价交易中，采用公钥加密算法、同态加密算法和基于哈希加密与二次报价的 DR 竞价等竞价方式均可解决 DR 竞价隐私信息安全问题，三者在实现方式上具有不同的着重点，如表 6-2 所示。

表 6-2　基于区块链的 DR 竞价机制对比

类型	公钥加密算法	同态加密	哈希加密与二次报价
交易流程	一次报价	一次报价	两次报价
运算对象	报价明文	报价密文	报价明文
方式重点	使用电网公司公钥加密，防止无关用户窃取	对密文直接运算出清，防止报价泄露	两次报价，采用哈希算法防止报价泄露和篡改
实施难度	容易	困难	一般

6.3.2　基于智能合约的需求响应补贴自动结算实施框架

传统 DR 业务存在补贴清结算滞后问题。用户 DR 补贴需要根据响应结果进行核算，如果涉及资金结算，还需要银行、用户和电力公司等参与主体多方对账。随着市场交易规模的扩大，传统的 DR 补贴结算方式出现工作量大、效率低和成本高等问题，使得 DR 补贴核发滞后，降低了用户参与 DR 交易的积极性。

智能合约作为区块链的关键支撑技术，是指对现实中的合约条款执行电子化的量化协议。从业务人员的视角，它是根据事先任意指定的规则来自动转移数字资产的合约；从开发人员的视角，它是存储在区块链上用以自动化实现特定功能的代码。基于智能合约的 DR 交易利用事先部署于区块链上且获得 DR 利益相关方共同认可的智能合约来进行有效性评估，为补贴核算提供依据，智能合约会根据上链存证的数据合同、基线 / 实际负荷数据分析出各个市场主体最终的量价信息，再结合市场出清结果自动计算出各市场主体的响应补贴数据，响应评估和核算的整个过程是完全自动化的，如图 6-11 所示。该方案既提高了效率，也减少了过程中人为干预的因素，可实现补贴资金自动划转，缩短了电力用户获取 DR 补贴的时间，从而提高用户参与 DR 业务的积极性。

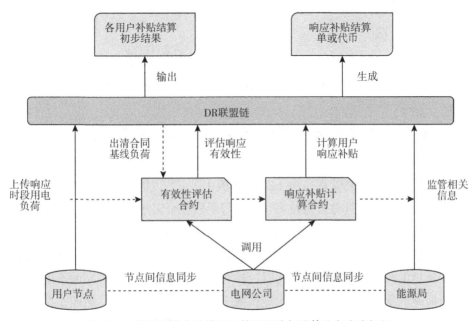

图 6-11　基于智能合约的 DR 效果评价与结算业务方案框架

在该方案下，用户在约定响应时段自行开展响应，响应结束后等待有效性评估及补贴核发。DR 有效性评估和补贴核发以用户响应数据可信计量为基础，而融合区块链网关的需求响应终端（智能电表）及弱中心化的 DR 联盟链则可对用户响应数据实行可信存证，从而降低 DR 的数据信任成本。响应结束后，用户可发起 DR 有效性评估和补贴结算请求，智能合约读取区块链上存证的用户基线负荷、响应时段内实际用能及 DR 补贴数据，调用 DR 有效性评估和补贴计算函数，确定用户响应的有效性和 DR 补贴核算结果，并通过联盟链上的第三方金融机构节点或电力公司财务部门实现 DR 响应补贴结算的即时支付；能源局等监管部门则可通过联盟链实现 DR 交易数据回溯。具体流程如图 6-12 所示。

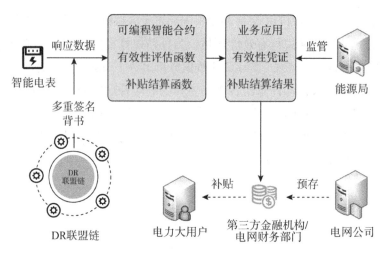

图 6-12　基于智能合约的 DR 结算流程

6.4　基于区块链的虚拟聚合商需求响应交易机制

根据《电力需求侧管理办法（2023 年版）》[10]，负荷聚合商是一类需求侧负荷调节服务机构，具有通过技术、管理等手段整合需求侧资源的能力，可参与电力系统运行，为电力用户提供参与需求响应、电力市场等一种或多种服务。从国外典型电力市场运营经验来看，小微用户大多通过负荷聚合商代理参与 DR 交易，在满足电网公司准入要求的同时，转移自身调节能力不足带来的不确定性风险，负荷聚合商则通过代理用户的规模效应降低市场违约风险。然而，在此过程中用户的部分响应补贴收益将由负荷聚合商获得，用户无法实现 DR 交易收益的最大化。因此，一种能替代负荷聚合商实现分散可调节负荷资源的集中管理，同时解决个体间存在的信任和收益分配问题的用户自治方案，成为小微用户参与 DR 交易的现实需求。在此背景下，可将区块链技术应用于电力市场交易领域，依靠其公开透明和多方共治的特点，为用户提供基于数据技术的信用解决方案，为用户群实现"自我聚合"提供技术基础。

6.4.1　基于虚拟聚合商的需求响应交易机制

为实现用户通过自治方式参与 DR 的目的，同时解决用户在市场投标共识和收益分配等方面的问题，吕挺等提出了基于区块链技术的虚拟聚合商模式[11]，如

图 6-13 所示。相较传统由负荷聚合商背书的用户聚合机制，基于区块链的虚拟聚合商并未改变用户与电网公司的交互方式，而是通过智能合约和共识机制解决用户间的信任问题，同时减少传统负荷聚合商实体对用户 DR 收益的抽成，提高小微用户参与 DR 的积极性，该模式有利于扩大可调节负荷资源规模。

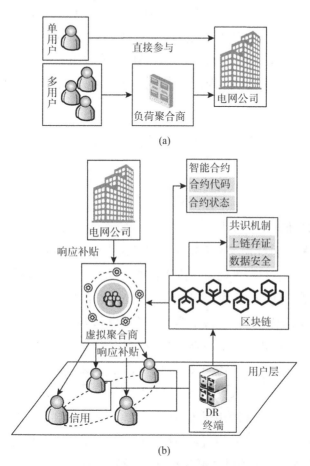

(a)

(b)

图 6-13 基于区块链技术的虚拟聚合商模式。（a）现有小微用户 DR 参与方式；（b）虚拟聚合商模式

以浙江实行的阶梯式 DR 补贴方案为例，如果聚合商在约定响应时段内的最大负荷小于基线最大负荷、平均负荷小于基线平均负荷，且实际负荷响应率不小于 50%，则认定其响应有效，可根据实际负荷响应率获得相应补贴。图 6-13 中的虚拟聚合商虽然可以凭借区块链保障交易结果的可信性，但该模式可能存在用户恶意申报或响应能力不足导致用户群体收益受损的问题。对此，在该模式框架下，还需进一步建立考虑用户响应信用的补贴激励机制，通过对不同信用水平的参与用户发放差异化补贴，激励其合理申报响应量并及时参与负荷调节，促进用户群体负荷响应目标的达成。

（1）基于认缴性能指标的用户响应信用评分

本节将用户的实际负荷响应率定义为用户实际平均响应负荷占其申报响应容量的比值。电网公司按用户实际负荷响应率为其提供响应补贴。对此，引入认缴性能指标（subscribed performance index，SPI）反映用户参与 DR 交易申报和实际负荷响应行为的规范程度，对用户进行统一的响应信用评价，可表示如下：

$$\lambda_{\mathrm{SPI}} = 1 - \frac{\left| Q_{\mathrm{avg}} - Q_{\mathrm{tar}} \right|}{Q_{\mathrm{tar}}}$$

$$Q_{\mathrm{avg}} = \frac{1}{N} \sum_{t=1}^{N} (Q_{\mathrm{CBL},t} - Q_{\mathrm{sj},t})$$

式中，λ_{SPI} 为 SPI 值；Q_{avg} 为用户在响应时段的平均负荷削减量；Q_{tar} 为用户合同中约定的负荷削减目标值；N 为响应时段的离散时间段数；$Q_{\mathrm{CBL},t}$ 为响应中 t 时段用户的基线负荷；$Q_{\mathrm{sj},t}$ 为响应时段用户的实际负荷。SPI 将用户当次响应情况的评价取值限制在（0，1）之间，反映用户申报响应容量和实际响应行为的一致性。

进一步，考虑用户的历史信用情况，采用指数平滑法更新用户信用评分。用户信用评分由历史信用评分与当次响应指标完成情况（即 SPI）共同决定，表示如下：

$$C_t = \begin{cases} 100 a_1 \lambda_{\mathrm{SPI}} + (1-a_1) C_{t-1}, & \lambda_{\mathrm{SPI}} < l_0 \\ 100 a_2 \lambda_{\mathrm{SPI}} + (1-a_2) C_{t-1}, & \lambda_{\mathrm{SPI}} \geq l_0 \end{cases}$$

式中，C_t 为当次响应后更新的用户信用评分；C_{t-1} 为前次响应用户获得的信用评分；l_0 为响应等级系数；a_1 和 a_2 为权重系数，对应不同响应评分情况，且 $a_1 > a_2$。

（2）考虑用户信用的虚拟聚合商 DR 交易流程

在基于虚拟聚合商的 DR 交易框架下，电网公司和用户作为区块链节点参与响应交互，其交互过程包括用户响应量上报、虚拟聚合商投标、市场出清、虚拟聚合商补贴价格发布、用户负荷调节、响应补贴发放和用户信用评分更新等环节。在实际交易决策中，虚拟聚合商以用户群体收益最大化为目标调整对不同用户的价格激励，引导用户根据差异化补贴收益和用电舒适度损失反馈实际响应容量，形成双层优化模型，如图 6-14 所示。

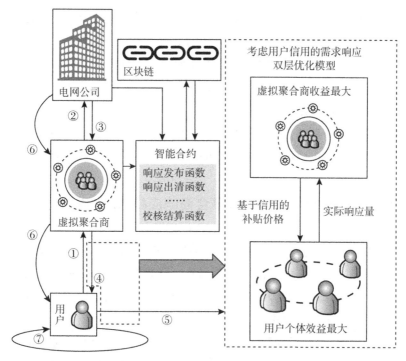

图 6-14 基于虚拟聚合商的 DR 框架、机制及其双层优化模型

虚拟聚合商依托响应量收集函数、激励公布函数和校核结算函数等智能合约函数实现各流程中对用户的管理，并将交互信息上链存储，使得交易结果可信可查，保障交易的安全高效。具体交易流程如下。

①用户响应量上报。在响应量上报阶段，用户根据此前响应情况，取之前 n 次响应补贴价格的平均值作为当次参与 DR 的预测补贴激励价格 P_{h}。根据预测的补贴激励价格，用户结合自身在响应时段的用电需求及日常检修情况，以效益最大为目标决策当次的最佳响应量 $Q_{\mathrm{act},\,t}$，并将响应量加密后上报至虚拟聚合商。

②虚拟聚合商投标。虚拟聚合商收到各用户的报量后，向用户发送确认信息，与用户达成共识，并统计所有用户参与 DR 的总量，参与电网公司 DR 项目。

③市场出清。电网公司根据各参与主体响应量上报情况，调用响应量出清函数进行出清，并向各参与主体公布出清结果。

④虚拟聚合商补贴价格发布。虚拟聚合商根据电网公司的出清结果，读取链上各用户在报量阶段的响应量及用户信用水平，向用户发布响应量要求 Q_{tar} 及对应的补贴激励价格 P_i。在用户确认后将对应的响应量要求、补贴激励价格及用户信用评分数据上链存储。

⑤用户负荷调节。用户根据收到的响应激励价格 P_i，结合自身舒适度要求，在实际响应阶段按以自身效益最大为目标的决策量 $Q_{sj,i}$ 进行响应。

⑥响应补贴发放。DR 结束后，调用智能合约读取用户实际响应数据，并通过校核结算函数生成电网公司对虚拟聚合商和虚拟聚合商对其下用户的响应补贴，经用户确认后将补贴自动发放。

⑦用户信用评分更新。响应结算出清后信用更新函数自动执行，根据当次用户响应情况及用户历史信用数据对用户的信用进行更新并上链存储。

6.4.4 计及用户响应行为的虚拟聚合商响应补贴激励模型

图 6-14 中的上层优化模型依托区块链的智能合约技术，以虚拟聚合商的收益最大化为目标，同时兼顾平衡账户的偏差，自动决策对用户的响应补贴。

在 DR 交易前，虚拟聚合商收集用户参与当次 DR 的意愿响应电量，整合用户资源参与电网公司的交易申报。电网公司公布出清结果后，虚拟聚合商综合考虑用户的信用水平和响应情况合理分配用户补贴价格。该补贴价格由最低补贴价格和基于用户响应信用的激励补贴价格两部分共同决定，表示如下：

$$P_i = p_0 + \mu C_i$$

式中，P_i 为用户 i 的补贴价格；p_0 为最低补贴价格；μ 为用户的信用系数；C_i 为用户 i 的信用评分。

考虑到用户在响应执行前可获悉当次补贴价格信息，若采用用户事前信用评分来设定补贴价格，恶意用户可通过牺牲当次信用评分牟取超额补贴收益，这将造成用户整体利益损失。因此，激励补贴价格部分应以用户事后的信用评分进行计算，实现用户当次响应行为与响应补贴单价间的互动，从而规范用户的交易申报和响应行为。然而，采用事后信用评分将不可避免地造成虚拟聚合商 DR 补贴收入与支出间的偏差。由于虚拟聚合商本身不盈利，因此模型设计需要考虑对该偏差量的限制，目标函数可表示如下：

$$\max R_{all} = \begin{cases} 0, & \sum_{i=1}^{n} Q_{sj,i} < \sigma Q_A \\ \sum_{i=1}^{n} Q_{sj,i}\pi, & \sigma Q_A \leqslant \sum_{i=1}^{n} Q_{sj,i} \leqslant \rho Q_A \\ 1.2 Q_A \pi, & \sum_{i=1}^{n} Q_{sj,i} \geqslant \rho Q_A \end{cases}$$

$$受约束于\ 0 \leqslant \left| R_{all} - \sum_{i=1}^{n} Q_{sj,i} P_i \right| \leqslant \beta R_{all}$$

式中，R_{all} 为虚拟聚合商从电网公司得到的 DR 补贴收益；$Q_{sj,i}$ 为用户的实际响应量；π 为电网公司的出清价格；n 为虚拟聚合商范围内用户个数；Q_A 为虚拟聚合商参与电网公司 DR 的出清量；β 为偏差阈值系数；σ 和 ρ 为电量偏差考核系数。

6.4.3 考虑需求响应收益及舒适度损失的用户响应决策模型

图 6-14 中的下层优化模型综合考虑削减电量带来的响应补贴及舒适度损失，以用户参与 DR 的效益最大化为目标优化当次实际响应电量。用户参与 DR 的响应补贴由用户信用及削减电量决定，削减电量改变了用户的用电计划，在带来响应收益的同时也造成用户用电舒适度降低。因此，目标函数可表示如下：

$$\max U_i = B_i - \varphi_i(Q_{sj,i})$$
$$受约束于\ Q_{i,\min} \leqslant Q_{sj,i} \leqslant Q_{i,\max}$$

式中，U_i 为用户 i 参与此次 DR 的效益；$\varphi_i(Q_{sj,i})$ 为用户 i 参与此次 DR 的舒适度损失函数；$Q_{i,\min}$ 和 $Q_{i,\max}$ 分别为用户 i 的最小和最大响应量；B_i 为用户从负荷聚合商处得到的需求响应补贴。

根据《省发展改革委 省能源局关于开展 2021 年度电力需求工作的通知》中基于响应负荷的阶梯式补贴方案，用户所获响应补贴 B_i 可表示如下：

$$B_i = \begin{cases} 0, & Q_{sj,i} < 0.5 Q_{act.i} \\ 0.8 P_i Q_{sj,i}, & 0.5 Q_{act.i} \leqslant Q_{sj,i} < 0.8 Q_{act.i} \\ P_i Q_{sj,i}, & 0.8 Q_{act.i} \leqslant Q_{sj,i} < 1.2 Q_{act.i} \\ 0.24 P_i Q_{act.i} + 0.8 P_i Q_{sj,i}, & 1.2 Q_{act.i} \leqslant Q_{sj,i} < 1.5 Q_{act.i} \\ 1.44 P_i Q_{act.i}, & Q_{sj,i} \geqslant 1.5 Q_{act.i} \end{cases}$$

　　用户参与 DR 的舒适度损失与用户响应意愿和响应能力有关。其中，用户响应意愿以其在单位激励补贴下的响应量来表示；用户响应能力取决于用户的能源依赖度和能源使用情况。用户负荷削减量越大，其舒适度损失就越多，且舒适度损失具有边际递增效应，可表示如下：

$$\varphi_i(Q_{sj,i}) = \frac{1}{2}\omega_i Q_{sj,i}^{\ 2} + r_i Q_{sj,i}$$

式中，ω_i 和 r_i 为用户 i 参与 DR 的舒适度损失系数。

　　通过构建考虑信用的 DR 双层优化模型，虚拟聚合商通过与信用相关的激励价格规范用户在响应过程中的响应行为，从而提高用户整体在 DR 中的响应完成率，保障用户整体的响应收益；用户依据信用决策自身的响应行为，力争保障自身收益最大，用户与虚拟聚合商通过考虑信用的双层优化模型达到激励相容的效果。

6.4.4 　算例分析

　　选取电网公司、虚拟聚合商和五名典型工商业用户（$U_1 \sim U_5$），分析用户收益、信用及补贴激励价格在不同响应过程中的变化，设置参数 l_0=0.8，β=0.01，σ=0.8，ρ=1.2，p_0=2.5。图 6-15 给出了虚拟聚合商与不同初始信用评分的用户在 10 轮次 DR 交易中的收益变化情况，图 6-16 给出了用户信用评分和补贴价格的变化情况。

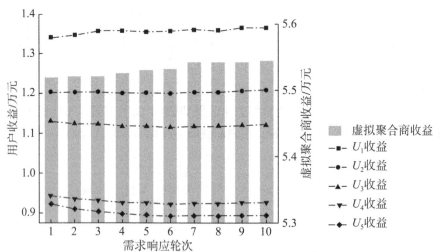

图 6-15　虚拟聚合商与用户收益变化情况

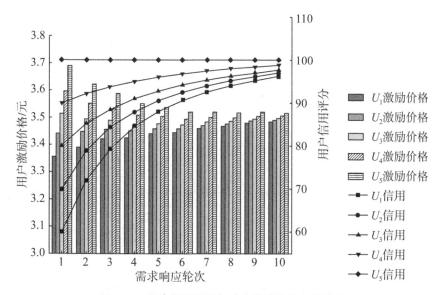

图 6-16 用户信用评分与响应补贴价格变化情况

可以看出，随着交易轮次的增长，虚拟聚合商收益稳中有升，高信用评分用户（如 U_5）始终将其信用评分维持在较高水平，初始信用评分较低的用户（如 U_1、U_2）信用评分逐步提升。从图 6-16 可以看出，当用户信用较低时，其响应补贴的激励补贴价格部分也较低，这在第 1 次 DR 交易中表现尤为明显。信用评分最高的用户 U_5 补贴价格达 3.69 元，而用户 U_1 补贴价格仅 3.36 元。本节所提交易框架通过将用户的响应补贴与其响应信用评分挂钩以激励用户合理参与DR，实现用户之间的激励相容。随着 DR 交易轮次增加，用户的信用评分普遍提高，补贴价格差距逐步缩小。多轮 DR 交易结果表明，本节所提基于虚拟聚合商的 DR 交易框架能够规范用户 DR 交易申报和实际响应行为，使其按报量提供负荷削减，不断提高自身信用水平，最终实现用户群体的有效"自我聚合"。

进一步，考虑用户在报量阶段和实际响应阶段对舒适度的不同需求，针对用户舒适度需求变化研究本节所提 DR 信用机制在规范用户响应行为中发挥的作用。图 6-17 给出了用户在本节所提 DR 信用机制作用下的响应量随舒适度系数变化情况。

可以看出，用户在实际响应阶段对舒适度的要求降低时，均趋向于多削减负荷从而获得更多的响应补贴收益；反之则减少负荷削减量。相比之下，计及用户信用水平对补贴价格的影响时，用户实际响应量将介于原始报量和不考虑信用作用下的响应量之间，说明 DR 信用机制有效约束了用户的实际响应行为，有利于降低用户群体响应量与申报量的偏差，保障用户参与 DR 的合理收益。

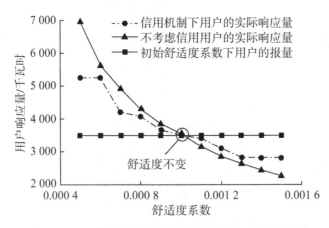

图 6-17　DR 信用机制对用户响应行为的规范作用分析

6.5　本章小结

区块链技术凭借其区块化、分权化和开放性等特征在多个领域得到了广泛关注，也在分布式电力交易和碳排放权认证等能源电力领域获得了应用尝试。本章重点关注区块链技术在支撑 DR 高效、可信交易方面的技术应用路径。首先简要介绍了区块链技术的原理和特点，分析了区块链核心技术在 DR 领域的适用性。在此基础上，提出了面向可信竞价交易的区块链隐私保护方案和基于智能合约的 DR 补贴自动结算实施框架，从交易申报和补贴结算两个核心环节入手，探索区块链在 DR 领域的潜在应用场景。进一步，从负荷聚合商角度，提出了面向工商业可调负荷资源的虚拟聚合商 DR 模式，通过基于用户信用的响应补贴机制实现需求侧可调负荷资源集聚。实验结果表明，本章提出的基于区块链的 DR 交易机制能够有效规范用户的响应行为，有利于促进 DR 目标的精确达成。

参考文献

[1] 张宁，王毅，康重庆，等．能源互联网中的区块链技术：研究框架与典型应用初探 [J]. 中国电机工程学报，2016, 36(15): 4011-4023.

[2] 杨德昌，赵肖余，徐梓潇，等．区块链在能源互联网中应用现状分析和前景展望 [J]. 中国电机工程学报，2017, 37(13): 3664-3671.

[3] 王胜寒，郭创新，冯斌，等．区块链技术在电力系统中的应用：前景与思路 [J]. 电力系统自动化，2020, 44(11): 10-24.

[4] 胡桐月，奚培锋，张少迪，等．基于区块链的中小型电力用户自动需求响应系统设计 [J]. 电力需求侧管理，2021, 23(4): 96-100.

[5] 赵曰浩，彭克，徐丙垠，等．能源区块链应用工程现状与展望 [J]. 电力系统自动化，2019, 43(7): 14-22.

[6] 陈冠廷，张利，刘宁宁，等．基于区块链的面向居民用户需求响应交易机制 [J]. 电力自动化设备，2020, 40(8): 9-17.

[7] 裴凤雀，崔锦瑞，董晨景，等．区块链在分布式电力交易中的研究领域及现状分析 [J]. 中国电机工程学报，2021, 41(5): 1752-1771.

[8] 李彬，卢超，曹望璋，等．基于区块链技术的自动需求响应系统应用初探 [J]. 中国电机工程学报，2017, 37(13): 3691-3702.

[9] 康海燕，邓婕．区块链数据隐私保护研究综述 [J]. 山东大学学报（理学版），2021, 56(5): 92-110.

[10] 国家发展改革委，工业和信息化部，财政部，住房城乡建设部，国务院国资委，国家能源局．关于印发《电力需求侧管理办法（2023 年版）》的通知 [EB/OL]. (2023-09-15) [2024-12-01]. https://www.gov.cn/gongbao/2023/issue_10846/202311/content_6917319.html.

[11] 吕挺，张智，芦鹏飞，等．考虑用户信用的虚拟聚合商需求响应交易机制 [J]. 电力系统自动化，2023, 47(19): 44-52.

7 新型电力系统需求响应发展与展望

加快规划建设新型能源体系是我国能源转型的长远目标，也是统筹能源安全供应稳定和绿色低碳发展，对能源领域未来发展提出的重要战略安排。构建新型电力系统是建设新型能源体系过程中一项复杂而艰巨的系统工程，点多面广、时间跨度长，不同发展阶段特征差异明显。2023 年 6 月，国家能源局统筹组织 11 家研究机构共同编制《新型电力系统发展蓝皮书》，提出新型电力系统以高比例新能源供给消纳体系建设为主线任务，以源网荷储多向协同、灵活互动为坚强支撑，以技术创新和体制机制创新为基础保障，是新型能源体系的重要组成部分和实现"双碳"目标的关键载体。在此背景下，国家电网有限公司于 2024 年提出以数智化坚强电网引领构建新型电力系统，形成新质生产力。数智化坚强电网将电力系统与数字智能融为一体，从信息化到数字化、再到数智化，使数字科技从工具和技术支撑逐渐演变为高质量发展的关键引擎和新兴范式，并成为构成新质生产力和新型生产关系的核心要素。

《新型电力系统发展蓝皮书》锚定"3060"战略目标，以 2030 年、2045 年、2060 年为时间节点，制定新型电力系统"三步走"发展路径，即加速转型期（当前至 2030 年）、总体形成期（2030 年至 2045 年）、巩固完善期（2045 年至 2060 年），有计划、分步骤推进新型电力系统建设。在新型电力系统建设过程中，随着新能源大规模接入和社会公众对需求侧管理认识的提升，电网运行机理也正发生颠覆性改变，传统的"源随荷动"转为"源网荷储"多元协同，"负荷互动柔性"将同"主网安全韧性""配网智能弹性"一道成为推动新型电力系统建设的重要方向，电力需求响应在该过程中也将得到进一步发展。

（1）加速转型期：聚焦需求响应资源的数智化聚合

在新型电力系统建设加速转型期，电力消费新模式不断涌现，终端用能领域电气化水平逐步提升，需求侧灵活调节和响应能力应提升 5% 以上，促进新能源就近就地开发利用和高效消纳。在此阶段我们需进一步探索新能源跨领域融合和负荷聚合服务和综合能源服务等贴近终端用户的新业态新模式，提升需求侧负荷调节能力。充分运用好数智化这个先进技术手段，逐步融合应用工业互联网、数字孪生和边缘计算等智能化技术，解决需求侧负荷资源摸不清、控不好、管不住的难题。聚焦需求响应资源的数智化聚合，依托新型电力负荷管理系统，把海量负荷资源变为全域全量、可观可测、可调可控的有效资源池，整合分散化需求响应资源，以数字化转型促进新型电力系统高质量发展。

（2）总体形成期：完成需求侧资源参与网荷互动市场化转型

在新型电力系统建设总体形成期，用电需求在 2045 年前后达到饱和，我们应逐步完善电力需求响应市场环境，促进需求侧调节能力大幅提升。在此阶段需优化和完善虚拟电厂、电动汽车和可中断负荷等需求侧优质调节资源参与电力需求响应市场化交易的机制，建立常态化交易市场，并完善需求响应与辅助服务市场的衔接，逐步扩大交易规模、增加交易品种、优化交易模式，持续提升各类市场主体的参与度和市场影响力。市场化是需求侧管理高质量、可持续的决定性因素，能有效解决用户参与不积极、调节效果不理想等难题，促进需求侧资源这一生产要素的优化配置，减少和降低行政手段干预，突出市场在电力负荷调节中的决定性作用，并完善负荷调节价格形成机制，促进保供稳价控碳三赢。

（3）巩固完善期：发展多能耦合综合需求响应助力双碳目标达成

在新型电力系统建设巩固完善期，电力生产和消费关系发生深刻变革，既消费电能又生产电能的电力用户"产消者"蓬勃涌现，成为电力系统重要的平衡调节参与力量。在此阶段，电力在能源系统中的核心纽带作用将充分发挥，并通过电转氢、电制燃料等方式与氢能等二次能源融合利用，助力构建多种能源与电能互联互通的能源体系。综合需求响应可利用冷、热、电、气、氢等多能流时空上的耦合机制，通过价格信号引导用户改变某一种或多种能源的需求，实现多能互补，最终构建以电－氢协同为主的终端用能形态，助力全社会碳中和目标的实现。